カラー図解

群境介のミニ盆栽

クロマツ

群境介 著

農文協

素材を生かす木づくりの醍醐味

クロマツ盆栽の木《き》姿《すがた》

1　斜幹　高 12㎝

芯の中心が根の中心より左右にずれた位置にある。流れと反対側に引き根があることも特徴

2　模様木　高 15㎝

幹に模様があり樹芯が根の中心に戻る

3　懸崖　上下 18㎝

崖から幹が泳ぎ出し下垂している木姿で、流れと逆にふんばっている根があることも特徴

4　半懸崖

上下 10㎝、左右 18㎝

斜上した幹から枝が下垂した樹形

5　直幹　高 13㎝

垂直な幹が根元から樹芯まで通り、枝は左右前後にバランスよくつく。根張りは八方によく張っていることも条件の 1 つになる

6　文人木　高 18㎝

細幹で枝の味わいを見せる樹形。枝数を極力少なくして浅い南蛮皿などに植える

7　蟠幹　高 13㎝、左右 18㎝

根元に蛇がとぐろを巻いたような曲のある樹形。上から雪などの重みでつぶされたような迫力がある

8　石付け　高 12㎝

長く伸ばした根を石につけ、根先を土中に入れた石抱き石付け。根は単調にならないようにしたい

実生3年生素材からの木づくり

1 **入手時の状態**　¥380
正月用に売り出されたもので、針金で大きく曲づけされている

2 **針金をはずしたところ**
針金はほとんど効いていなかった。枝も２本残して切り取った。古土は根張りまで落とす

3 **針金をかけなおし曲づけを終えたところ**
鉢も仕立て鉢（3号）に植えなおす

4 **上からみたところ**
将来の骨格になるので単調にならないようにする

5 **3、4と同じように曲づけされた素材**

6 **古葉をとりのぞき、新葉を残す**

7 **最下枝を２本、針金で曲づけをして伏せたところ**

8 **半分くらいの枝を横に伏せたところ**

将来図　高 20㎝、左右 35㎝
胴吹き芽を生かして右流れの斜幹につくってみたい

9 **枝の針金かけ終了**
右は上から見たところ

立ち木の浮き根を生かして半懸崖に

1

1年目の4月
平凡な立ち木だが、多い枝と露出した根を生かしたい

2

幹の角度を変え、根を露出させて植え替える。古葉を除去

3

2年目の4月
葉すかしをし、針金をかける

4

3年目の4月
植え替え、再度針金かけ

5

4年目の4月
針金をはずし、芽切り、せん定

将来の予想図
最下枝を弱らせないようにしたい

実生苗を石盆に植える

1 石盆に針金を通し、ケト土を用意
ケト土に赤玉土を１割混ぜ、よく練る

種子を鉢にまいたままの実生２年苗
幹は太らせないで樹林をつくりたい

2 石盆にケト土の土手をつくり底に用土を敷く

3 苗を抜きとり、根を切りつめ軽く周囲の土を落とす
白いカビはクロマツと共生する有益菌なので、２の石盆の底に少し移す

4 植え付ける
植え位置を決め、針金を結束し、すき間に用土をつめる

5 苔を張ってできあがり

まえがき

クロマツの種子をまいて、発芽したときの驚きは大きいものだった。ノビルのような茎が表土上に輪になって出た。それが持ち上がったと思ったら、カヤツリ草のようになった。ちっとも、クロマツらしくない。

あ、やっぱりクロマツだと思ったのは、初夏のころであった。2枚の針葉が出てきたからである。しかし、茎はまだ青く、草のようであり、まだらしくない。

考えてみれば、いきなり、あの荒れた幹肌を期待していたのかもしれない。それでも秋にはクロマツの葉と、マッチ棒大の木質化した幹（茎）になった。

十数年を経た今、それらは掌上の鉢に、あのとき期待したような荒れた幹肌を見せはじめている。

実生と平行して、素材を購入し、改作したり、取り木や接ぎ木にも挑戦した。うまくいったものもあれば、枯れてしまったものもある。

どんな平凡な素材でも、必ず一つや二つ長所がある。その長所を生かして、将来のみごとな形を思い浮かべて改作する作業は、ミニ盆栽づくりの醍醐味である。私は、その一つ一つの作業と樹が少しずつできてくる姿をイラストに描きとどめてきた。

本書はすべて、そうした私の実践の記録をまとめたものである（一九九一年一月）。

それから27年、13年前に心臓バイパス手術、3年前に前立腺ガンと、私は体に異変を生じた。しかし、クロマツは姿こそ倍近くになったが、幹肌は幾重にも割れて年数の重みを見せてくれる。

二〇一八年三月

群　境介

もくじ

カラー図解　群境介のミニ盆栽●クロマツ

一年の生長と作業サイクル

一年の生長サイクル

◆一月～三月

周囲を前年葉にかこまれて冬芽が小さく息づいている。一月、二月はそれほど変化はないが、三月に入ると目に見えて大きく生長する。

一年の生長サイクル

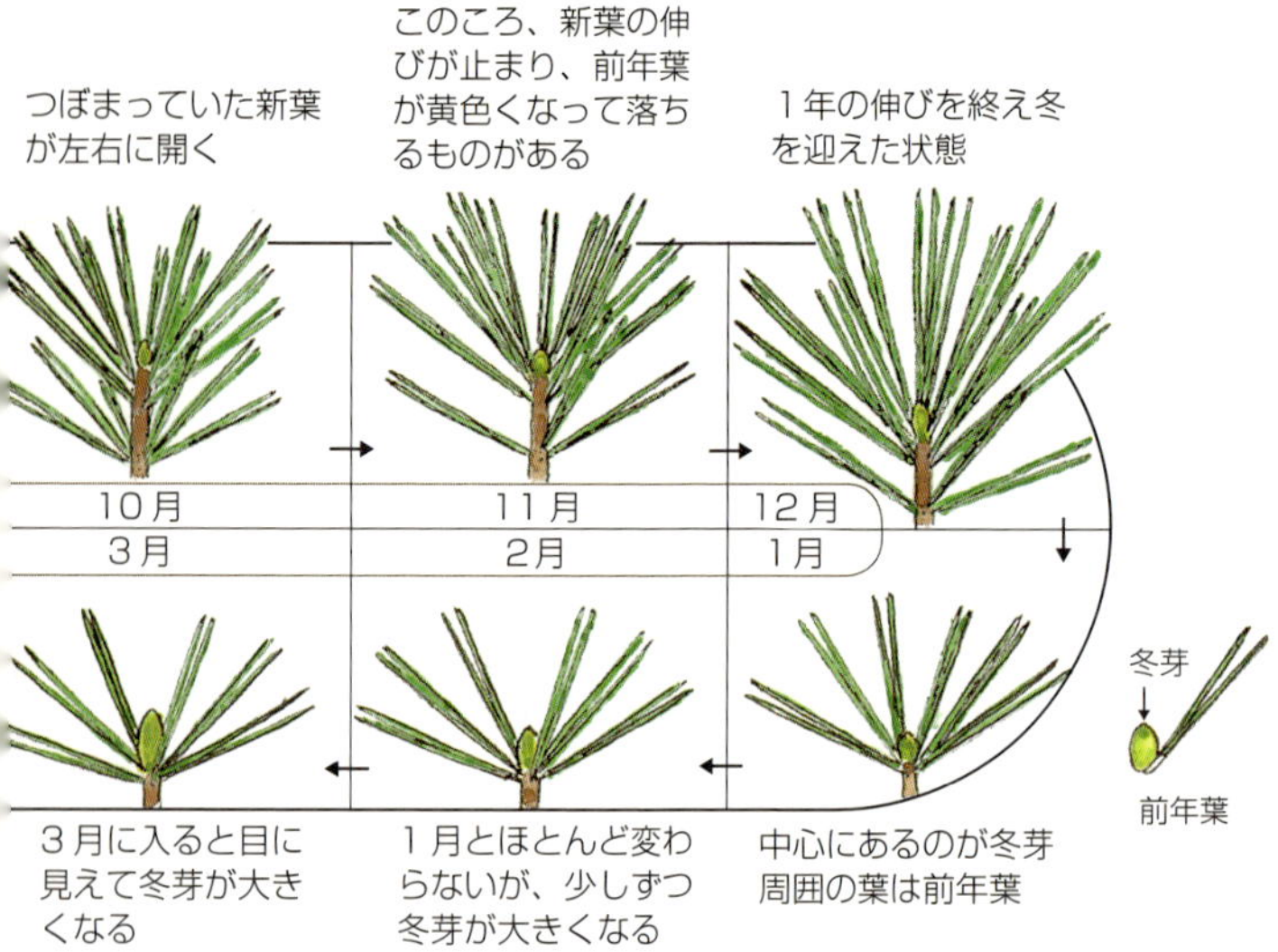

つぼまっていた新葉が左右に開く
このころ、新葉の伸びが止まり、前年葉が黄色くなって落ちるものがある
1年の伸びを終え冬を迎えた状態
10月
11月
12月
3月
2月
1月
冬芽
前年葉
3月に入ると目に見えて冬芽が大きくなる
1月とほとんど変わらないが、少しずつ冬芽が大きくなる
中心にあるのが冬芽
周囲の葉は前年葉

◆四月～六月

四月に入ると、日ごとに冬芽が伸びはじめる。小さなトゲのように見えるのは、新葉の基部を保護する托葉。新葉は棒状に伸びたローソク芽から出る。

五月ごろから白いローソク芽に緑の新葉が見えはじめ、日ごとに二針葉がはっきりしてくる。このころの二針葉は、開かずに寄りそったまま伸びる。

六月には緑の濃さも一段と増し、元気のよいところでは、前年葉と同じくらいの長さになる。下旬には、かたまっていた葉が左右に開いてくる。

一年の作業サイクル

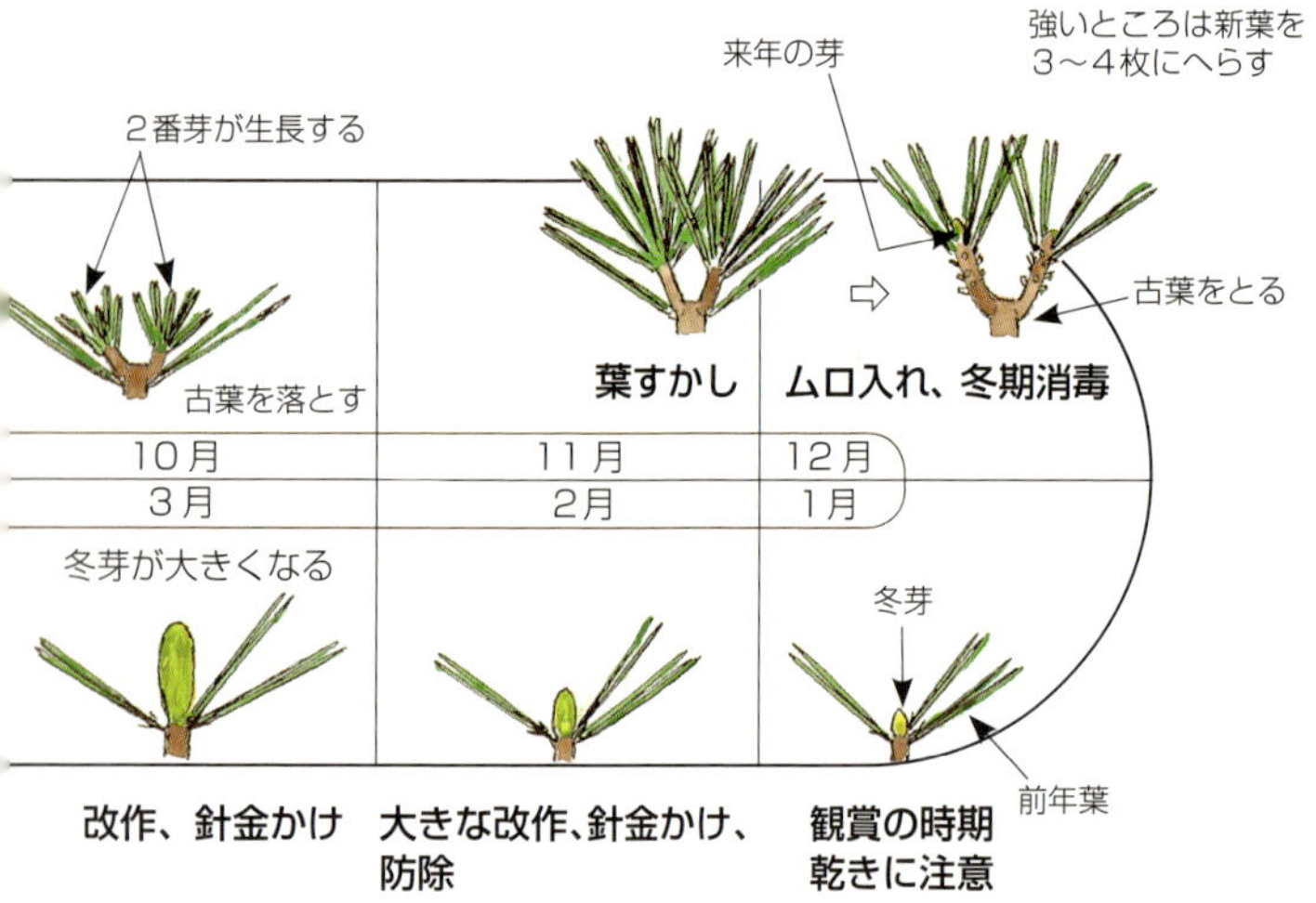

強いところは新葉を3～4枚にへらす
来年の芽
2番芽が生長する
古葉をとる
古葉を落とす
葉すかし
ムロ入れ、冬期消毒
10月
11月
12月
3月
2月
1月
冬芽が大きくなる
冬芽
前年葉
改作、針金かけ
大きな改作、針金かけ、防除
観賞の時期
乾きに注意

◆七月～九月

七月に入ると、新葉の伸びは一時ストップ。新葉の基部を保護していた托葉もいつのまにか落ちている。

八月には、先端に来年の芽が用意されているのに気づくが、木全体は休んでいるような印象。九月に入ると、また新葉がわずかずつ伸びはじめる。

◆十月～十二月

十月には、鋭角的に出ていた新葉が、左右にゆったりと開く。寄りそって伸びていた二針葉も先端が割れる。

十一月に入ると、新葉の伸びは止まる。元気のよいところでは前年葉より長くなっている。このころ、前年葉が黄色くなって落葉しはじめる。なかには全部落葉して、新葉だけが残るものもある。

十二月には、伸びた葉が、来年の芽を中心にかかえて、越冬を待つ。

一年の作業サイクル

◆一月〜三月

一月は観賞の時期。室内では暖房による乾きに注意。根水はもちろん、葉水も散布する。前年に葉すかしの終えていないものは、早めに作業をする。

二月は大きな改作や針金かけの好期。作業した木は必ずムロ内で保護。ムロに入れる前と出した後に、カイガラムシ防除と病気予防に石灰硫黄合剤（30倍希釈液）で消毒をする。

三月は、二月から引き続いて改作や針金かけの好期。植え替えも可。

◆四月〜六月

四月上旬は植え替えの最適期（北関東基準）、中旬には、ローソク芽の強いものは芽摘みする。肥料（チッソ主体の固形肥料）もこのころからはじめ、十月末まで月1回置き肥する。

五、六月は、それほど大きな作業はないが、葉にアブラムシがつくので、月1回の定期消毒を心がけたい。

◆七月〜九月

七月上旬は芽切りをする。春から伸びた新芽を前年葉の上で全部切りとる（新芽が2.5㎝以下の弱い芽は切らない）。芽切りは短葉法とも呼ばれ、芽切り後に出る2番芽を秋に短葉で観賞するための作業だが、木には大変な負担となる。弱った木は必ずさける。芽切りをした木は、一時的に伸長を止めることになるので、置き肥はとる。

八月には芽切りをしたところに2番芽が出る。一カ所に三つも四つも出たところは、2芽だけ残してピンセットで欠きとる。この2番芽が伸長しはじめたところで、再度、秋まで置き肥する。

九月は木の充実期なので、春より多めに肥料を施す。

◆十月〜十二月

十月、黄色くなった古葉はピンセットで順次落とす。十一月下旬には葉すかしをして、内部への通風、日当たりをよくする。十二月中旬にはムロ入れするが、2、3日前に石灰硫黄合剤で消毒する。

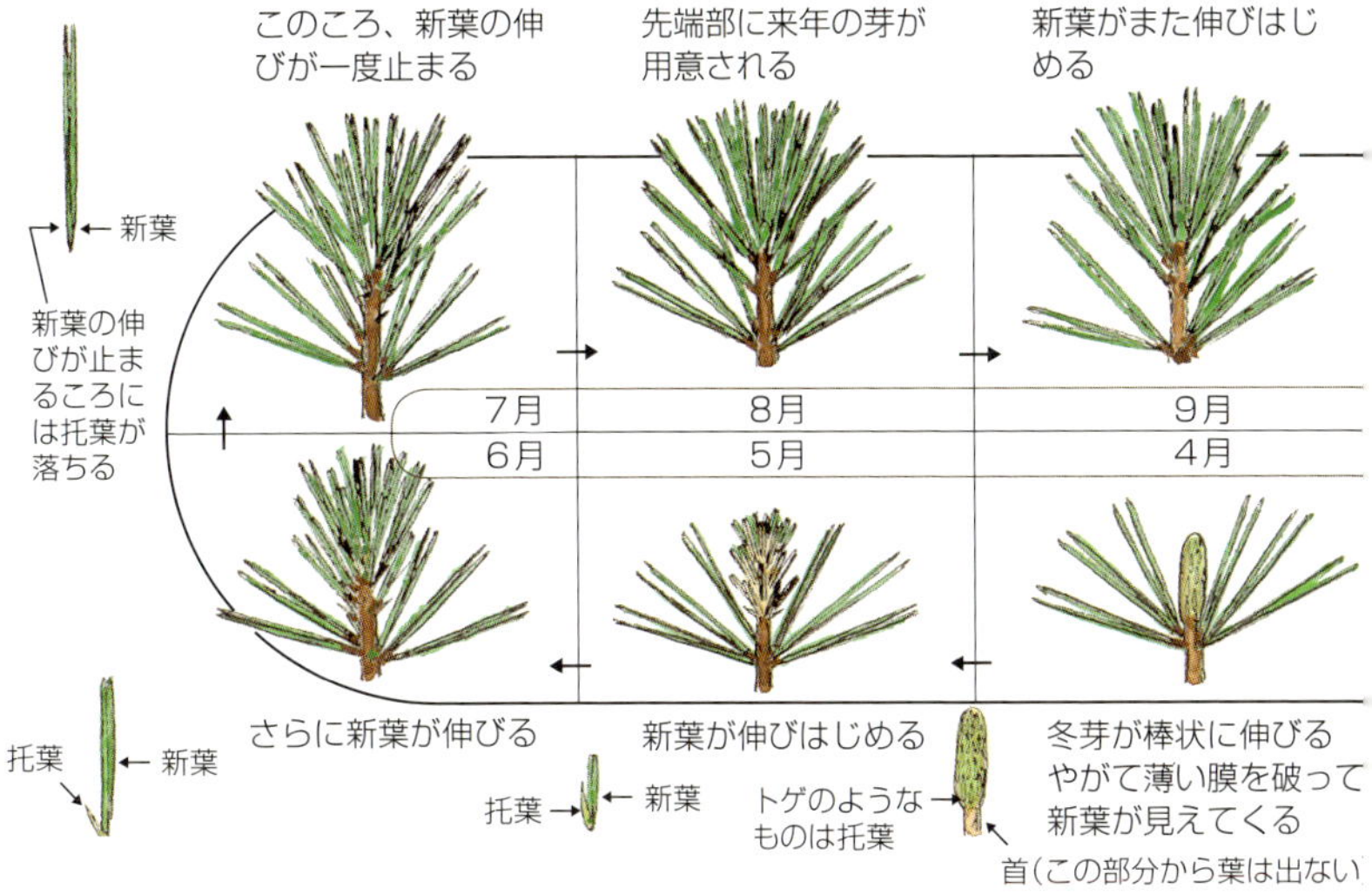

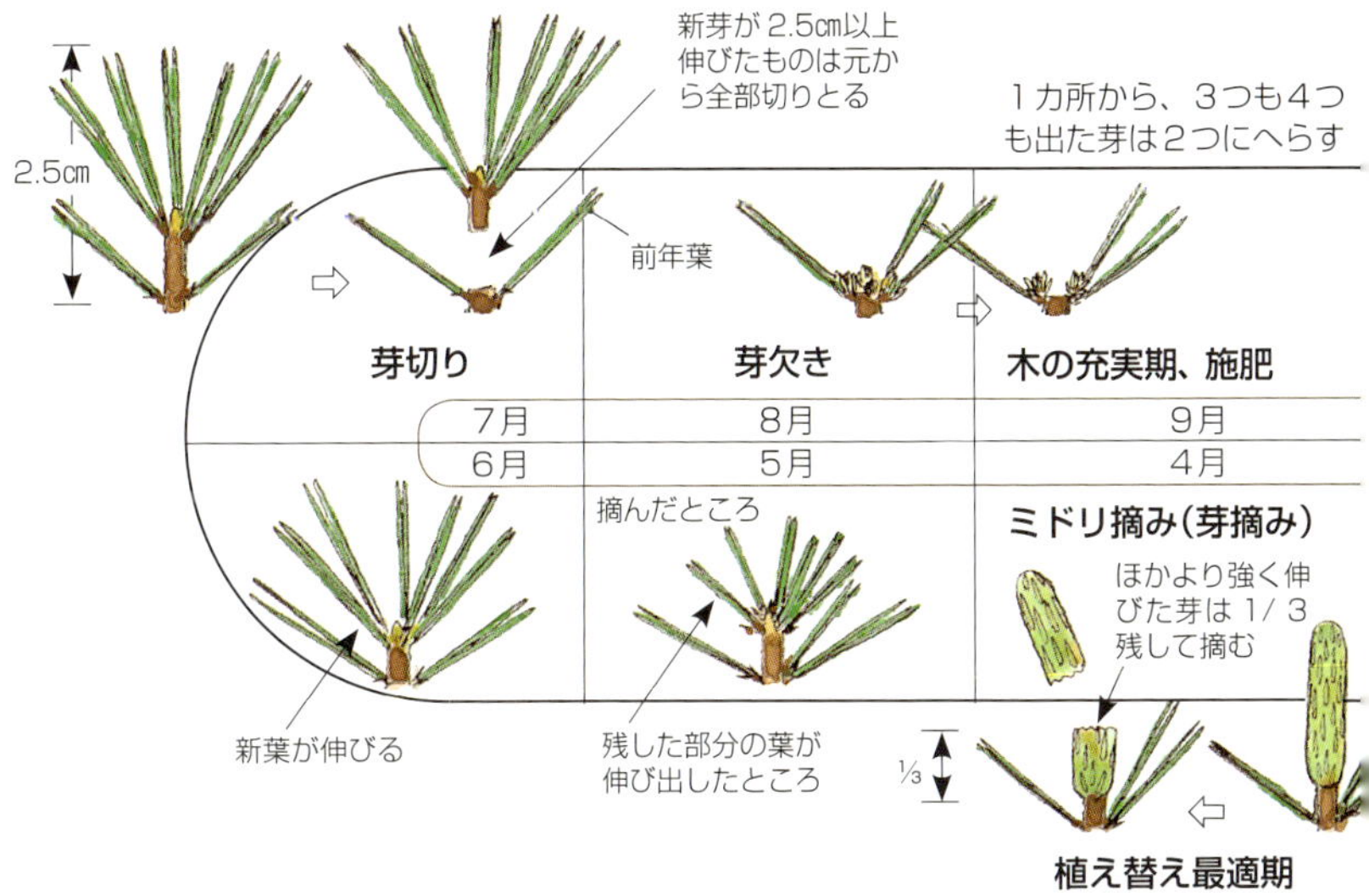

中芽切り

長く伸びた枝を切りつめる

◆中芽切り

前年に芽切りをしなかったり、目的をもって伸ばしている枝など、長く伸びた枝を短く切り戻すには、中芽切りをする。

方法は上図のように、前年葉を3～4枚つけて切る。または前々年葉を3～4枚つけて切りつめる。こうすると切ったところや枝元に新芽が出る。もっと切りつめたいときは、八月に元のほうに出た新芽までたどって切ればよい。

中芽切りは、三月だけでなく九月に行なってもよい。九月に切ると、その年か翌年三月までには新芽が確認できる。

また、どうも芽切りが苦手という人も、三月の中芽切りで芽切りに相当する成果をあげることができるので、ぜひお試しいただきたい。ただし、必ず葉を残して切ること。葉のない軸の上で切ると、水揚げができなくなり、その部分は枯れる。

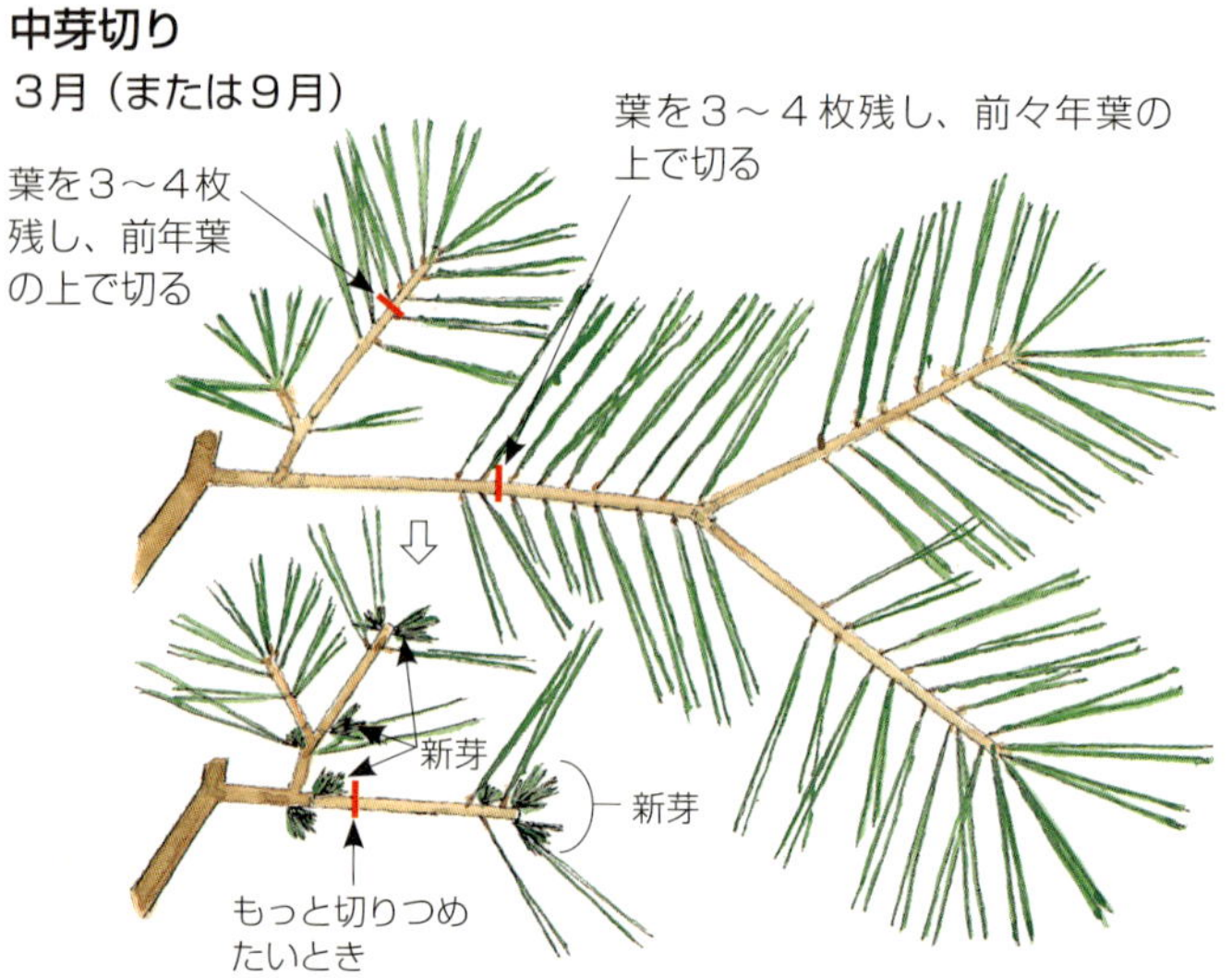

中芽切り
3月（または9月）
葉を3～4枚残し、前年葉の上で切る
葉を3～4枚残し、前々年葉の上で切る
新芽
新芽
もっと切りつめたいとき

ミドリ摘み

強く伸びそうな芽を摘みとる

◆ミドリ摘み

冬芽は、四月に入ると大きくふくらんでくる。同じ1本の木でも、樹芯部や枝先の芽は長く伸びやすい。また反対に枝元や内部の芽は、あまり伸びない。

そのまま放置すると、強い芽はいよいよ強く、弱い芽はさらに弱くなる。そこで、上図のように長く伸びた新芽（強い芽）は、指先で途中から折りとる。これがミドリ摘み（芽摘み）。伸びた芽の長さによって、3分の2あるいは半分というように摘む。たとえば3cm伸びた芽は1cm残し、2cm伸びた芽は1cm残すという具合に。こうすると1cmしか伸びなかった弱い芽とそろえることができる。

なかには1芽だけ摘むこともあるし、五つも六つも摘むものもある。ただし、ローソク状に伸びずに、すぐ葉になってしまうような芽は、芽摘みの必要はない。

芽摘みをしてしばらくすると、残した部分の新葉が伸びる（当然葉数は少ない）。強いところほど葉が長い。この樹勢の強弱は芽切りによっても調整する。

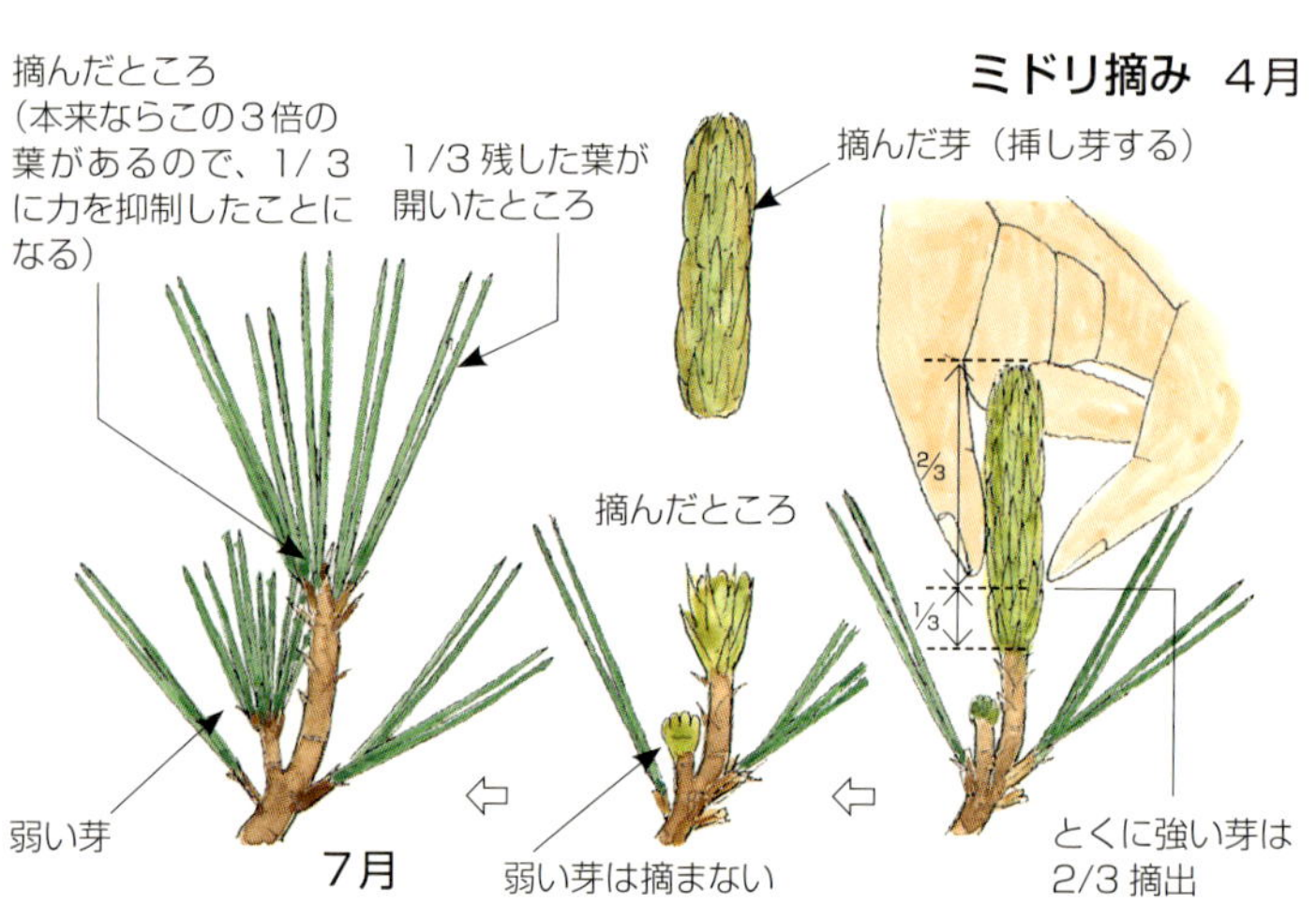

ミドリ摘み 4月
摘んだ芽（挿し芽する）
摘んだところ（本来ならこの3倍の葉があるので、1/3に力を抑制したことになる）
1/3残した葉が開いたところ
摘んだところ
2/3
1/3
弱い芽
7月
弱い芽は摘まない
とくに強い芽は2/3摘出

芽切り

樹勢調節し葉の短い締まった木をつくる

◆**短葉法の起源**

クロマツは葉が長すぎ、盆栽としては不向きだとも思われていた。しかし、あるとき、新芽が虫に食害され、前年葉の元でとれてしまった。1カ月ほどして、とれた新芽のあとに2番芽が発見された。育つまいと見ていたところ、秋に短い葉になったのである。この短葉法の発見以来、クロマツは松柏盆栽に欠かせない人気樹種となり、現在に至っている。

◆**ミニ盆栽の芽切り**

毎年芽切りすると木に相当負担がかかるので、2年に一度が適当である。それも弱った状態の木は必ずさける。

◆**二度芽切り**

強い芽と弱い芽が出るので、弱い芽から芽切りする。強い芽は、先に切った弱い芽に2番芽が用意されるころ（1週間〜10日後）に切る。こうすれば生長したときつり合いがとれる。この二度芽切りは、芽に強弱の差が大きい木に対して行なう。

◆**一度芽切り**

弱い芽、強い芽とも同時に芽切りする方法で、芽に強弱の差が少なくなったものに行なう。春から伸びた新芽を前年葉の元で切り、2番芽を出させる。芽切りでは、ごく弱い芽は切らない。

芽欠き

たくさん出た芽は2芽に整理しよう

◆**芽欠き**

芽切り後、1カ月もすると、切ったところに2番芽が大きく育ってくる。一カ所から四つも五つも出た芽は、それが枝なら横向きの2芽を残して他の芽は欠きとる。強いところほどたくさん芽をもつので、これも樹勢調節の一つの作業。

また、ぶつかり合うように伸びたものは、片方をピンセットで欠きとっておくとすっきりした枝が維持できる。

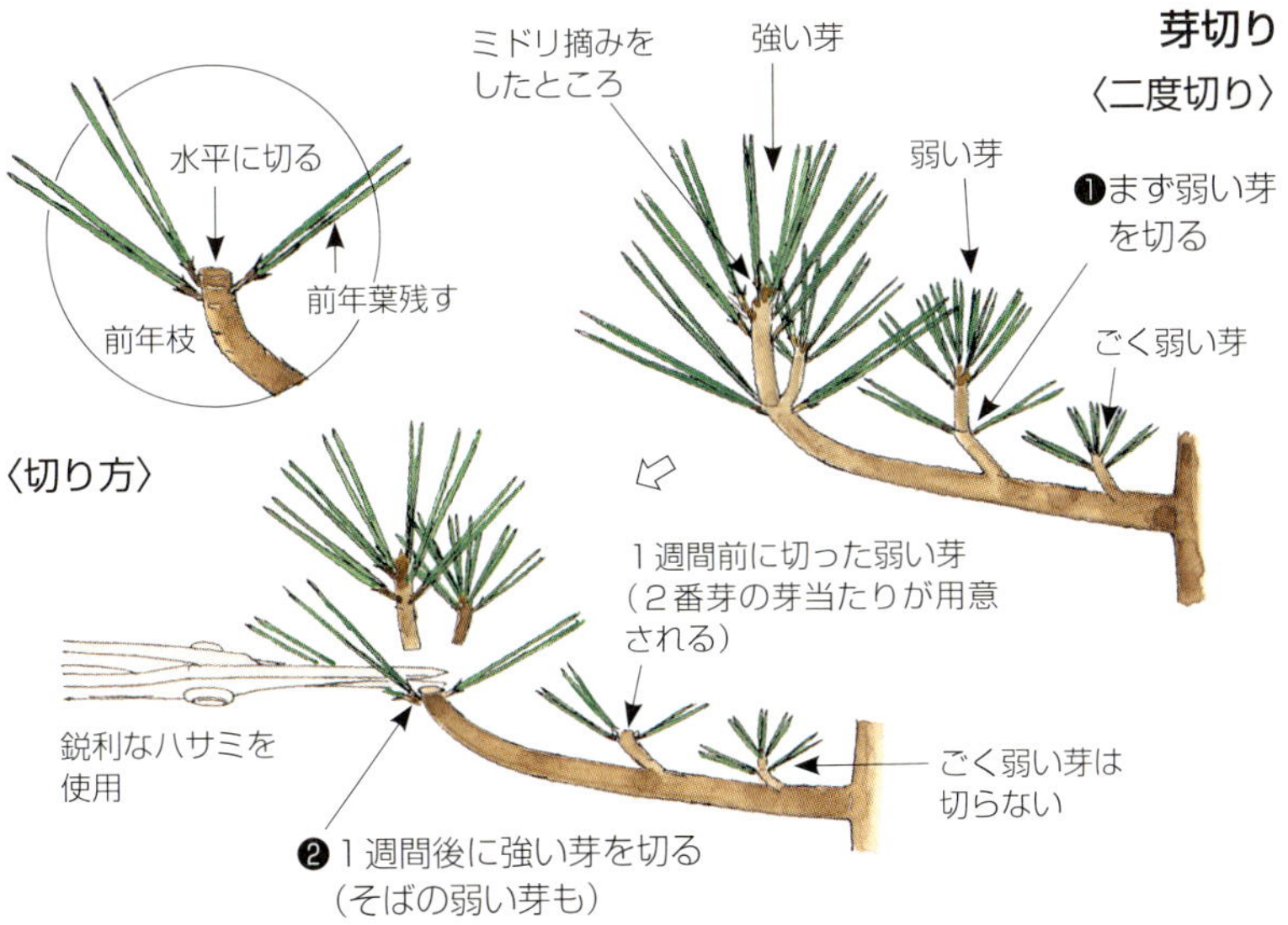

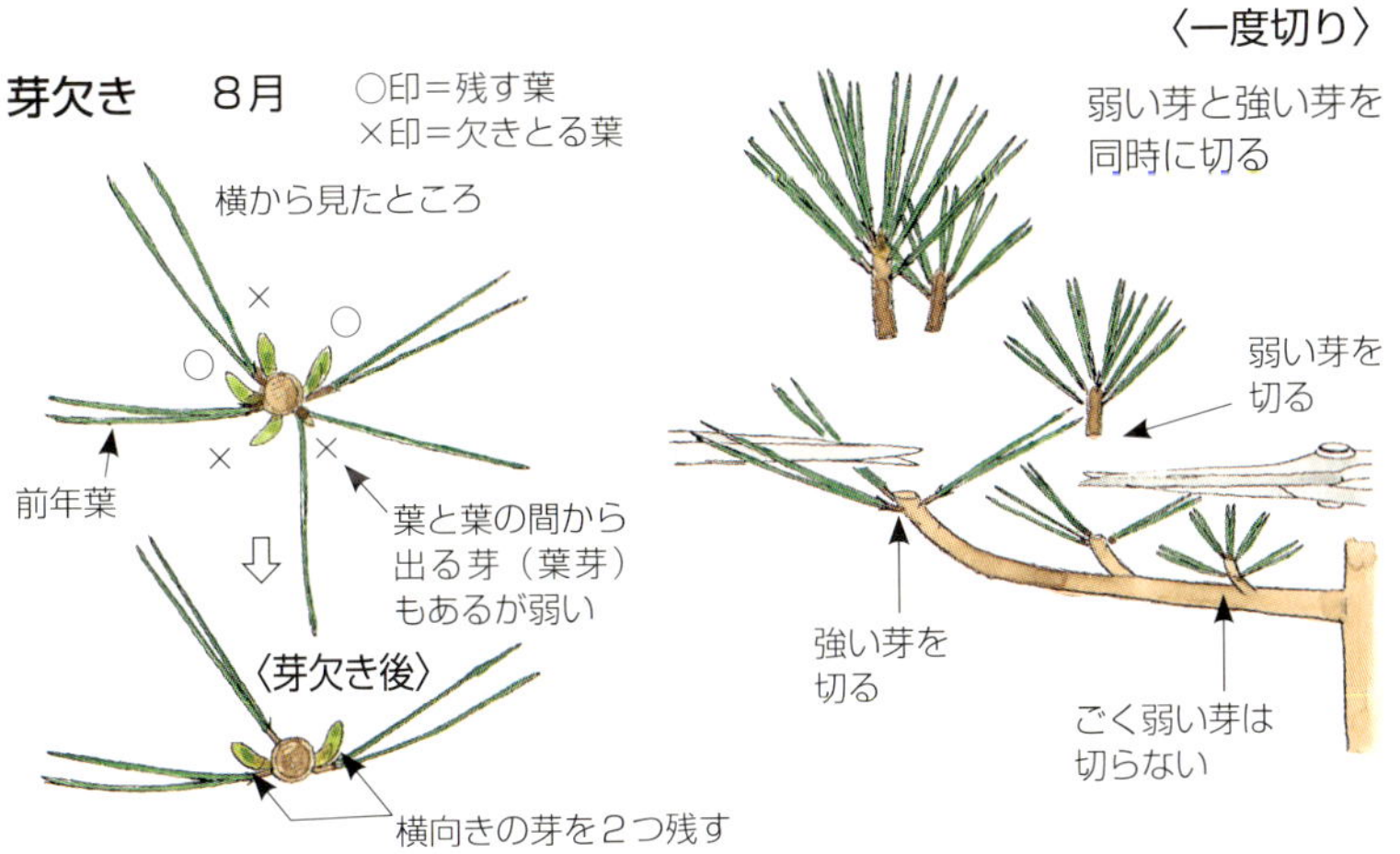

葉すかし

十一〜十二月に行なう1年のしめくくり

◆葉すかし（葉すぐり）の基本

　上図はわかりやすいように1枝を強い芽㋑（枝先）、弱い芽㋺（まんなか）、ごく弱い芽㋩に分けて図解したものである。㋑、㋺は芽切りをした枝、㋩は芽切りをしなかった枝。㋑と㋺を比較すると、㋑は枝、葉の長さとも㋺を上回っている。それだけ㋑は強いので、葉の本数を㋺㋩より1〜2本少なく葉すかしする。

〈葉のすかし方〉

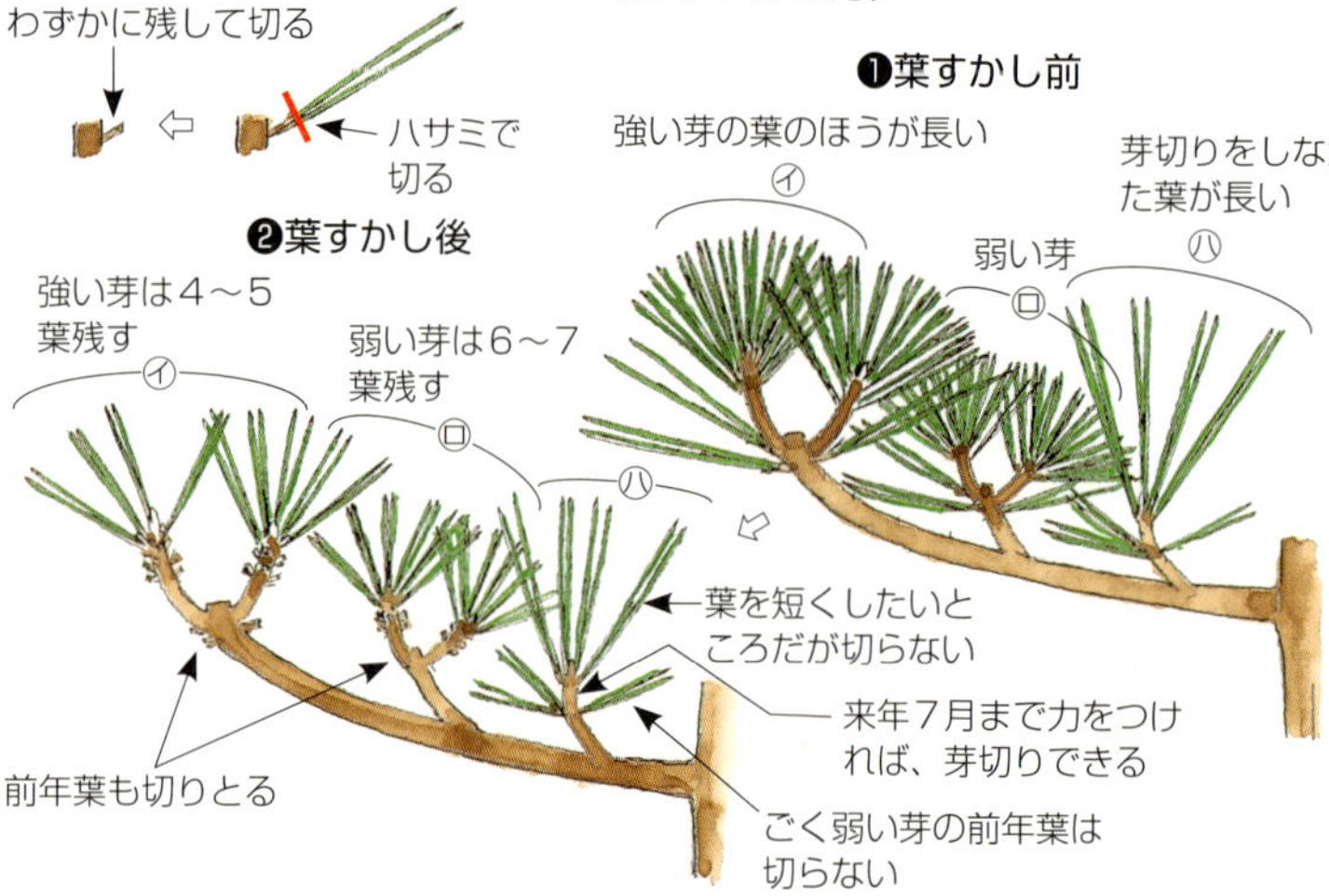

わずかに残して切る
ハサミで切る
❶葉すかし前
強い芽の葉のほうが長い
㋑
芽切りをしなかった葉が長い
㋩
弱い芽
㋺
❷葉すかし後
強い芽は4〜5葉残す
㋑
弱い芽は6〜7葉残す
㋺
㋩
葉を短くしたいところだが切らない
来年7月まで力をつければ、芽切りできる
前年葉も切りとる
ごく弱い芽の前年葉は切らない

〈展示会に出すものの葉のすかし方〉

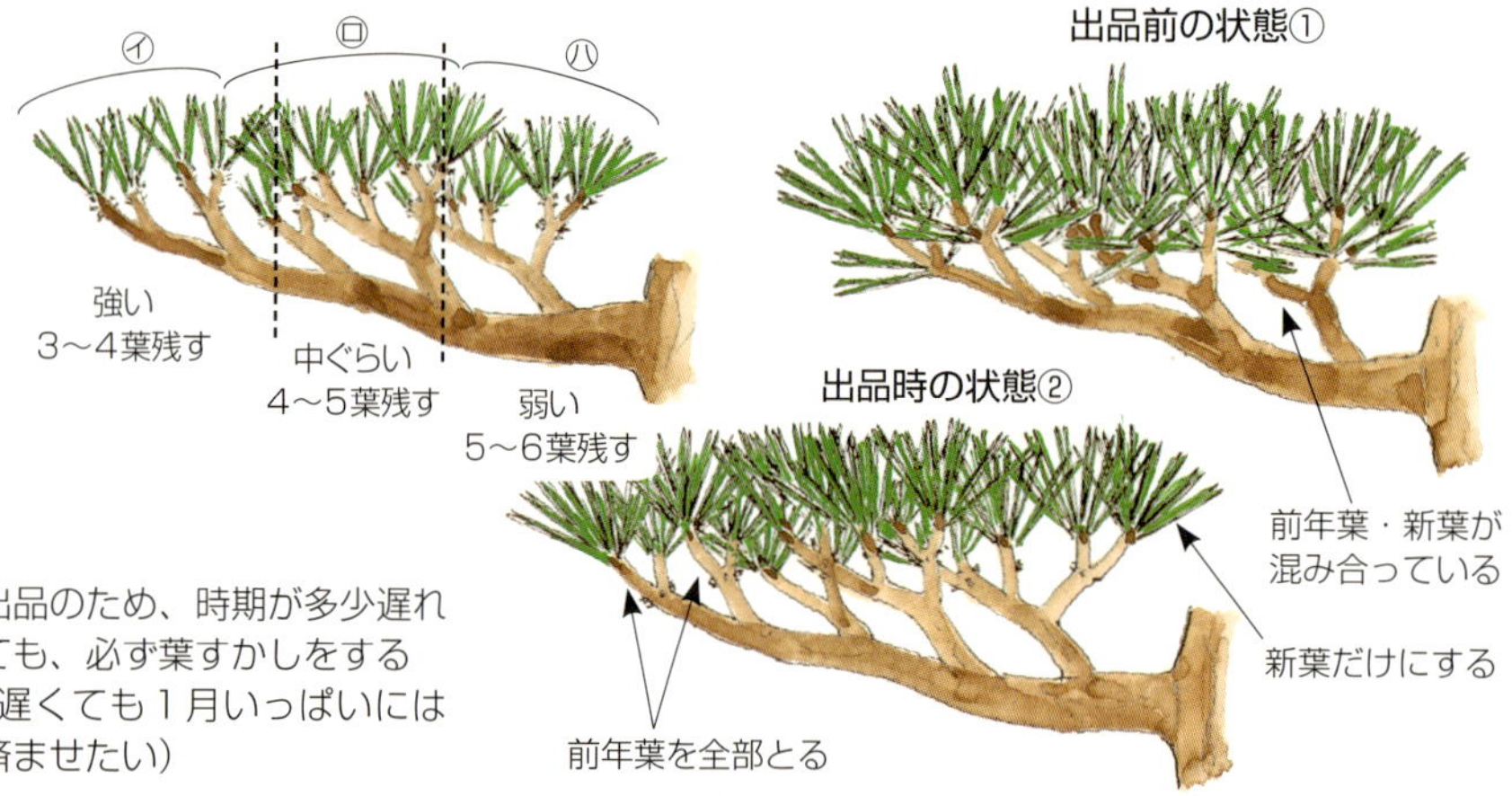

出品前の状態①
前年葉・新葉が混み合っている
出品時の状態②
新葉だけにする
前年葉を全部とる
出品後の状態③
㋑
㋺
㋩
強い 3〜4葉残す
中ぐらい 4〜5葉残す
弱い 5〜6葉残す

出品のため、時期が多少遅れても、必ず葉すかしをする（遅くても１月いっぱいには済ませたい）

　葉の減らし方は、芽の周囲の葉を残すようにして、前年葉および新芽の下葉を切る。その際、葉元は2〜3㎜残す（残ったところは自然に落ちる）。

　ごく弱い芽（㋩）の長く伸びた葉は、他の葉に合わせて短く切りつめたいが、まだ軸が細く充実していないので切らない。前年葉もつけたままにする。そうして力をつければ、来年七月には芽切りできる枝になる。強い芽をおさえ、弱い芽を伸ばすことが樹勢調節の基本である。

◆展示会に出品するときの葉すかし

　枝葉の混んだ木を展示会に出す際に行なう葉すかしは、基本の応用である。

　葉すかし前①では、前年葉と芽切りの後の2番芽が入り混じり、長短ふぞろいの葉が目につく。また小枝もよく見えない。そこで②のように前年葉をすべて切りとり、小枝の分かれがよく見えるようにする。展示会には葉数が多いほうが見ばえするので、この状態で出品する。

　出品後はすぐに③のように葉すぐりをする。㋑は3〜4葉、㋺は4〜5葉、㋩は5〜6葉くらい残して葉を切りとる。

　以上、葉すかしを一つの枝で説明したが、木全体も同様の考え方で行なう。

植え替え

若木は毎年、古木でも2~3年に一度は植え替えたい

◆用土

ミニ盆栽を扱っている店では、小粒の用土（そのまま使える粒）を売っているので便利だが、一般の園芸店では入手しにくい。クロマツは赤玉土でもできれば硬質のものを使いたい。なければ砂を多めに混ぜ合わせる。粒の大きさは3号以下の鉢で0.5~2.5㎜粒、それ以上大きな鉢は1~4㎜粒でもよい。

混合率は硬質赤玉土8割、桐生砂2割（砂はそれぞれの地方から産出する山砂、川砂で可）を目安とし、軟質赤玉土の場合は砂を4割にする。ふるった軟質赤玉土を自分で焼いて（焼き赤玉土）硬質赤玉土として使うこともできる。

〈混合の仕方〉

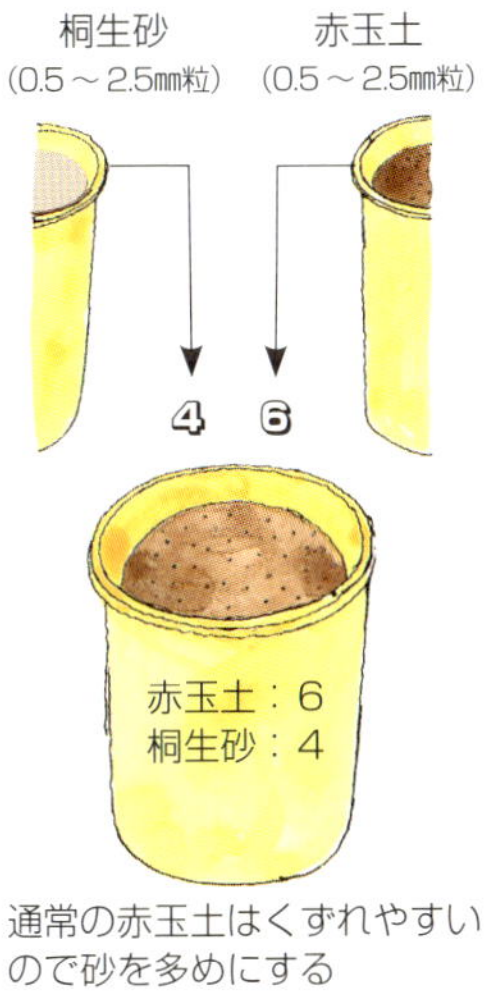
桐生砂
(0.5～2.5㎜粒)
赤玉土
(0.5～2.5㎜粒)
4
6
赤玉土：6
桐生砂：4
通常の赤玉土はくずれやすいので砂を多めにする

〈市販用土のふるい分け〉

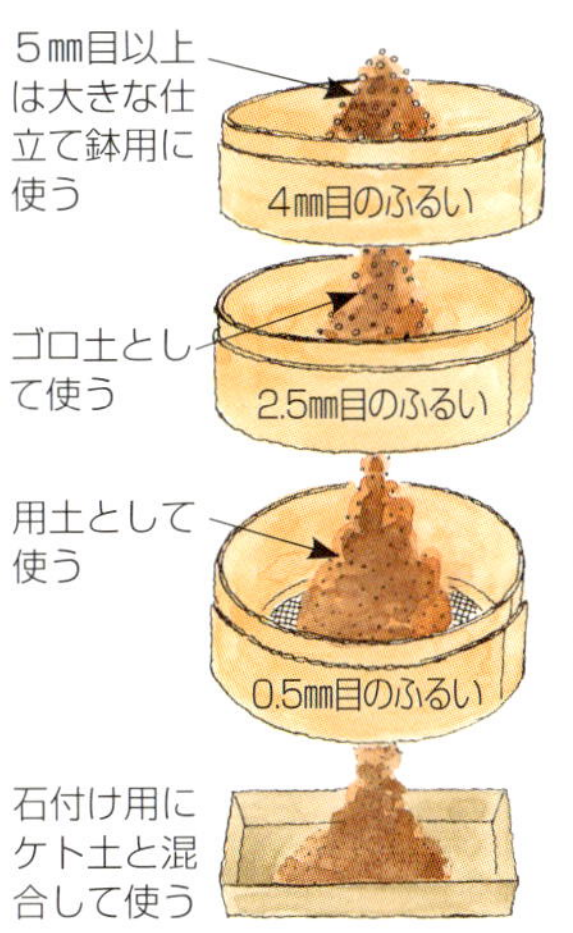
5㎜目以上は大きな仕立て鉢用に使う
4㎜目のふるい
ゴロ土として使う
2.5㎜目のふるい
用土として使う
0.5㎜目のふるい
石付け用にケト土と混合して使う

用土の調整

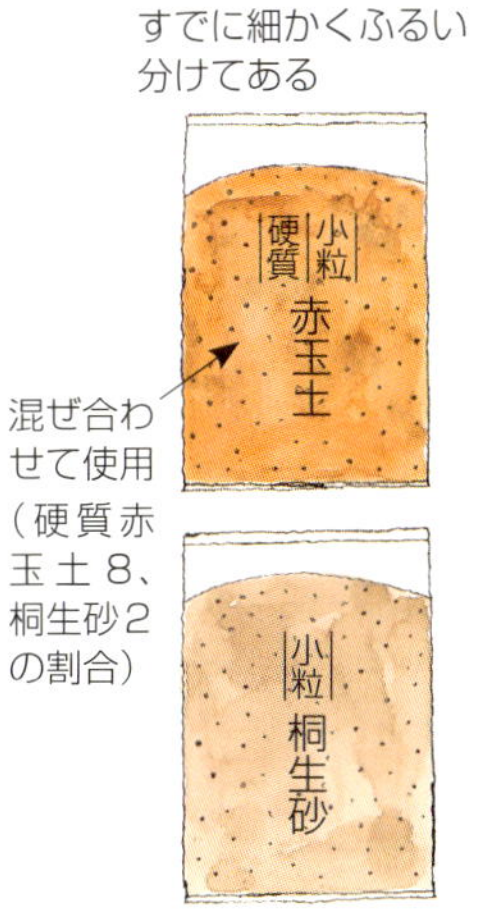
すでに細かくふるい分けてある
小粒
硬質
赤玉土
混ぜ合わせて使用（硬質赤玉土8、桐生砂2の割合）
小粒
桐生砂

植え付け方

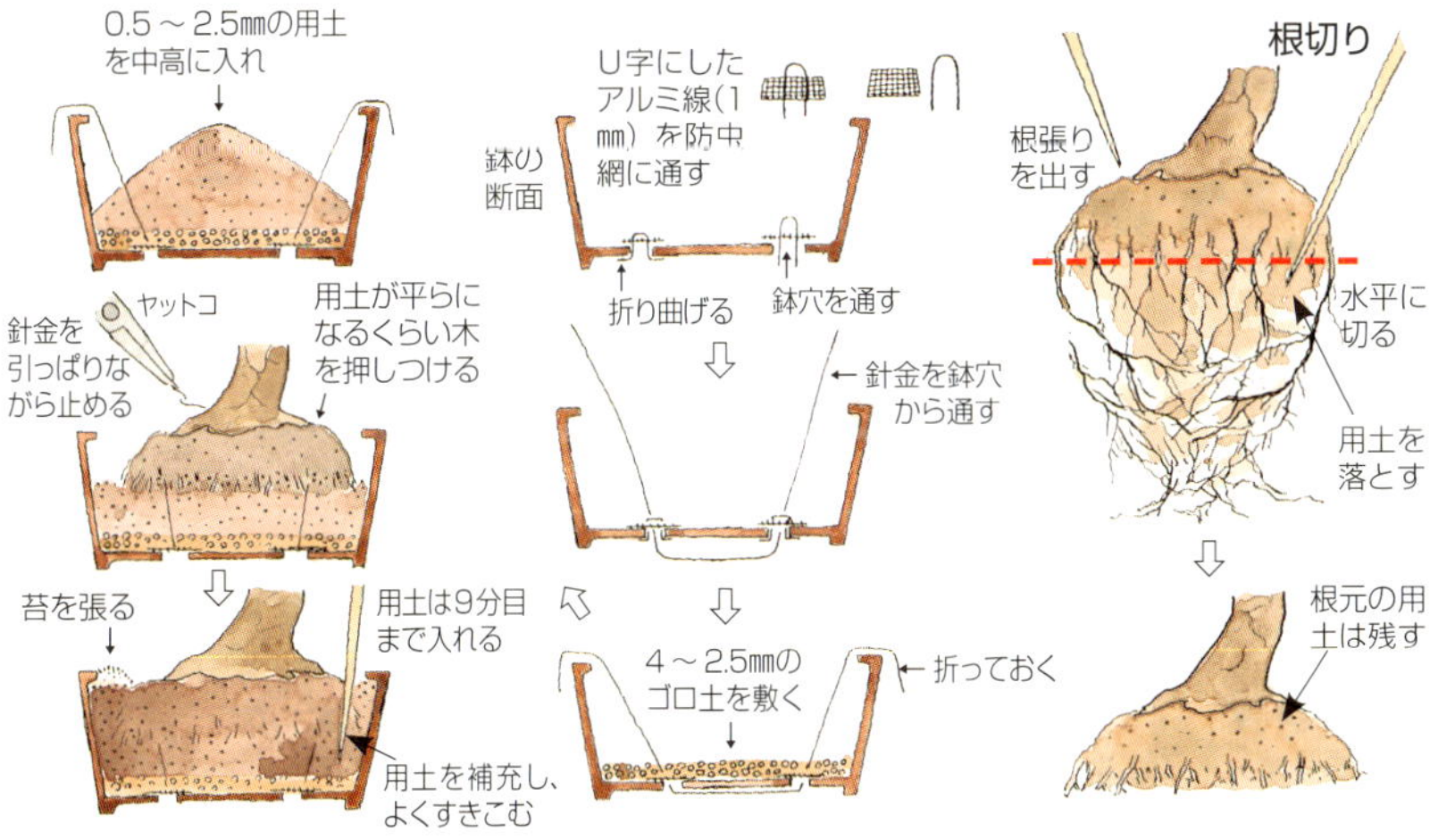
0.5～2.5㎜の用土を中高に入れ
U字にしたアルミ線（1㎜）を防虫網に通す
鉢の断面
折り曲げる
鉢穴を通す
針金を鉢穴から通す
針金を引っぱりながら止める
ヤットコ
用土が平らになるくらい木を押しつける
苔を張る
用土は9分目まで入れる
用土を補充し、よくすきこむ
4～2.5㎜のゴロ土を敷く
折っておく
根切り
根張りを出す
水平に切る
用土を落とす
根元の用土は残す

◆植え替え

若木は原則として毎年、幹肌の荒れた古木は2~3年に一度植え替える。

一~二月に灌水を控えて鉢から抜き、周囲に回った根をハシでていねいにほどく。根張りもかきだす。根元の用土はつけたままでよい。長く伸びた根は、元土のすぐ下で水平に切る。

鉢に防虫網と木を固定する針金をセットし、図のように用土を入れて植え、針金で木を止め、鉢の裏側で結束する。そのあと、周囲に用土を入れ、ハシでよくすきこみながら根と密着させる。

細目のジョウロで鉢穴から透明な水が出るまで灌水し、苔を周囲に張る（水やりによる表土の流出が防げる）。

植え替えたものは、すぐ日当たりのよい戸外の棚上に出す（日陰に置くと根が冷えて発根が遅れる）。置き肥は、根が動きはじめてから（1カ月後）施す。

針金かけ

針金かけは樹形づくりの第一歩、数多く手がけてそのコツをマスターしよう

〈銅線の焼きなまし〉

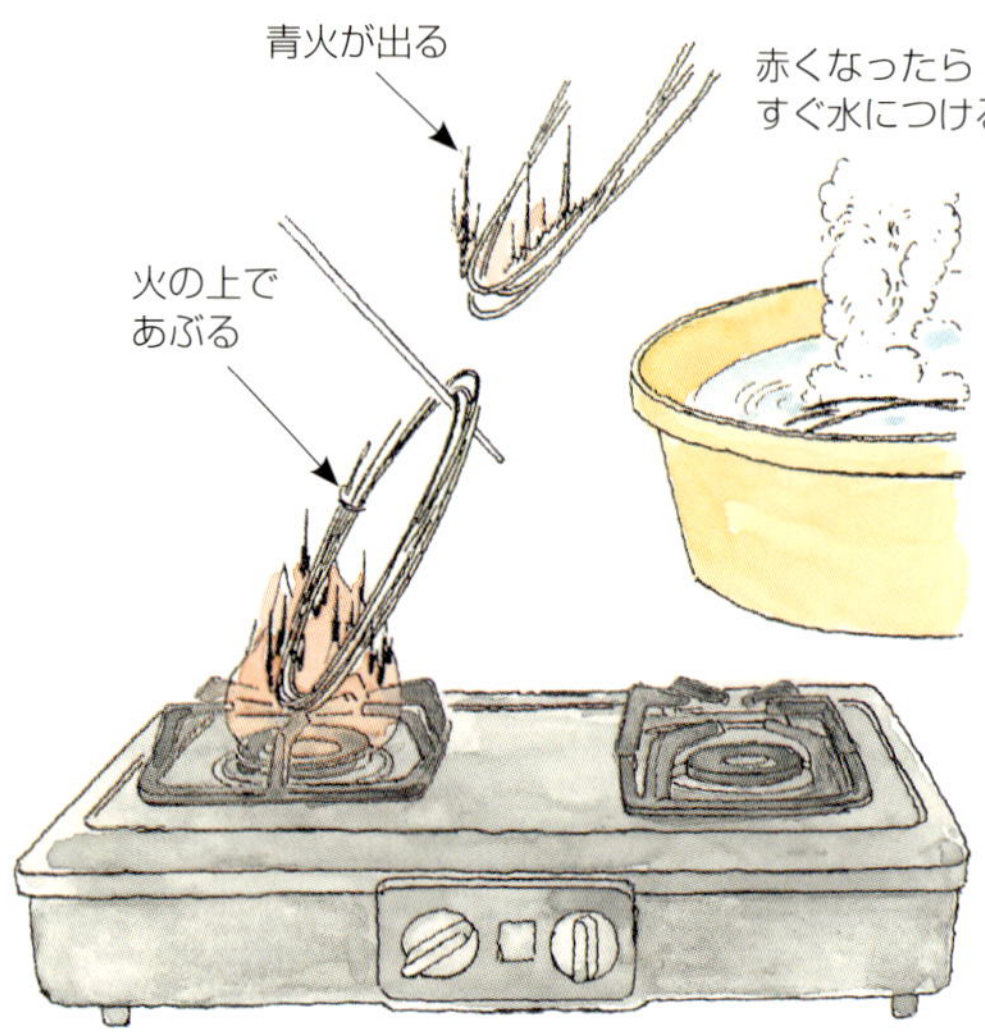
青火が出る
赤くなったら
すぐ水につける
火の上で
あぶる

〈針金かけ９つのポイント〉

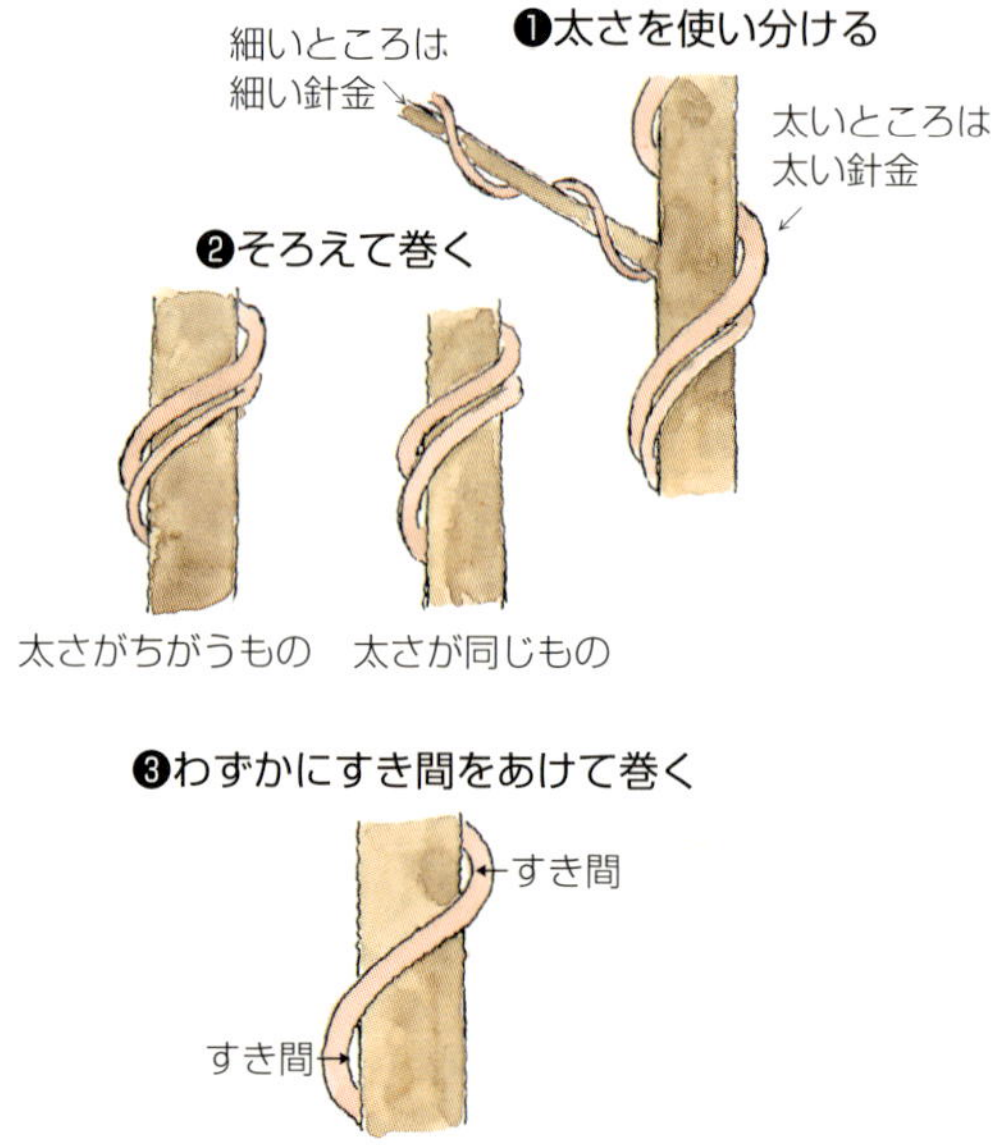
❶太さを使い分ける
細いところは
細い針金
太いところは
太い針金
❷そろえて巻く
太さがちがうもの
太さが同じもの
❸わずかにすき間をあけて巻く
すき間
すき間

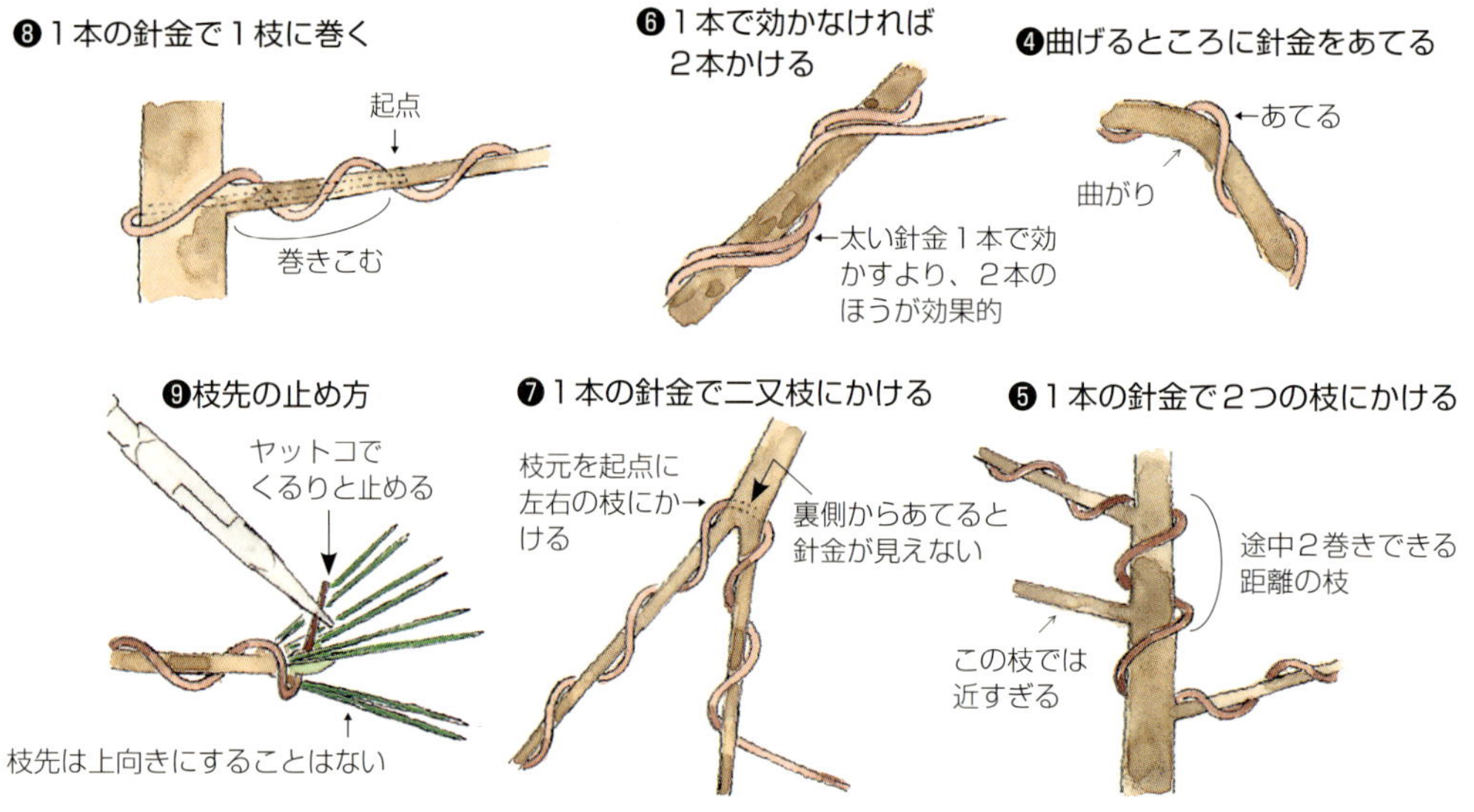
❹曲げるところに針金をあてる
あてる
曲がり
❺１本の針金で２つの枝にかける
途中２巻きできる
距離の枝
この枝では
近すぎる
❻１本で効かなければ
２本かける
太い針金１本で効
かすより、２本の
ほうが効果的
❼１本の針金で二又枝にかける
枝元を起点に
左右の枝にか
ける
裏側からあてると
針金が見えない
❽１本の針金で１枝に巻く
起点
巻きこむ
❾枝先の止め方
ヤットコで
くるりと止める
枝先は上向きにすることはない

使用する針金は銅線がよい。火にあぶって焼きなますと、やわらかくなって使いやすくなり、かけると日を追うごとにかたくなる。

針金は曲げる方向に巻く。右に曲げたいときは右巻きに、左に曲げたいときは左巻きにする。巻き方は約45度の角度で、幹や枝との間にもめん針1本のすき間ができるくらいがよい。

針金の太さは、かける幹や枝の2～3分の1くらいを目安にするが、かける前に手で木を曲げてみると、太さの見当がつく。かける時期は二～三月がよい。

慣れないうちは失敗もあるが、経験を積んで覚える。よく、かけた姿が気に入らないと、あちこち枝位置をかえたりするが、一度矯正したものは、そのまま1年おくか針金切りで針金を切り、1年後にかけなおす。

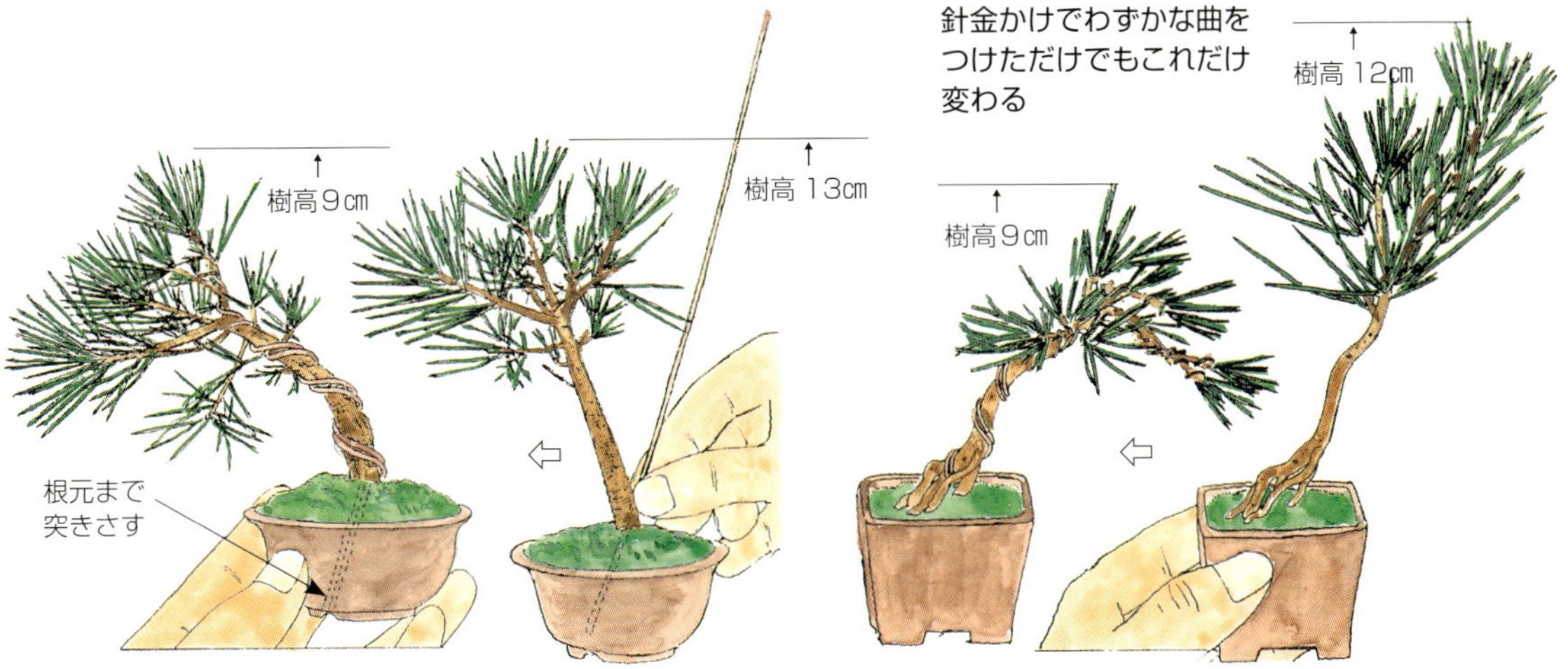
樹高９cm
根元まで
突きさす
樹高 13cm
針金かけでわずかな曲を
つけただけでもこれだけ
変わる
樹高 12cm
樹高９cm

肥料

『肥やしてつくる』これが原則

◆肥料をつくる

作業の少ない冬の間に肥料をつくっておく。クロマツは、花実がつくわけではないので油粕のみでよい。

油粕の粉を容器にとり、1.5倍の水を加え、よくかき混ぜる。オルトランの粒剤を少量加えると、ウジなどの発生防止に効果がある。

かき混ぜたらビニールをかぶせ、ふたをして密封する。日陰に2カ月ほど（夏なら1カ月）置くと発酵する。その間2～3回かき混ぜる。

◆与え方

四月から十一月まで月一度くらいの割で鉢辺に置き肥をする。発酵した肥料を小容器にとり、小さじで1鉢2～3カ所に置く。

日が当たるところに置けば半日ほどで皮膜ができ、水をかけても流れなくなる。

〈与え方〉

小さじで２～３カ所
（３号鉢くらいのもの。
１号当たり１カ所くら
いが目安）に置く
次回は、場所をかえて
置く
見苦しかったら乾い
てから肥料パックを
かぶせる

〈発酵肥料のつくり方〉

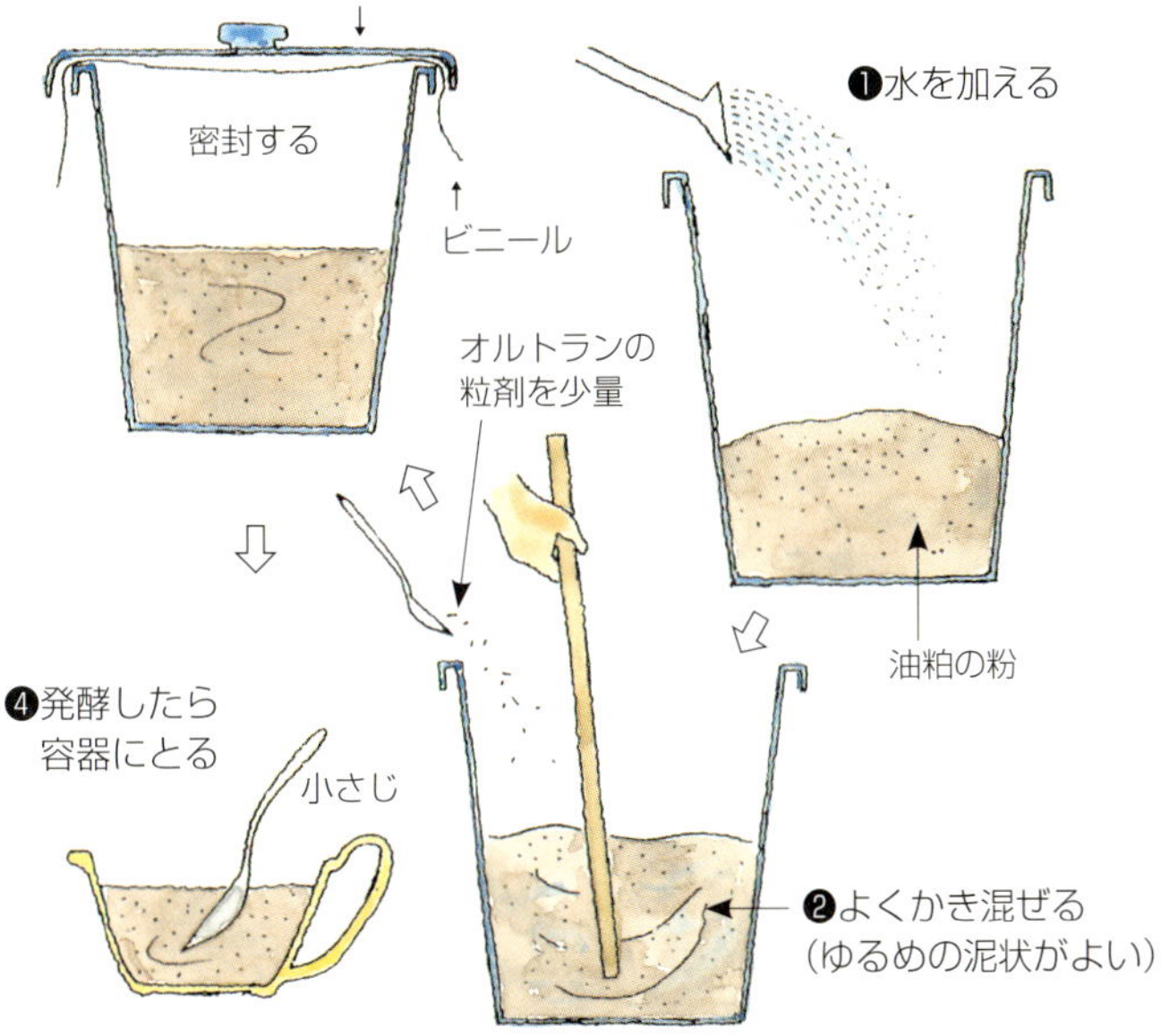
肥料
❸発酵させる
ふた
密封する
ビニール
❶水を加える
油粕の粉
オルトランの
粒剤を少量
❷よくかき混ぜる
（ゆるめの泥状がよい）
❹発酵したら
容器にとる
小さじ

実生仕立て—種子の採取から骨格づくり

1年目の10月下旬

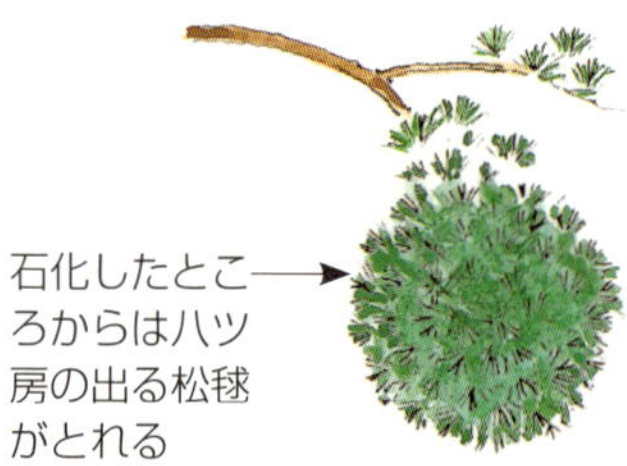
ハツ房
石化したところからはハツ房の出る松毬がとれる

悪い親木
古木で葉もまばらな松毬の少ない木はさける

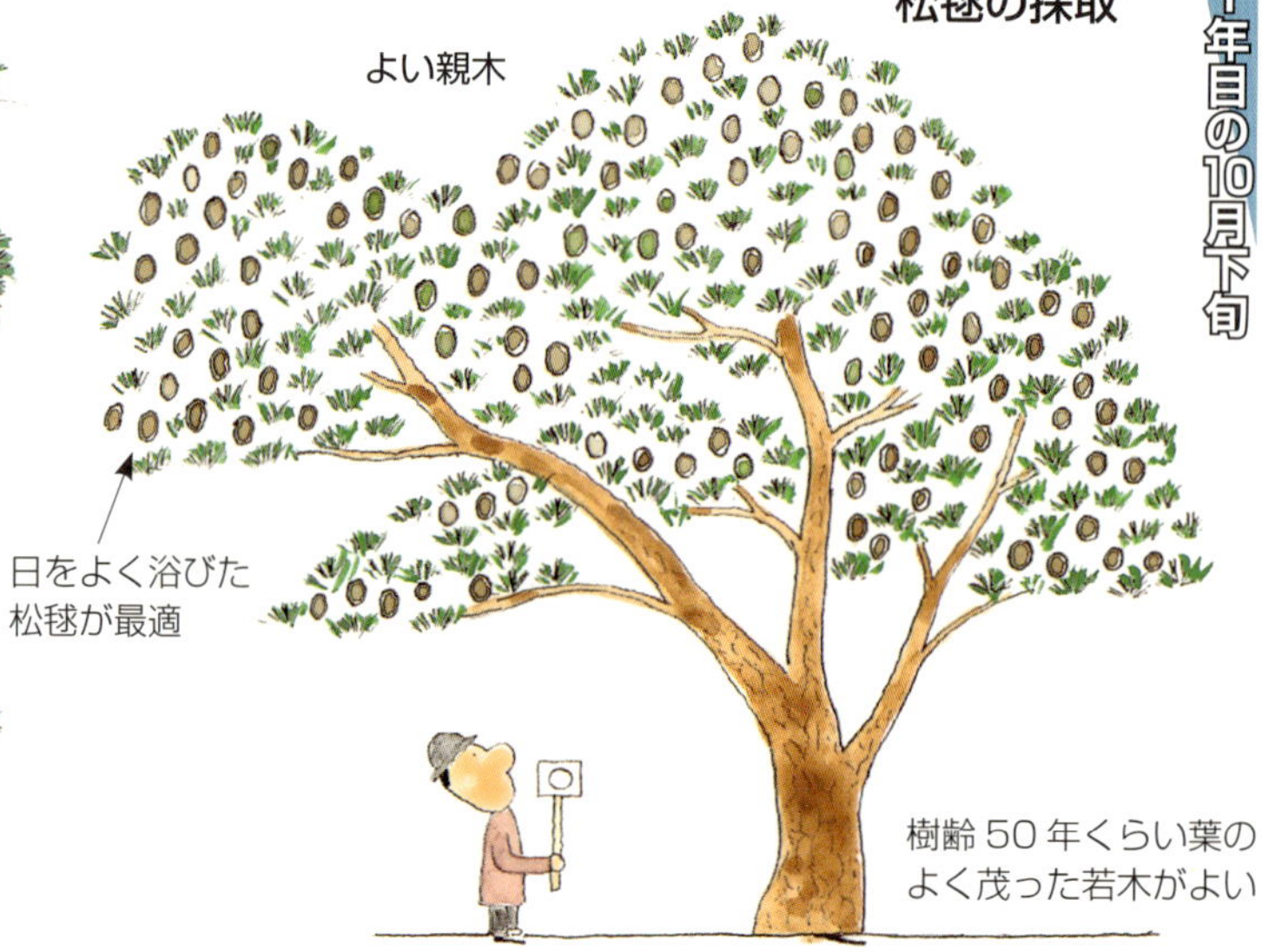
松毬の採取
よい親木
日をよく浴びた松毬が最適
樹齢 50 年くらい葉のよく茂った若木がよい

〈松毬の保存〉

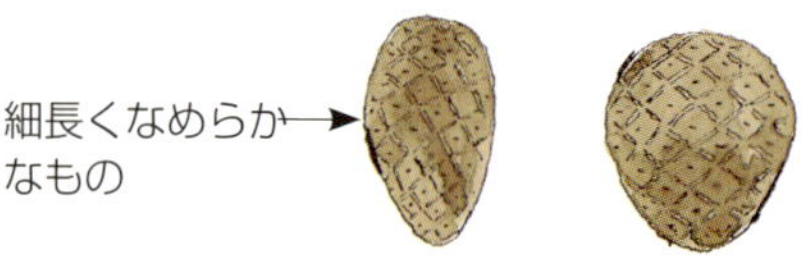
悪い松毬
よい松毬
細長くなめらかなもの

少し茶色になってきたものを枝から採取し、箱などにヤツデなどの葉を敷いて、1列に並べ、通風のよいところに置く（ネズミの食害に注意）

〈種子の保存〉

松毬が開いたら手でもんで羽根をとり種子をビンに入れ保存

羽根
種子

失敗例
濡れた砂に入れておいたら腐ってしまった

◆松毬《まつかさ》の採取と保存

松毬を採取する親木は、枝葉がよく繁茂した樹齢30～50年くらいの若木がよい。1本の木でも必ず日をよく浴びた成熟度のよい南面の枝から採取する。松毬が緑色から茶色になってきたころが採取にもっともよい。

上の図のように箱に並べて保存しておくと、1カ月もすると松毬が開いてきて種子が自然にこぼれ落ちる。種子は手でもんで羽根をとり、ビンなどに入れて翌年春の播種まで保存する。

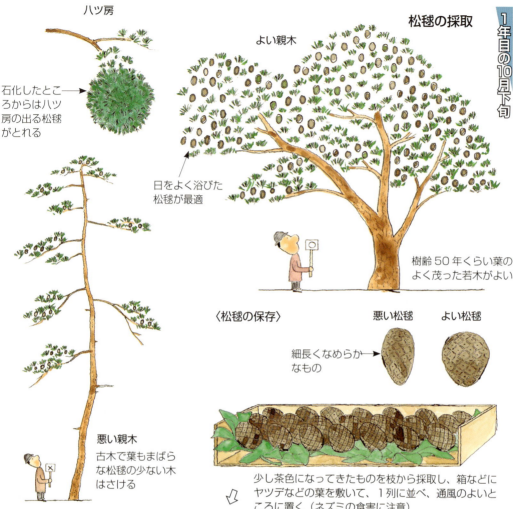

3月中旬 種子のまき方

❶水に一昼夜つけ沈んだ種子をまく
浮いた種子は発芽不能
水
❷新聞紙の上に広げ水気をきる
❸パラパラとバラまきする
［用土例］
赤玉土7
砂3
1㎜以下のミジンを抜いた用土
4号鉢
底にゴロ土
❹かたまったところは散らす
均等にまく
覆土は種子の2～3倍
❺底から透明な水が出るくらいたっぷり灌水
❻3月下旬ごろ戸外の棚上に出す
スズメの食害に注意
朝に食害されやすいので網をかぶせる

3月下旬～4月中旬 発芽の過程

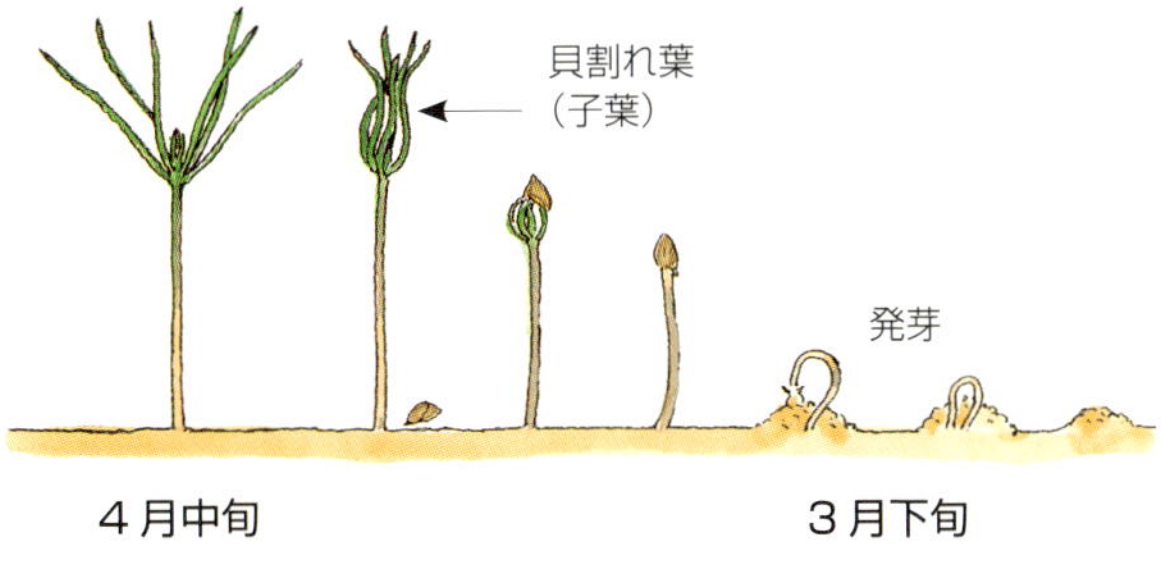

貝割れ葉
（子葉）
発芽
4月中旬
3月下旬

◆種子まき

種子は播種前日に一晩水につける。水に浮いた種子は捨て、沈んだ種子をパラパラとバラまきする。播種後は鉢穴から透明な水が出るくらいたっぷり灌水し、表土の凍らない暖かいところに置く。戸外に出すときは、鳥害に注意。

◆発芽過程

用土を乾かさないように水やりを続けていると、半月後には発芽が見られる。最初に6、7本盃状に開く葉は子葉（貝割れ葉）。本葉は以後、中心から伸びる芽から放射状に伸び出してくる。

4月中旬
軸切り挿し芽

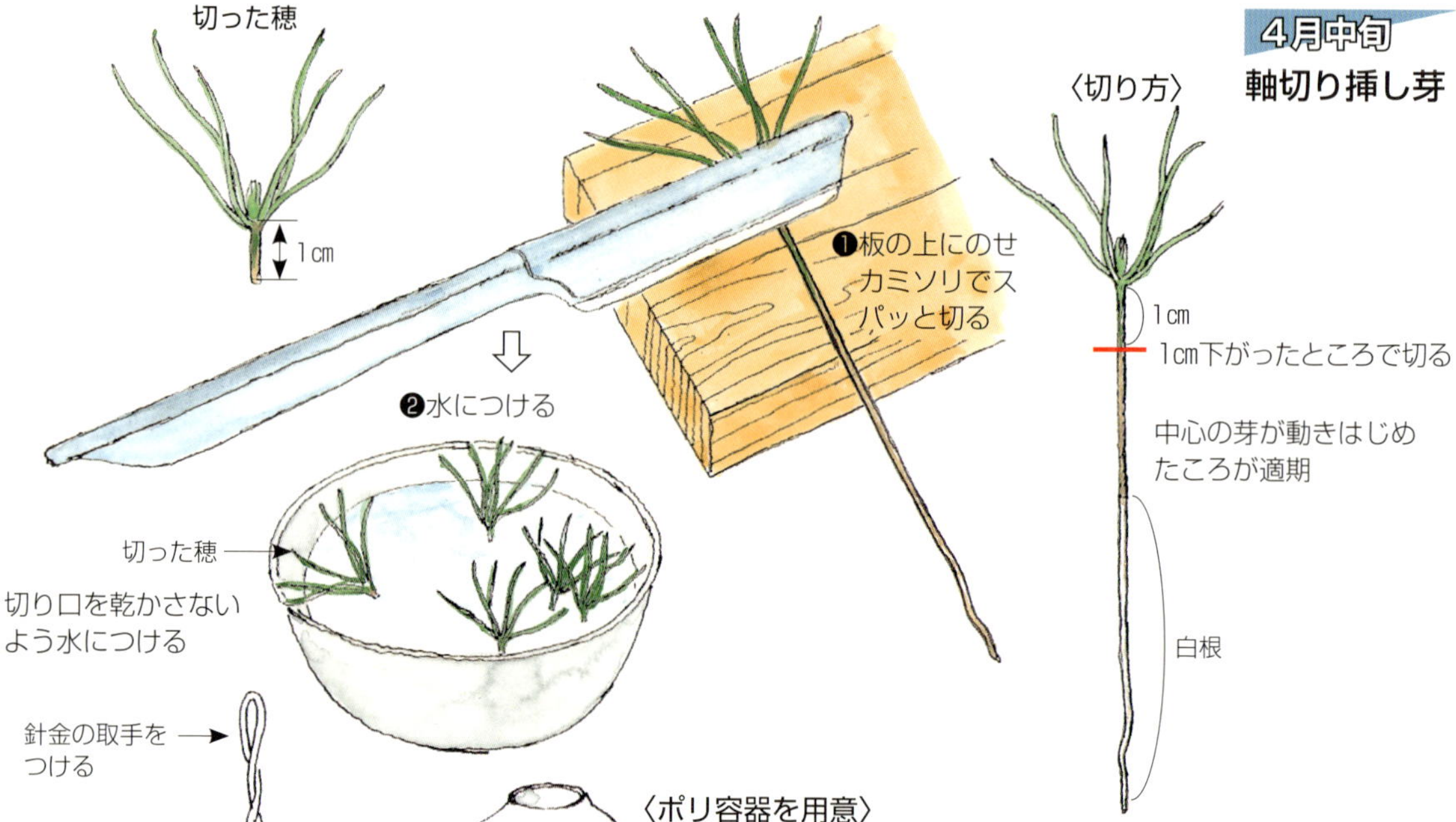

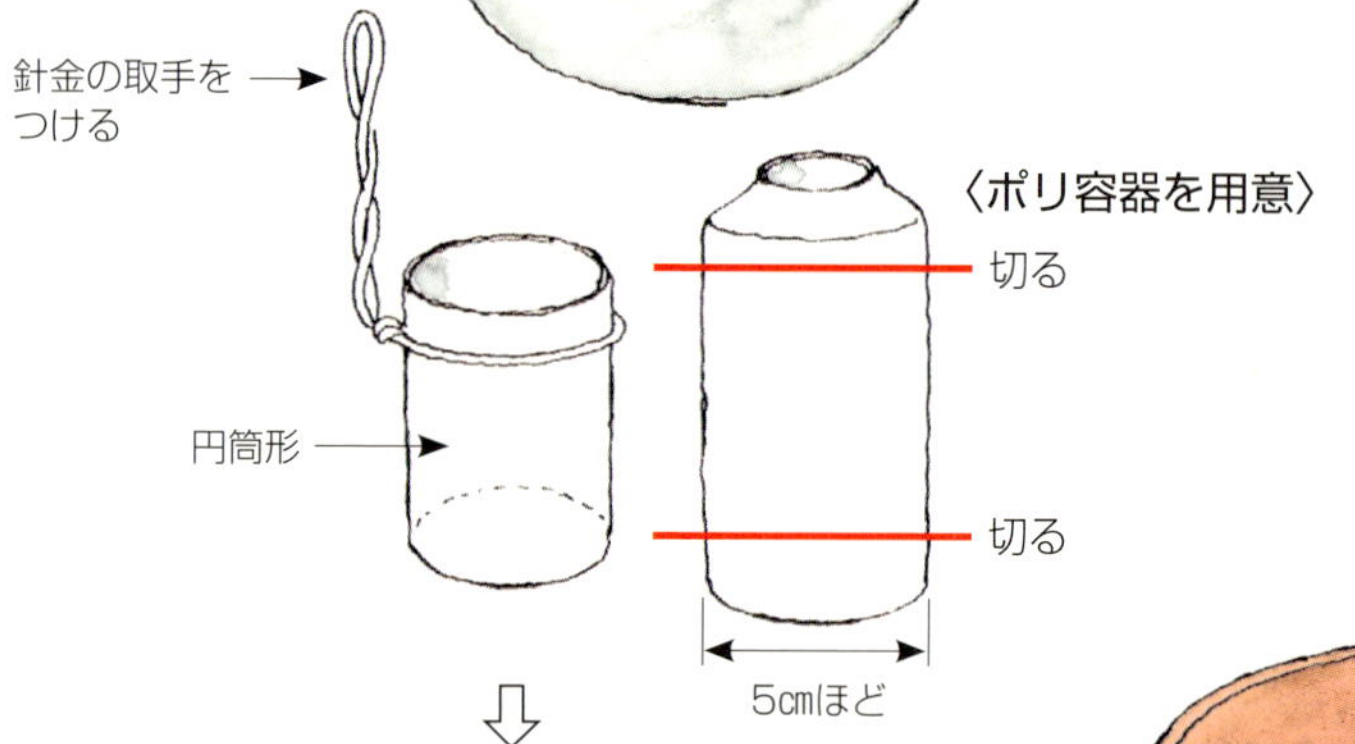

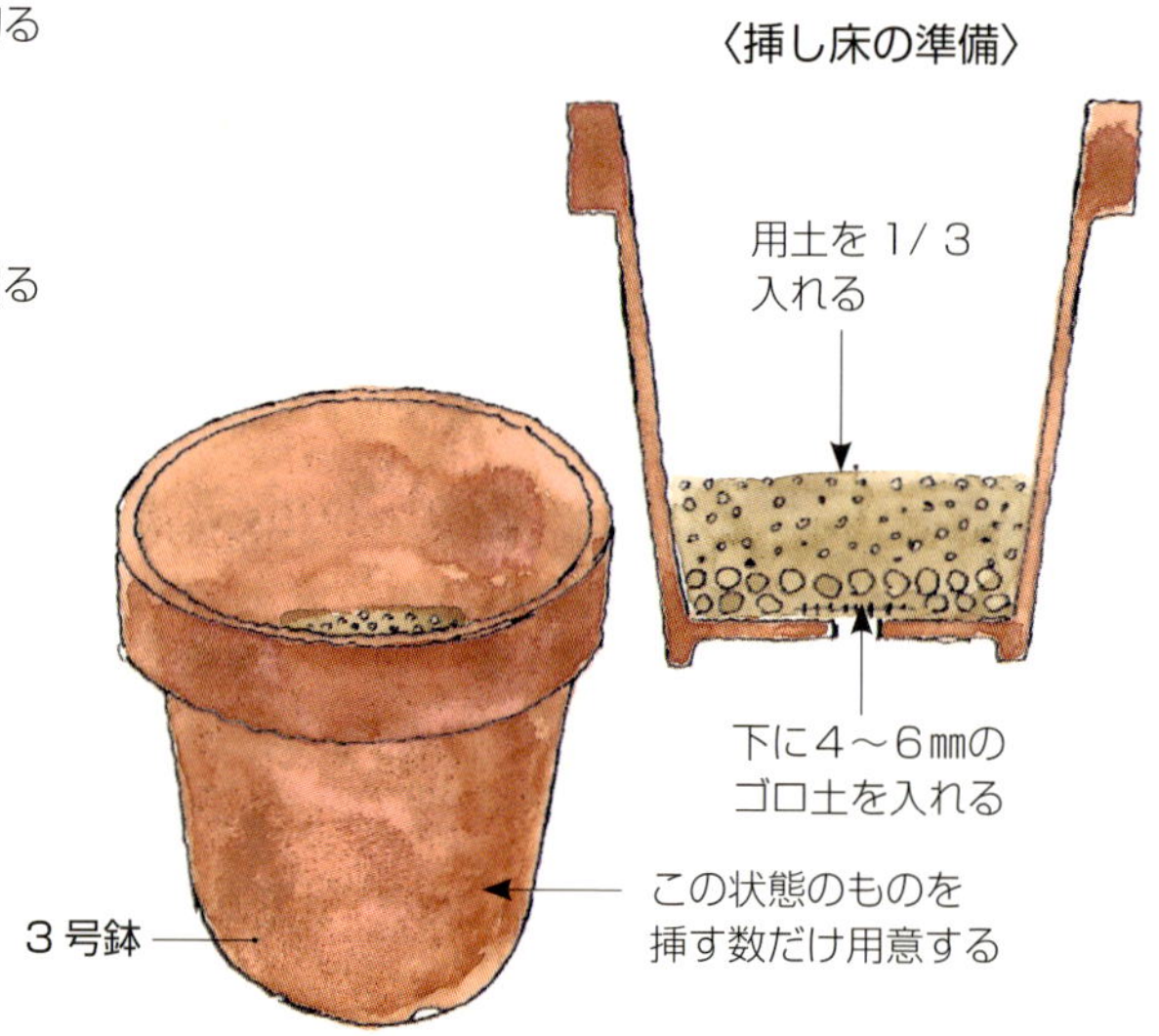

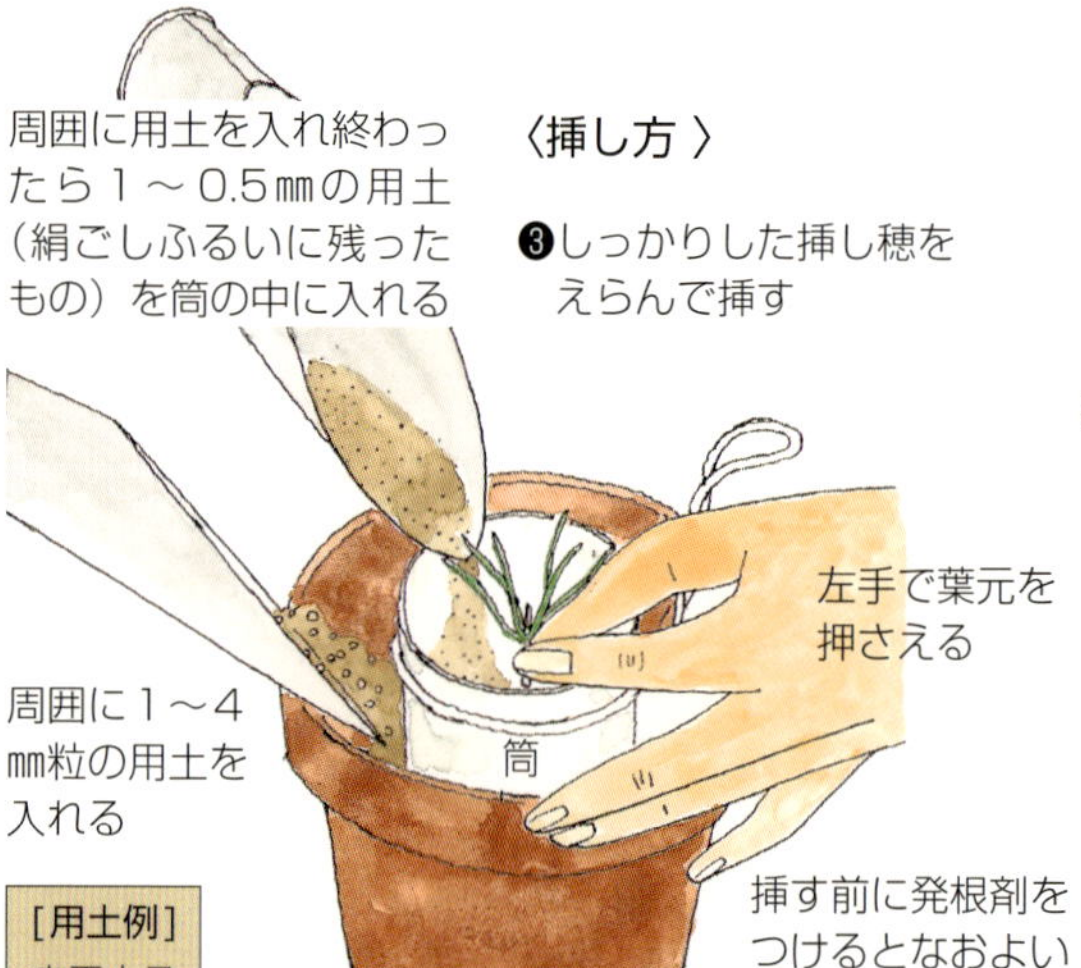

［用土例］
赤玉土７
砂３

◆軸切り挿し芽

子葉が盃状に開き、中心の芽が伸びはじめたころ、低い位置から発根させるため「軸切り挿し芽」をする。

子葉の下１cmほどを切り、切り口を乾かさないようすぐ水につけ、図のように挿す。

活着のポイントは、根のない挿し穂が動かない（回らない）ようにすること。

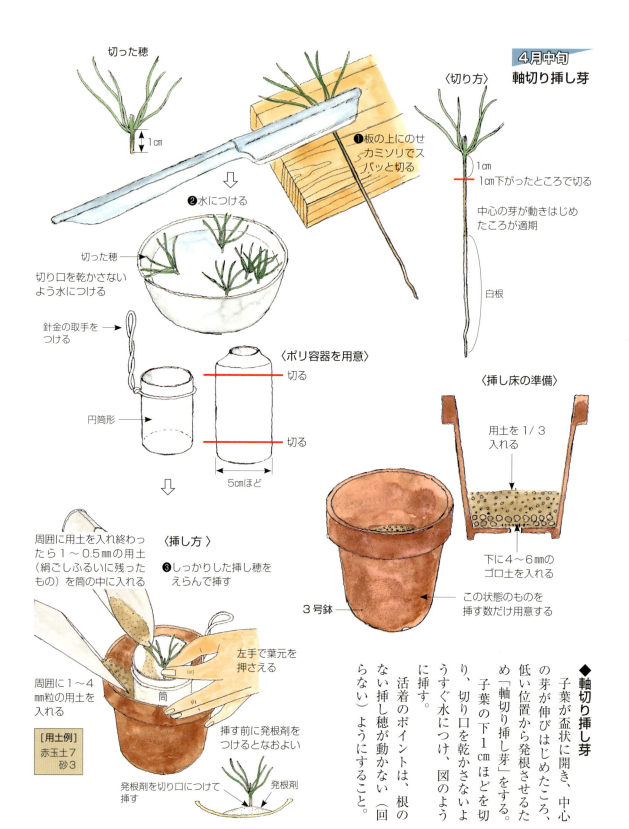

5月上旬ごろ

〈戸外に並べる〉
通風、日当たりのよい戸外の棚上に出す（それまでは根がないのでムロ内で保護）
表土が白っぽくなったら灌水

❹用土を入れ終わったら筒を静かに上に抜く

2年目の3月下旬

針金かけ

❶針金を鉢底まで突きさす
根元の小さな芽は捨て枝にする
根元を起点に針金をさす（1.5㎜のアルミ線）

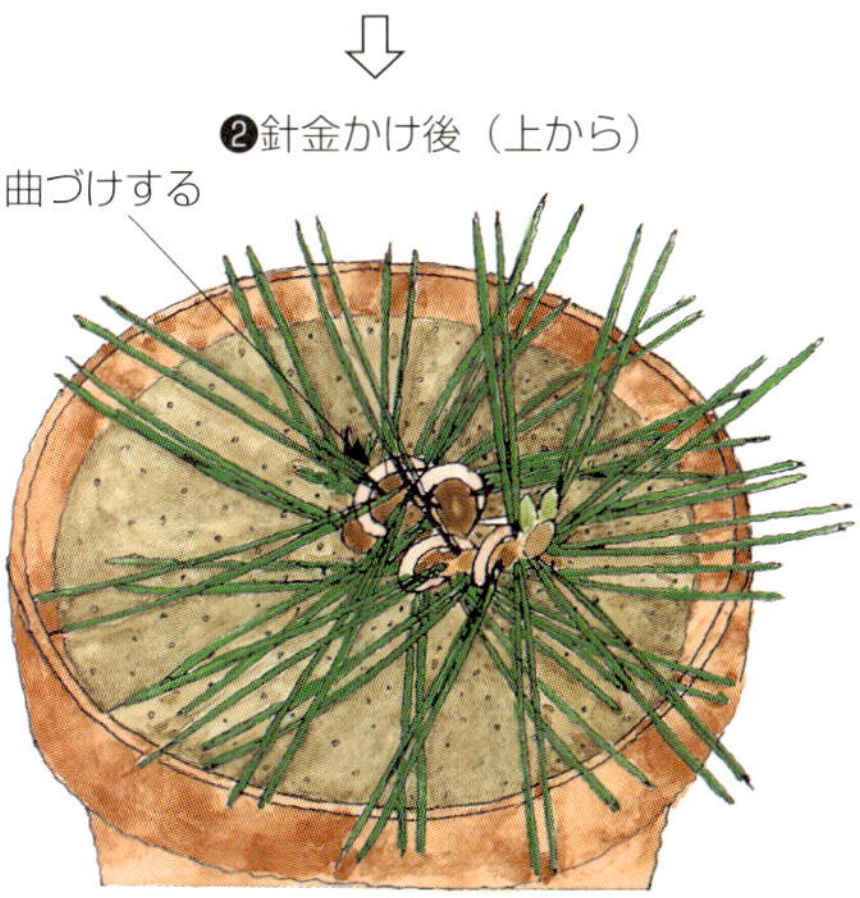
❷針金かけ後（上から）
曲づけする

施肥　5月下旬

固形肥料を５個、10月いっぱい置き肥する

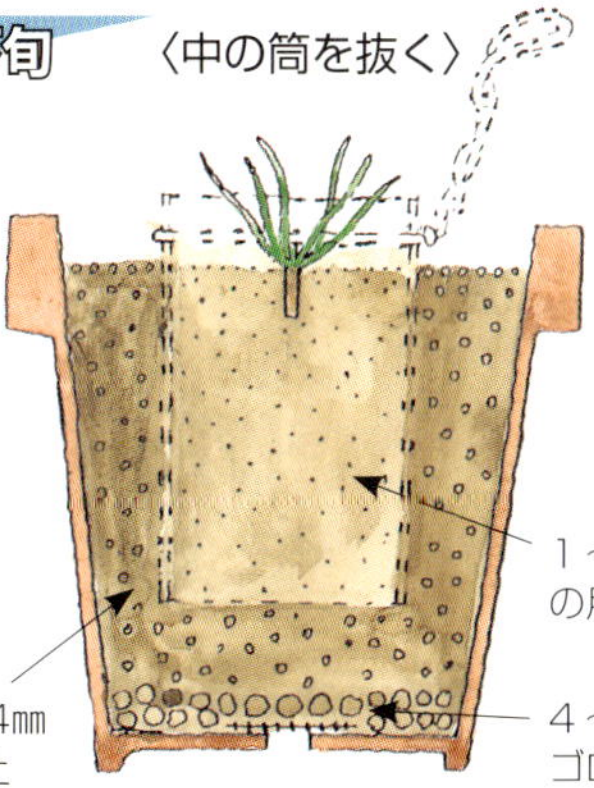
〈中の筒を抜く〉
1～0.5㎜の用土
1～4㎜の用土
4～6㎜のゴロ土

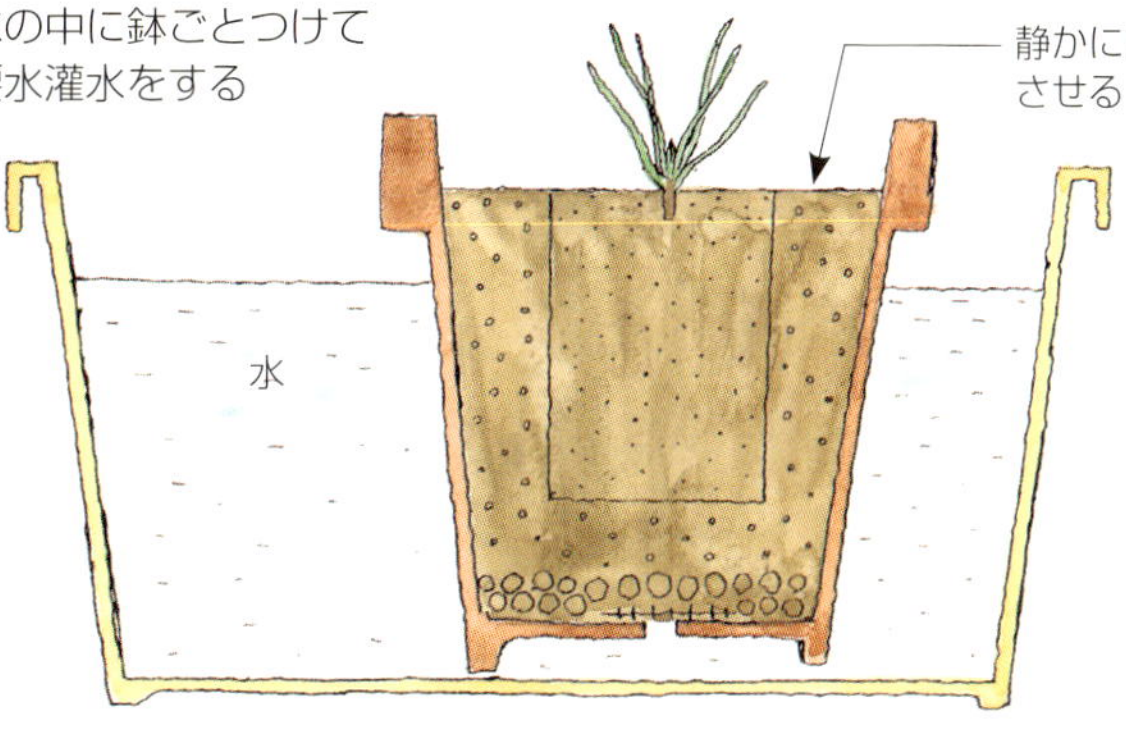
❺水の中に鉢ごとつけて腰水灌水をする
静かに吸水させる
水

◆**挿し芽後の管理**

20日ほどすると発根するので、日当たりのよい戸外に出す。1カ月後肥料を鉢辺に置き肥し、十月末まで施す（梅雨期は除く）。

◆**針金かけ**

早くも翌年、針金をかけて曲をつける。将来の幹模様を決定づけるので慎重に。曲は将来の太りを考えて、やや大きめにつけておく。微妙な曲はつけても消えてしまう。貝割れ葉から生じた芽は幹を太らせる捨て枝として利用する。

2年目の7月下旬

側枝の剪定と葉すかし

側枝を
切る
側枝
切る
曲づけしたところ
（針金はずす）
側枝から下の葉を
葉すかしする

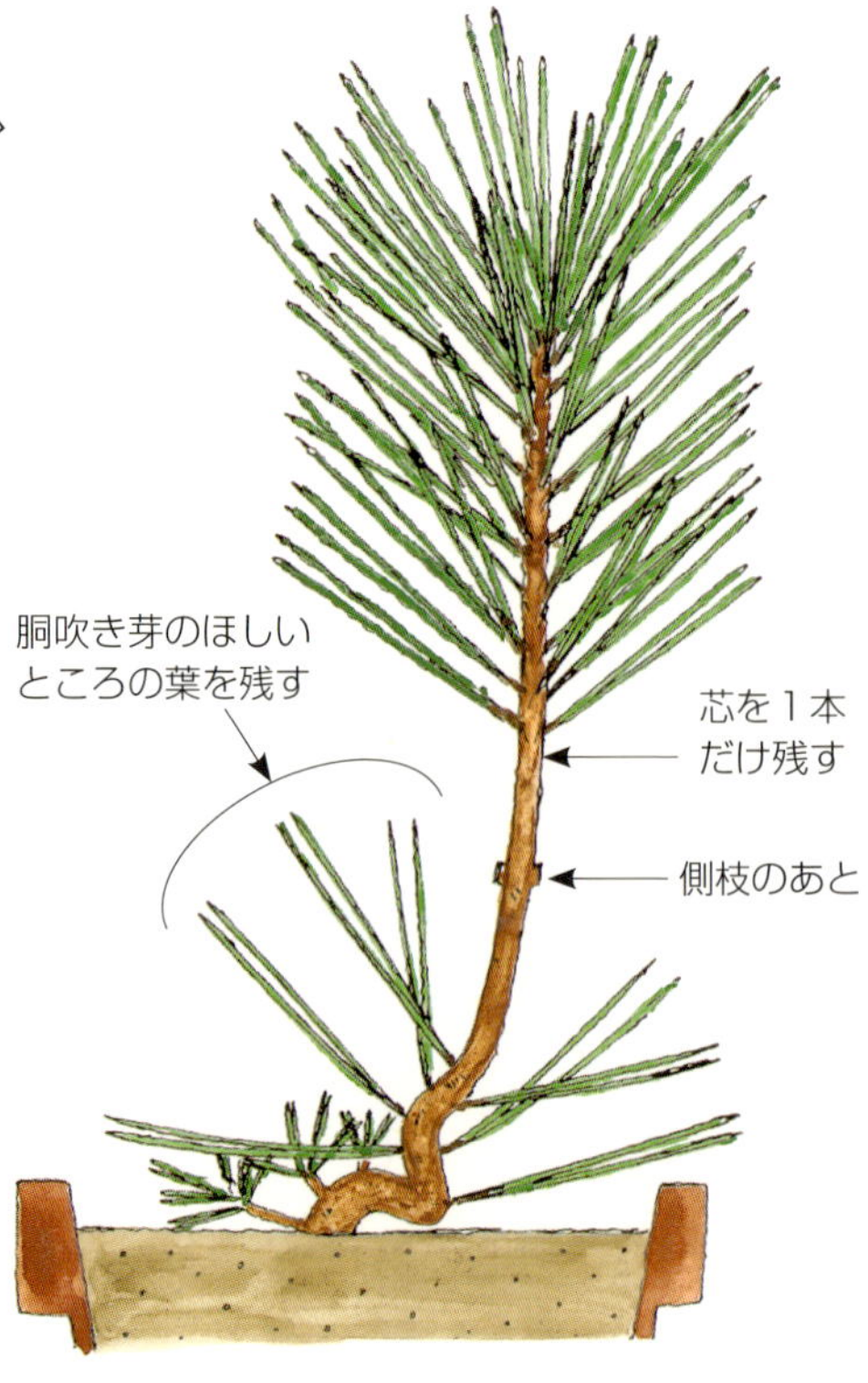
胴吹き芽のほしい
ところの葉を残す
芯を１本
だけ残す
側枝のあと

◆幹を太らせる

伸びた新芽の側枝は図のように切りとる。これを毎年くり返し、1本だけ伸ばすと、それに続く幹はぐんぐん肥大する。

太りの頃合いを見定め、曲のよいところで切りつめると小さくなる。なお、枝は葉すかし後に出た胴吹き芽でつくる。

3年目の3月下旬

芯・捨て枝の除去

芯を切る
胴吹き芽
捨て枝も切る

胴吹きした芽
で枝を仕立て
ていく

将来の予想図

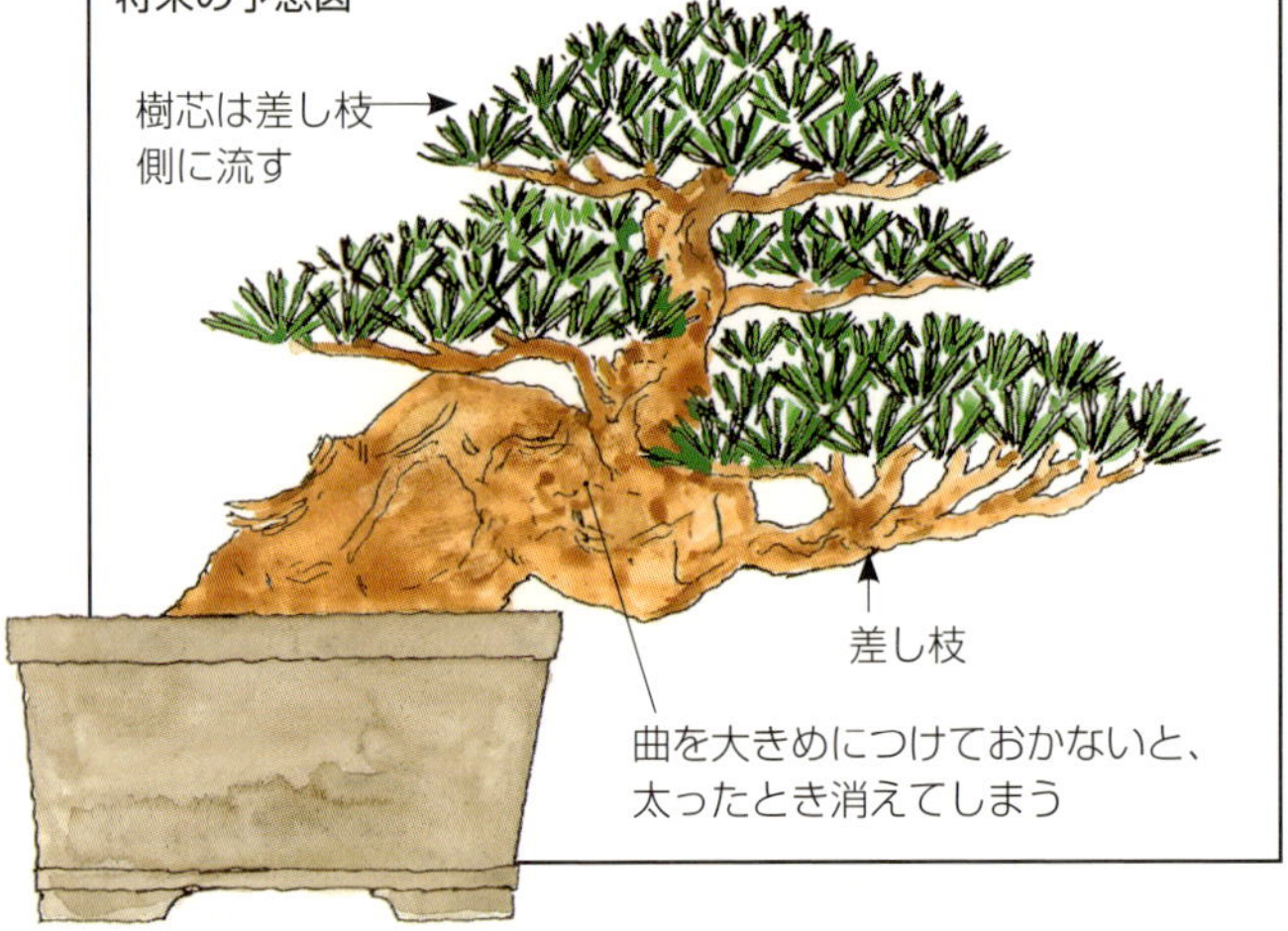
樹芯は差し枝
側に流す
差し枝
曲を大きめにつけておかないと、
太ったとき消えてしまう

クロマツを育てる七つのコツ

①肥やしてつくる

マツは、ヤセづくりが定説のころがあった。肥料と水を極力控えて、やっと生きている状態がよいとされた。裏をかえせば。それが長い葉をおさえる手段であったかもしれない。

芽切りの工夫（短葉法）には、逆に肥料を要求される。弱った木では短葉はおろか、2番芽の発生も危ぶまれる。「うんと肥やして切る」ことを、まず実行していただきたい。

②水は多めにやる

マツにそんなに水をやったら枯れちゃうよともいわれた。ゴヨウマツと混同していることもあるが、水はけの問題もあったろう。

適切な用土で植えられていれば、水のやりすぎで枯れるということは考えられない。

「表土が乾いてきたら、たっぷり灌水」。これが基本である。

③通風、日当たりのよいところで管理

しかし、いくら肥培しても、日陰に置いたり、風通しの悪いところでは健全に育たない。病気や害虫は弱った木ほどつきやすいのである。

消毒にたよる前に、まず、「日常管理が大切」である。

④強い芽をおさえる

クロマツは高木性なので、とくに樹芯部が強い。ミドリ摘み→芽切り→芽欠き→葉すかしで、樹勢を調節しながら、弱い芽を枯らさないようにする。

とくに、葉すかしは、芽切りをしない年でも毎年作業する。

⑤長い葉は芽切りでそろえる

よく、葉を途中から切って短くしたものを見かける。が、茶色くなった切り口は見苦しい。それによって枯れることはないが、時期によっては、ヤニが出る。

長い葉は長い葉でよく、翌年、芽切りをすればよい。マツは難しいとよくいわれるが、この「弱い芽から切る」芽切りのコツが理解しにくいため、かもしれない。

⑥取り木を覚えて、小さくつくる

腰高のものは、取り木をして小さくつくりなおす。細いところでも枝が3～4本出ていれば、容易に発根する。

⑦冬は寒風、霜をさけた場所に置く

大きい盆栽では、外に置くことも多いが、ミニ盆栽は寒風、霜をさけた場所に入れる。あまり過保護はよくないが、これによって春の芽だしがよくなる。

幹を太らせて模様木仕立て

1年目の4月中旬

芽摘み（ミドリ摘み）

1年目の6月下旬

芽切り

〈芽摘みの要領〉

①

②

葉が開く

剪定・接ぎ枝・針金かけ

剪定前

芯となる枝も、捨て枝も1年でずいぶん太ってくる。伸ばして太らせる枝、おさえて弱い芽を充実させる枝など、目的をもって作業しなければならない

Ⓑ部の剪定

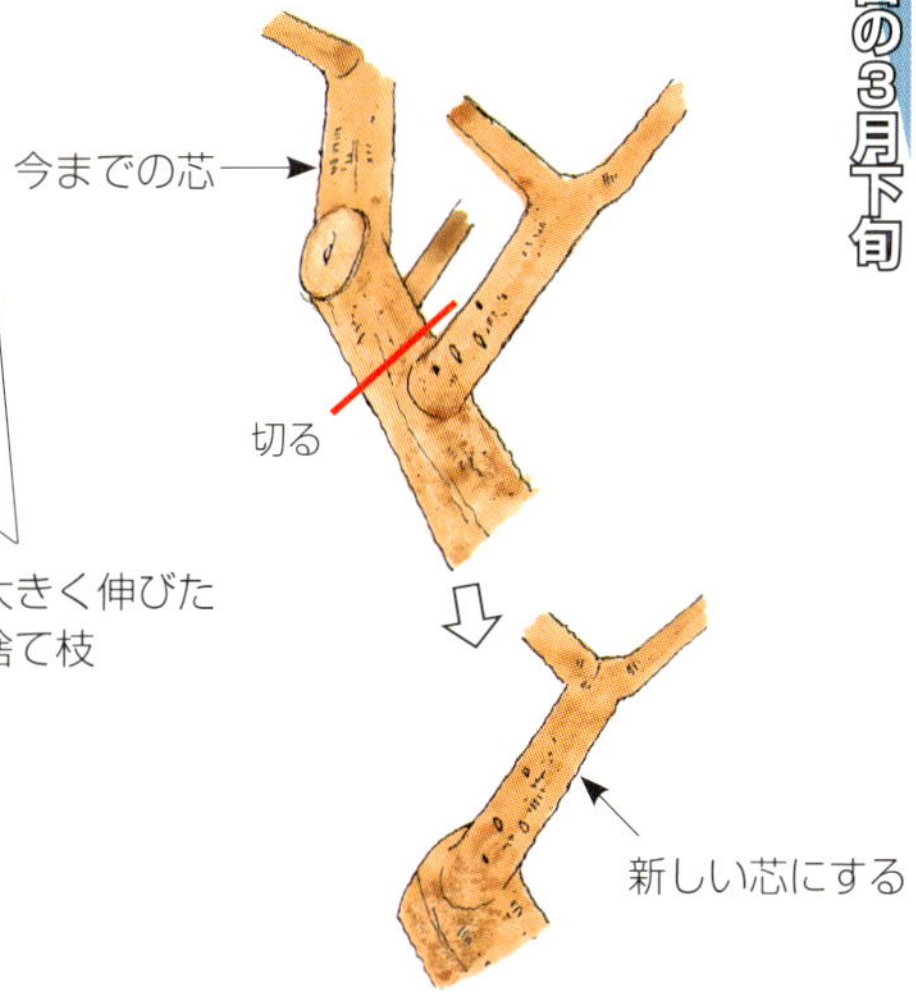

剪定後

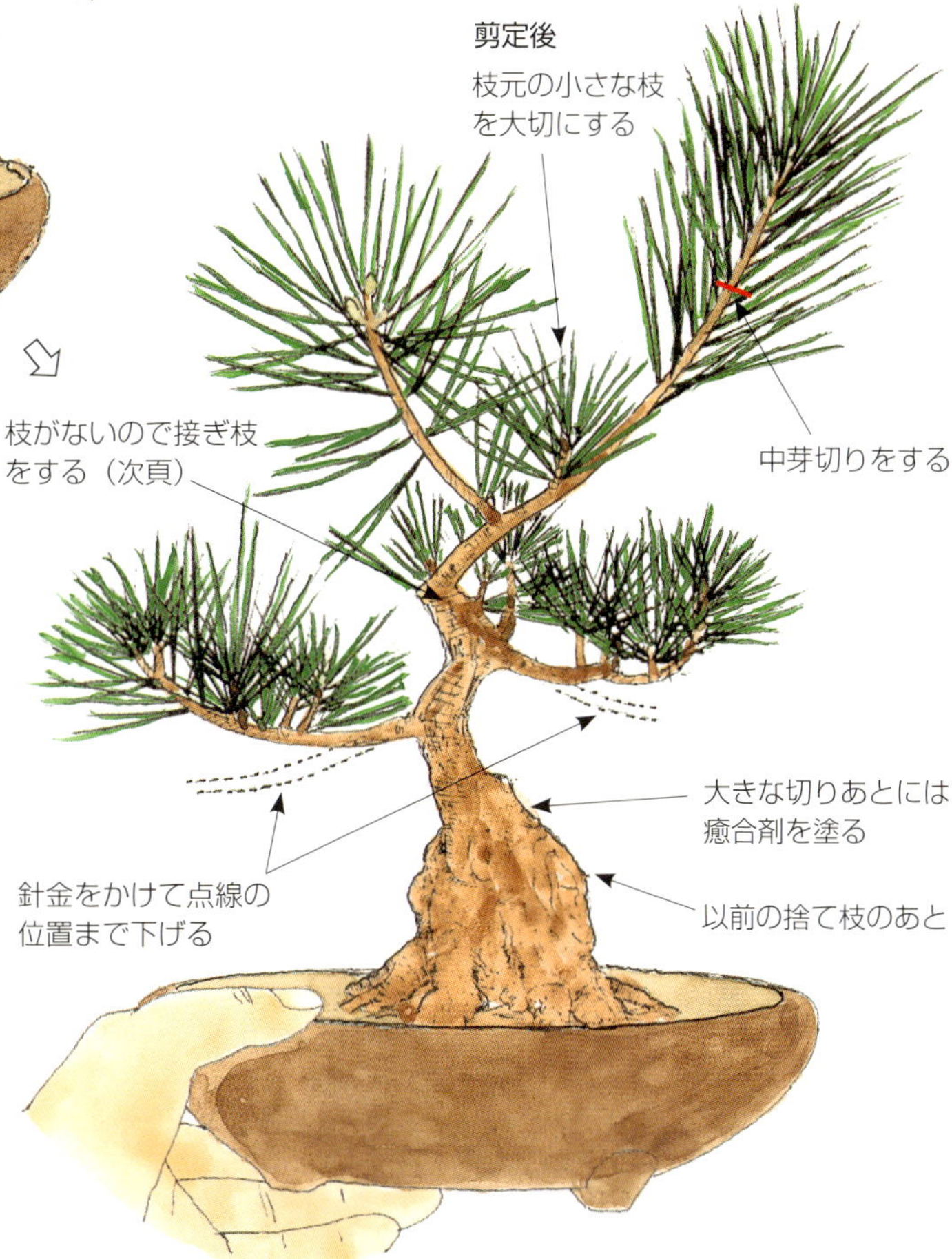

◆ミドリ摘み・捨て枝

冬芽の伸び具合で強い芽か弱い芽かがわかってくる。伸ばしたくない芽は、3分の1（首の部分は除く）残して摘みとる。もっと伸ばしたい芽は摘まない。

この木は実生木で最初から根元の太いタケノコ型をめざしてきた。捨て枝の下の大きな傷はすでに切られた捨て枝のあと。

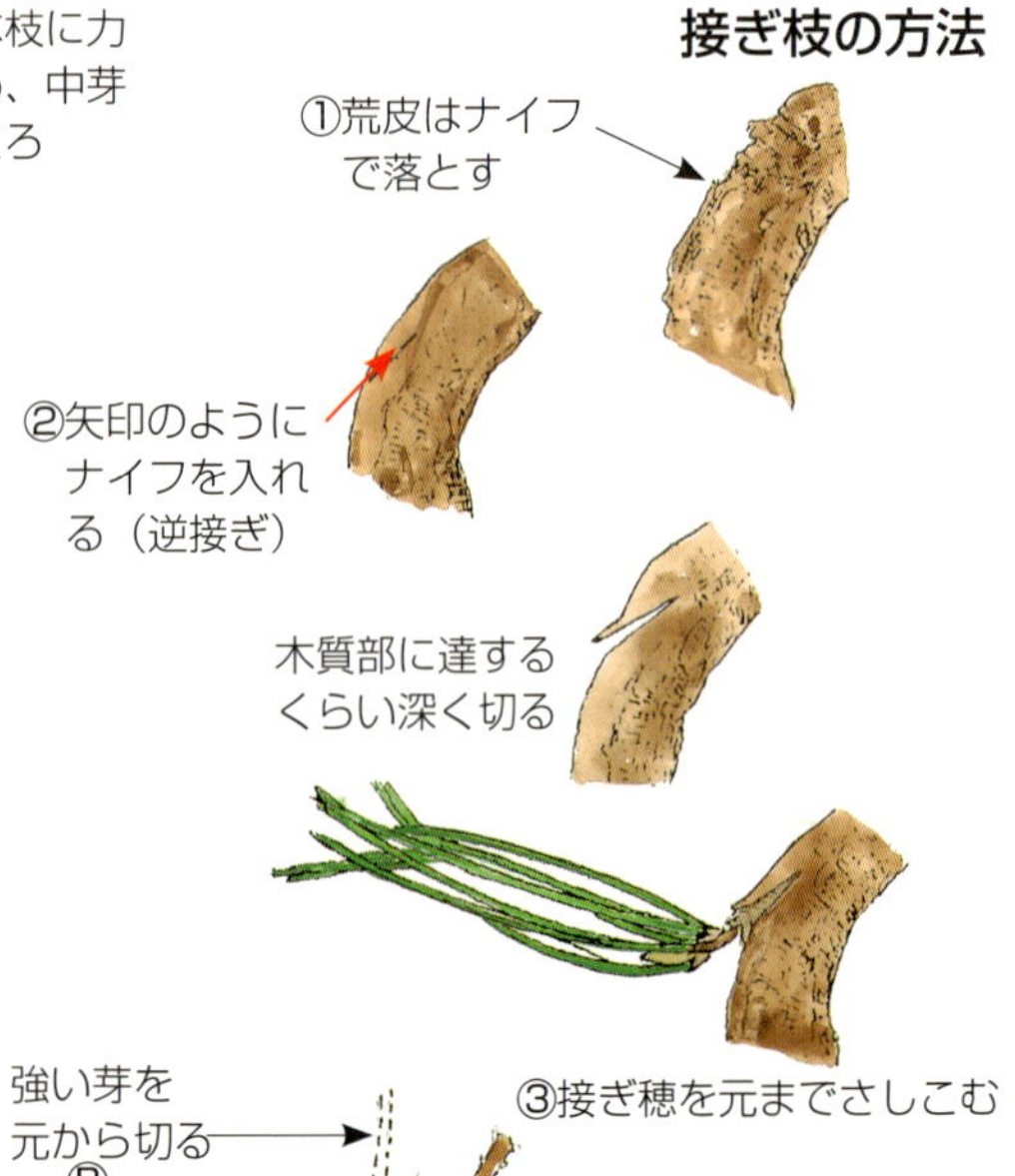

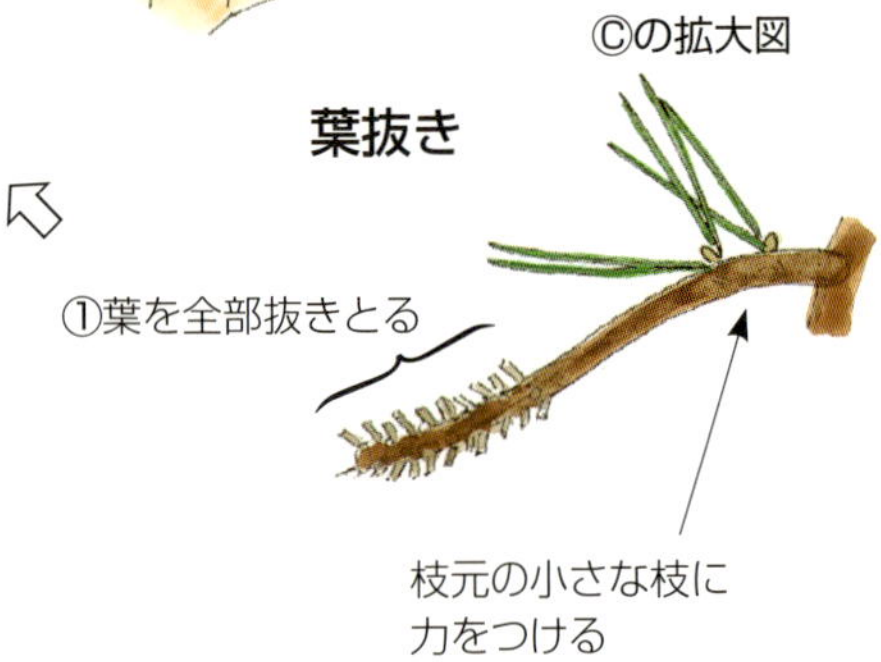

捨て枝を伸ばすことで幹の肥大をはかり、目的を達したら捨て枝を切りとる。

◆接ぎ枝

左に戻りすぎた幹を途中の枝（B）で切りかえした。しかし、切り返した位置には枝がないので、よい模様木になりにくい。

そこでこの木の穂を使って枝接ぎをする。

◆芽切り・葉抜き

春から伸びた新芽のうちで強い芽は元から切りとり、弱い芽だけ残す。さらに枝元近くに生じた胴吹き芽に力をつけるために、その先の葉を全部抜きとる（冬芽もとる）。

秋には残した胴吹き芽がしっかりかりするので、葉を抜いた部分を切りとり、その胴吹き芽で腕伸びしない枝をつくる。

3年目の11月下旬

葉すかし・再整姿

古葉と新葉が混じり合って、内部の通風、日当たりが悪い。葉すかしをして、枝を整理する

②切る

③枝元の芽に力がついたら切りとり、小さな枝で締まった枝をつくる

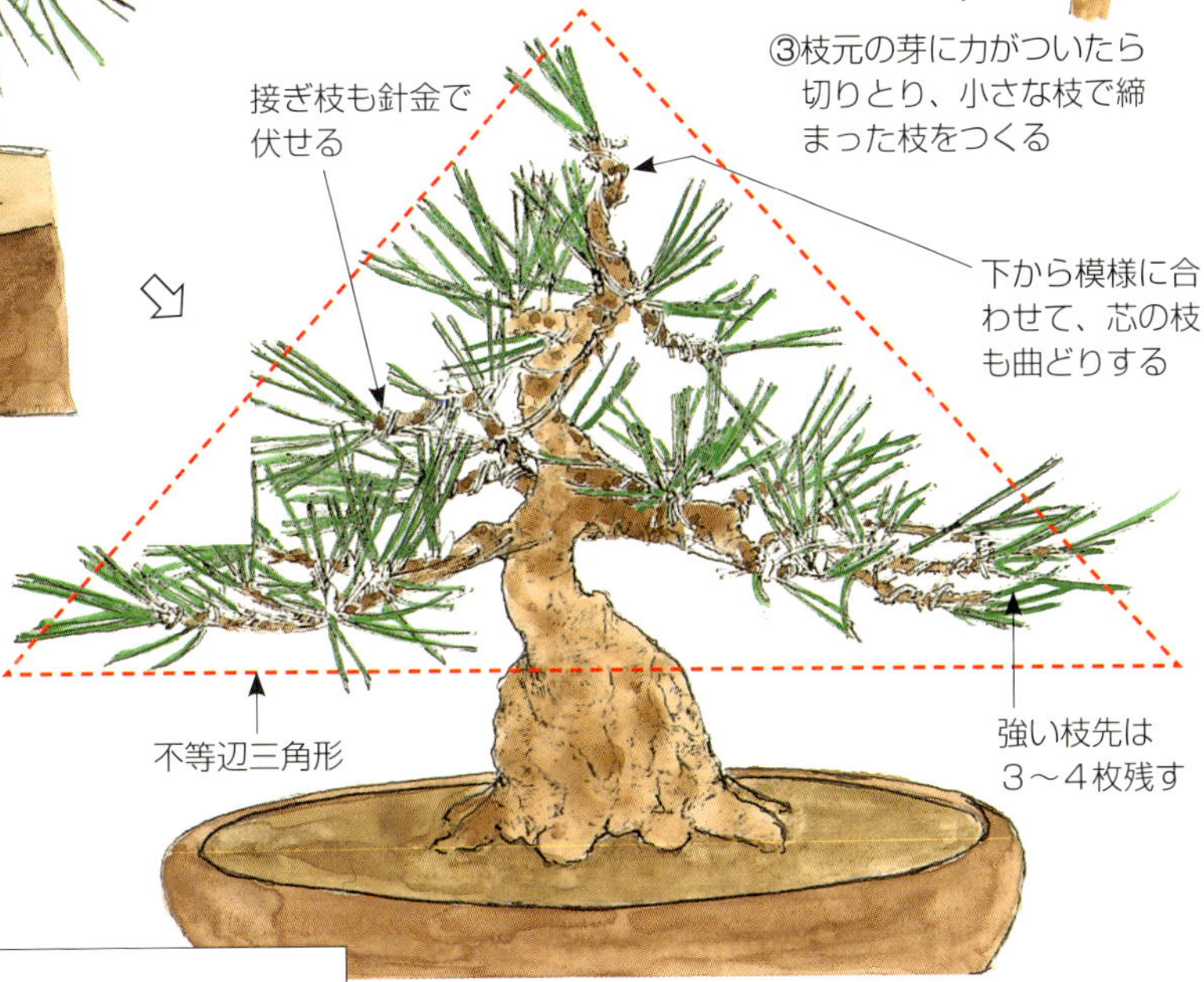
接ぎ枝も針金で伏せる
下から模様に合わせて、芯の枝も曲どりする
不等辺三角形
強い枝先は3～4枚残す

将来の予想図

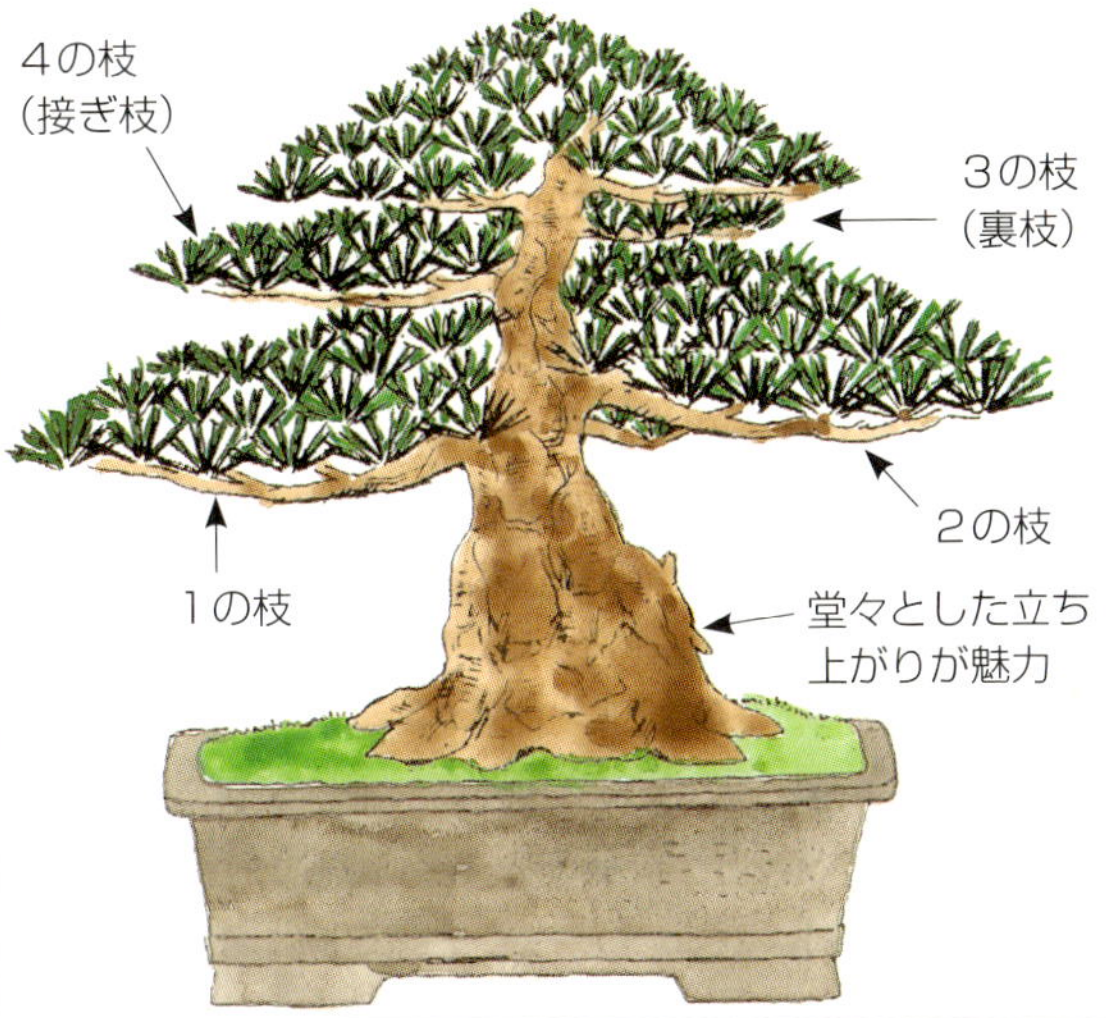
4の枝（接ぎ枝）
3の枝（裏枝）
2の枝
1の枝
堂々とした立ち上がりが魅力

◆葉すかし・再整姿

古葉と新葉が混じり合って内部への通風、日当たりが悪くなるので、古い葉はハサミで全部切りとる。また、新葉の多いところも3～4枚に葉すかしをする。

姿の乱れた枝先は、針金をかけて枝を伏せる。模様木は一の枝、二の枝、三の枝（裏枝）と順序よく配置する必要がある。また、接ぎ枝にも針金をかけて伏せ、最期は樹芯の枝のふりを決める。全体も1本の枝も不等辺三角形に整姿する。

平凡な立ち木を半懸崖に

1年目の4月上旬

植え替える

あてもないまま、水をかけられてきた木だが、どんな木にもよいところが1つや2つある。この木の場合は、腕伸びした枝とはいえ枝数が多く、露出した根も個性として利用できそうである

幹を中心に、ほとんどの枝は片側に流れている
枝数は多く、芽、葉とも勢いがよい
おもしろ味にかける単調で直線的な幹
露出した根
枝も腕伸びしている

〈根を掘る〉

菜バシ
根元の用土をハシで落とす

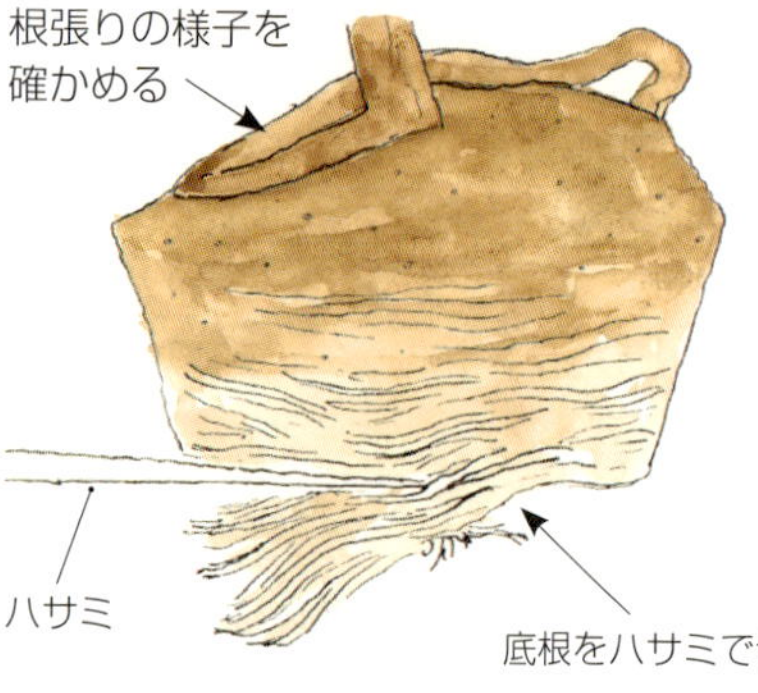
根張りの様子を確かめる
ハサミ
底根をハサミで切る

◆植え付け角度を検討してみる

片枝で片根、直線的で単調な幹模様と、よいところを見つけるのがむずかしいような素材である。しかし、木を斜めに倒してみると、露出した根が上向きになるので、これを生かせばおもしろい木姿も期待できる。つまり、植え付け角度を変えて、つくりなおそうというわけ。こうすると、直線的な幹も斜幹となって、ある程度は単調さがカバーできる。

◆根を表土上に出して植える

表土上に出る根を強調するために正方の下方鉢に植えることにした。幹も崖からこぼれるようになるので都合がよい。

〈植え付ける〉

クセのある根が上を向くくらいに木を倒して植え付ける。そうすると垂直だった幹も斜めになる

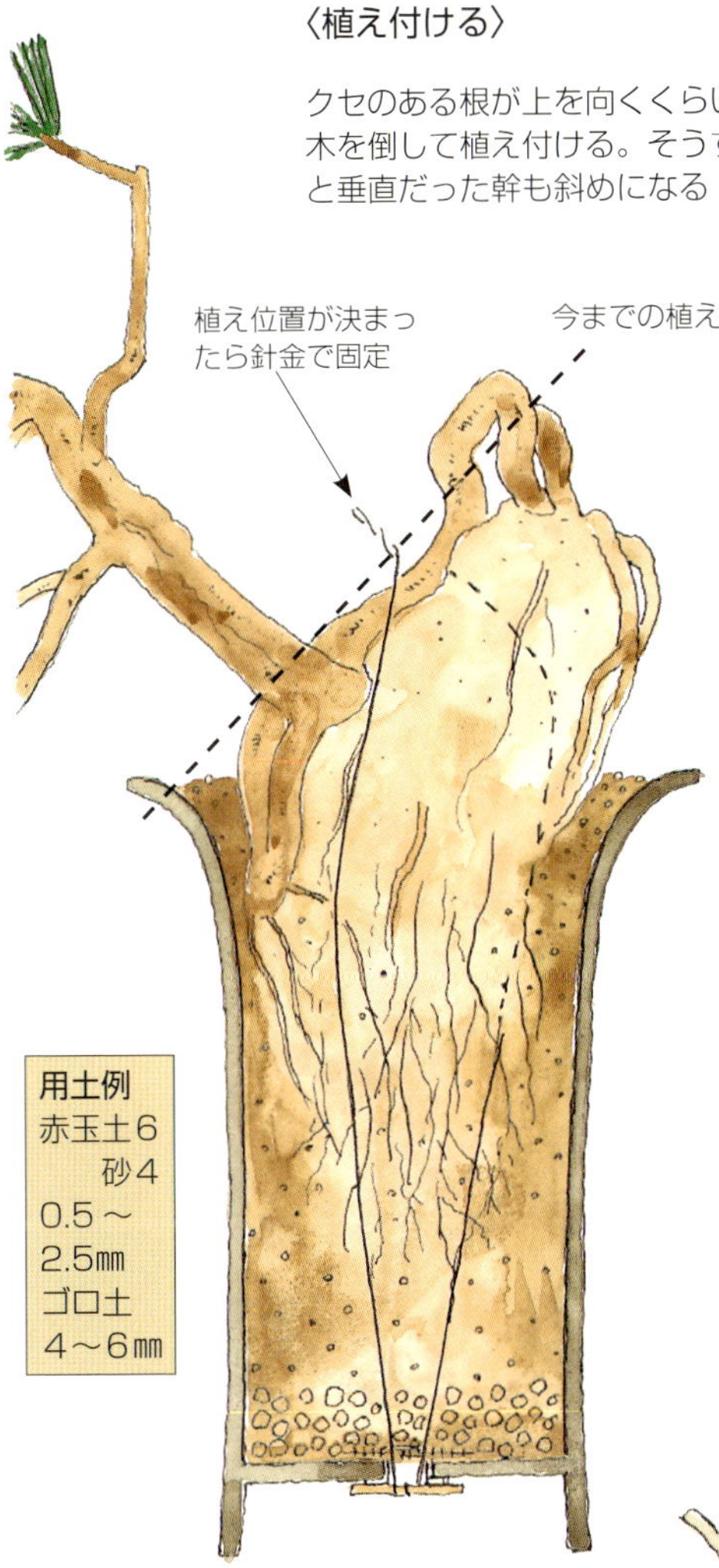

用土例
赤玉土6 砂4 0.5～2.5㎜
ゴロ土 4～6㎜

〈根を切る〉

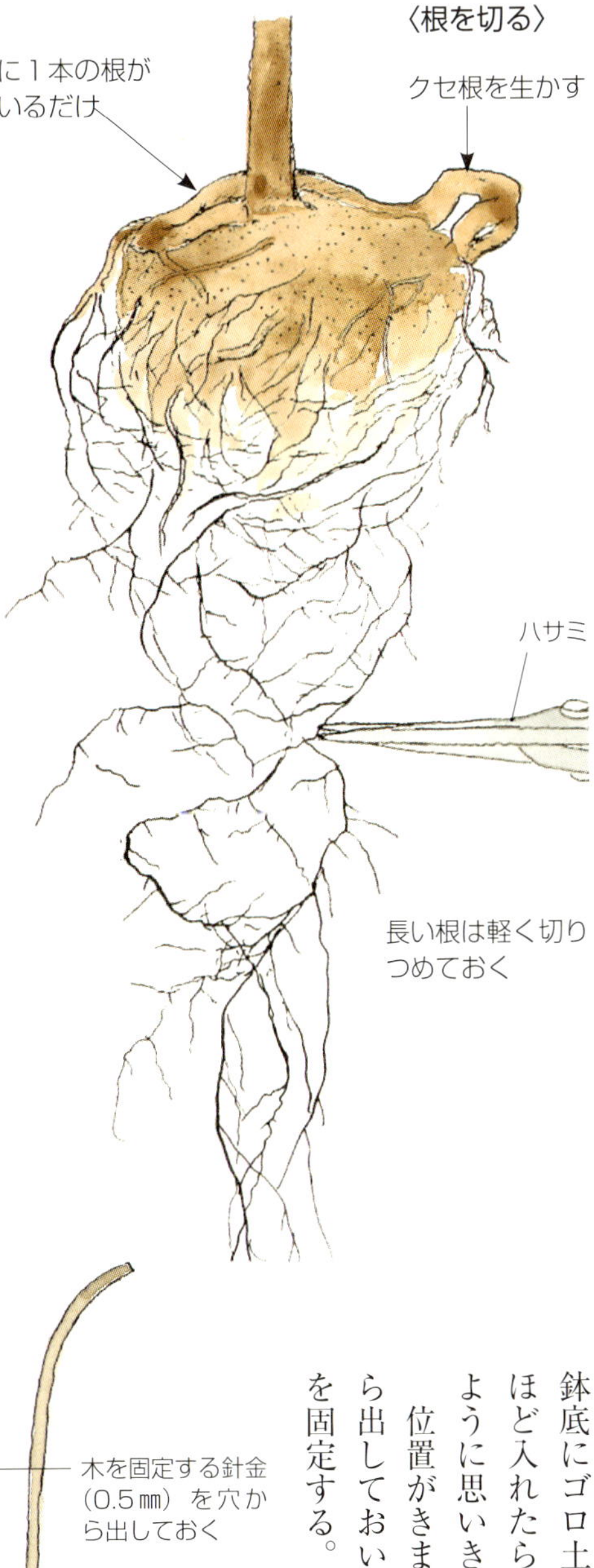

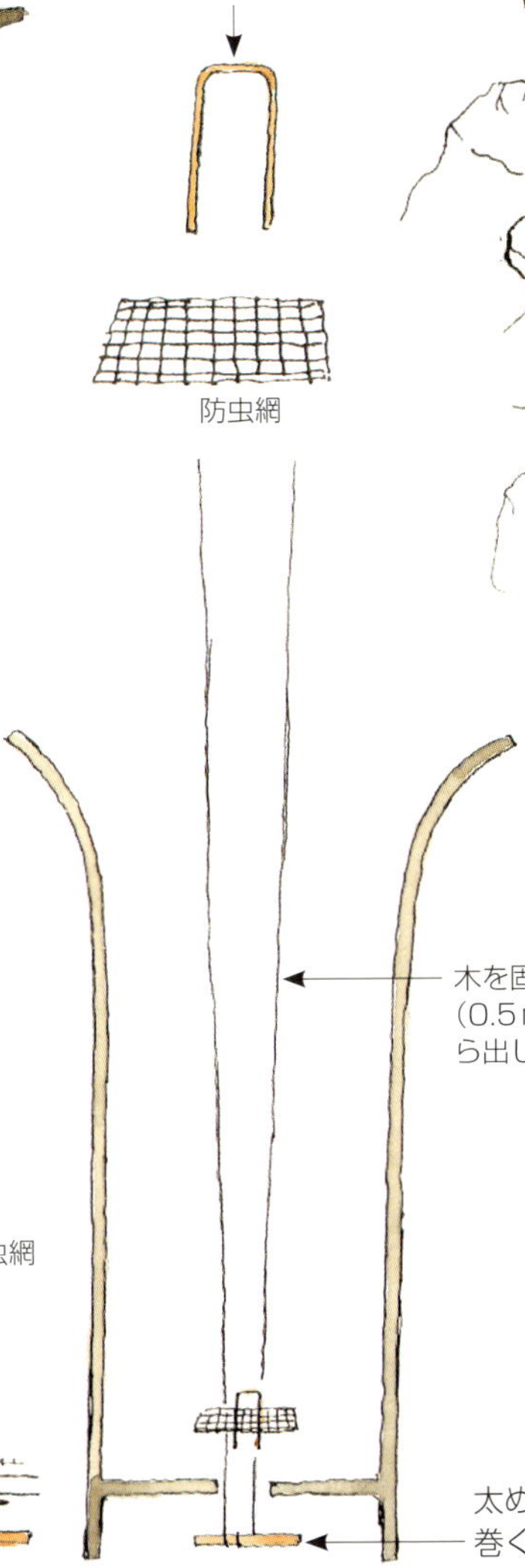

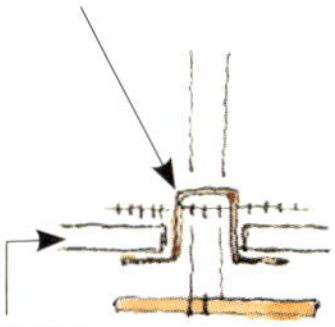

鉢底にゴロ土を少量入れ用土を3分の1ほど入れたら、クセのある根が上にいくように思いきり斜めに植えてみる。

位置がきまったら、あらかじめ鉢穴から出しておいた針金で根元を結束して木を固定する。

そして、鉢の周囲に用土を補充しつつ、根と根の間に用土をよくすきこむ。植え終ったら、鉢穴から透明な水が流れ出るほどたっぷりと灌水する。灌水ののち、表土上に苔を張ると、以後の水やりで表土が流れない。

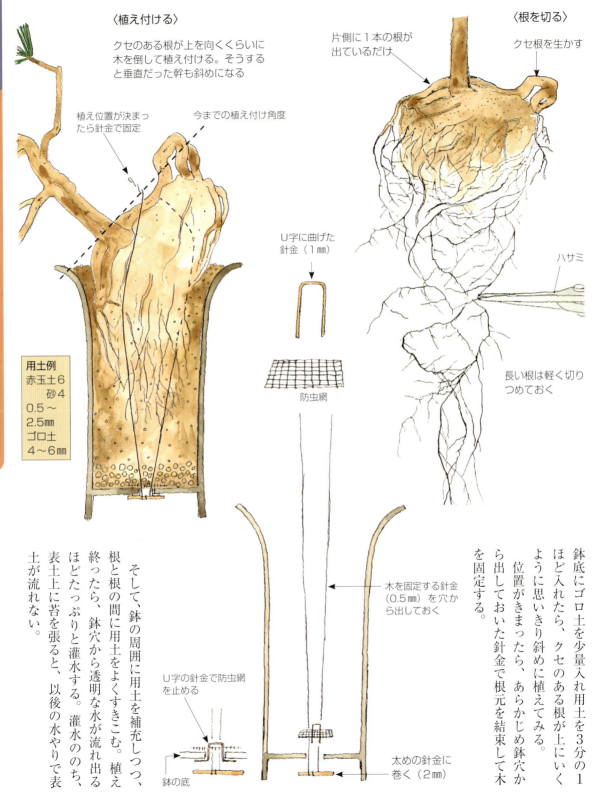

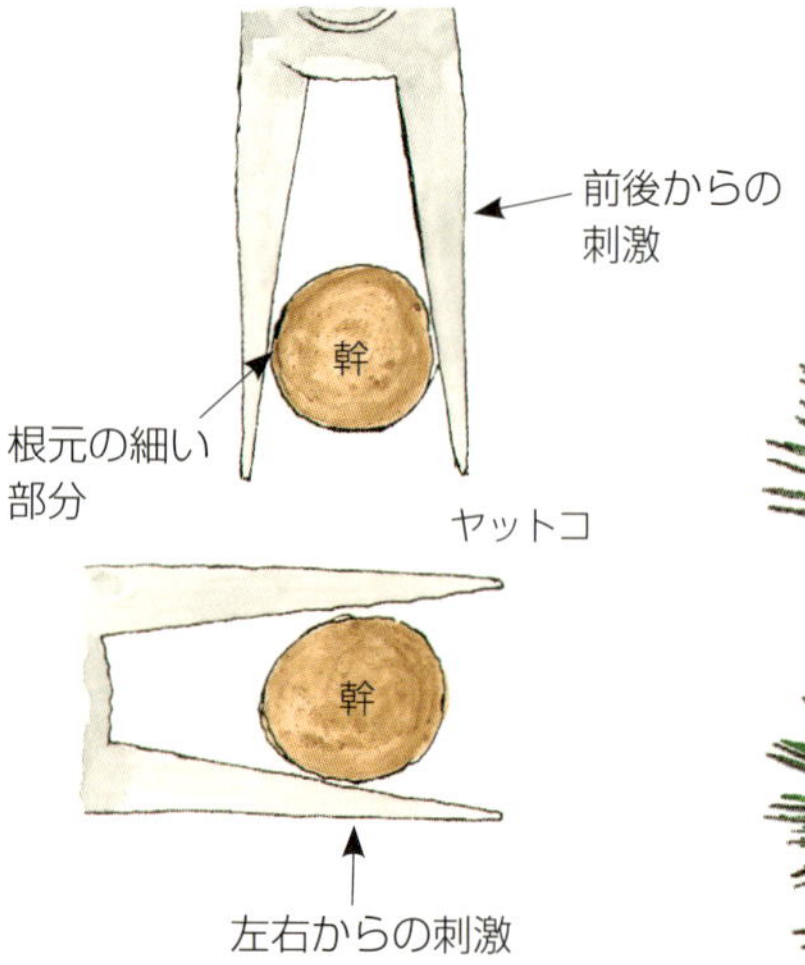

以上が四月上旬の作業

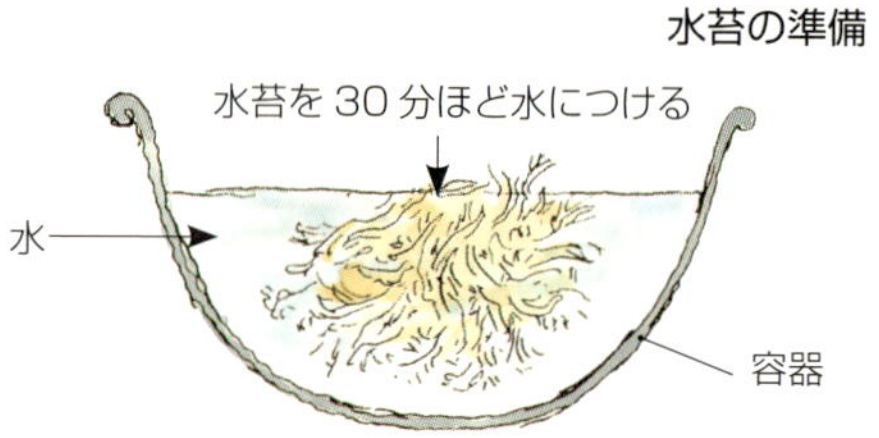

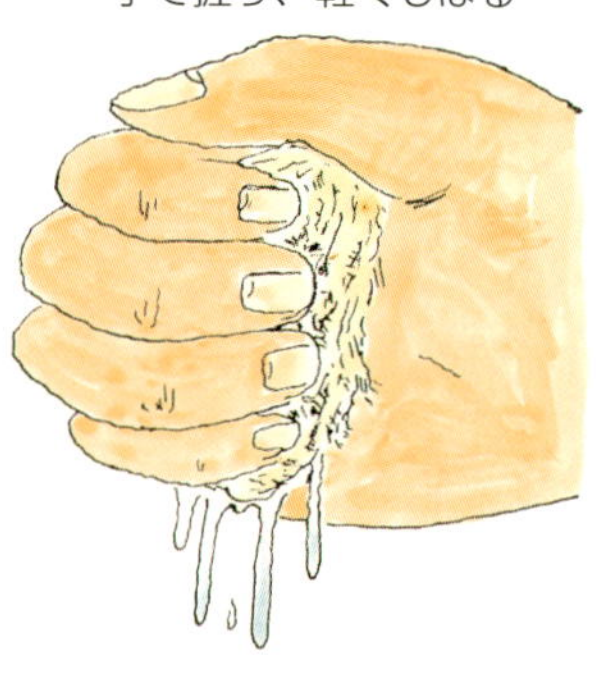

◆**根細の矯正**

立ち上がりをもっと太くしたいのでヤットコで刺激を与える。前後左右にヤットコをあて、二、三度その部分を上下させる。さらに、刺激を与えたところに濡らした水苔を軽くしぼったものをあてがい、ひもでしばっておく。以後1年、水やりの都度、水苔にも水をかけておく。もし1年で効果が得られなかったら、さらにもう1年あてがっておく。

◆**植え替え後の管理**

すぐに日当たりのよい棚上に出し鉢を暖めて発根を促す。なお、肥料は植え替え直後はさけ、半月から1カ月後から与えるようにする。

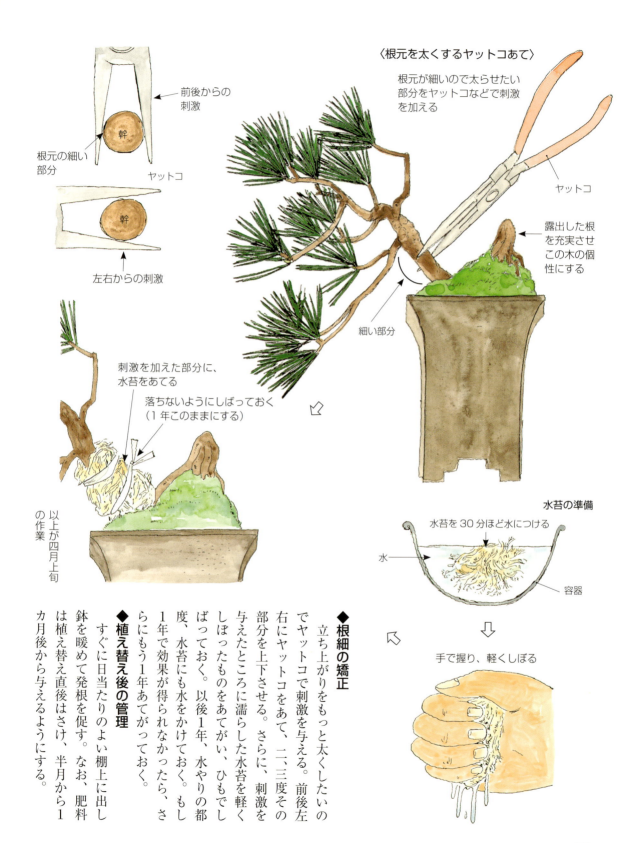

2年目の12月上旬

葉すかし

1年余りたつと木も鉢になじみ勢いが出てくる。このころ、横に倒しただけの木姿を、針金かけによって整姿し、木の強弱も是正しておく

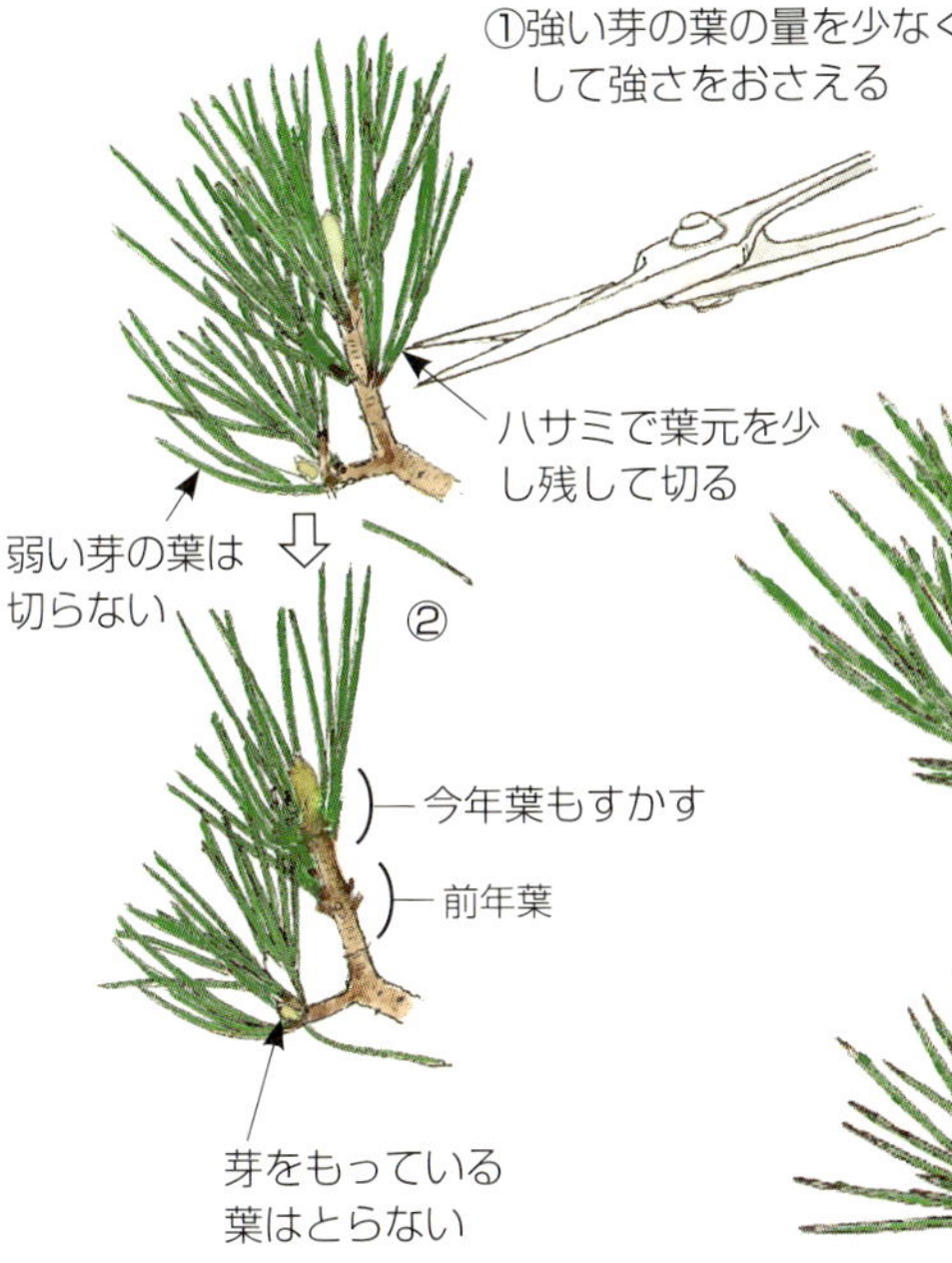
①強い芽の葉の量を少なくして強さをおさえる
ハサミで葉元を少し残して切る
弱い芽の葉は切らない
②
今年葉もすかす
前年葉
芽をもっている葉はとらない

上部の芽が強い
水苔をとる
下枝の芽は弱い

〈根元の清掃〉

上から見た鉢
雑草やゼニゴケをピンセットでとる

古歯ブラシで付着している泥をとり、根のおもしろさを強調する。さらに根が露出するよう水をつけながら洗い出す

古歯ブラシ

◆根を洗い出す

1年もすると根先はしっかり鉢内を回り、露出させたクセ根も日に当たって根づいている。

そこで、さらに根を露出させるため、古歯ブラシに水をつけゴシゴシと根先のほうにていねいに洗い出す。ただし、細い根は出さないように。

葉すかし後の整姿

整姿のポイントは四方に散った枝に方向をもたせ、散漫な枝を引き締めること。この木の個性である根を生かすには、立った枝を根よりも下にくるくらいに伏せたい

Ⓐ
単調なこの間をカバーするためⒶの枝を下げたい
点線より下に枝を伏せたい
露出させた根が意志をもったように、その存在をあらわしてきた。先が楽しみ
幹の太りはそれほど顕著ではないが、時間をかけて前記の方法をくり返す
下がりすぎた枝は弱りやすいので、水平近くまで持ち上げる

葉すかしで切られた葉量
こんな小さな木でも手のひらいっぱいになる

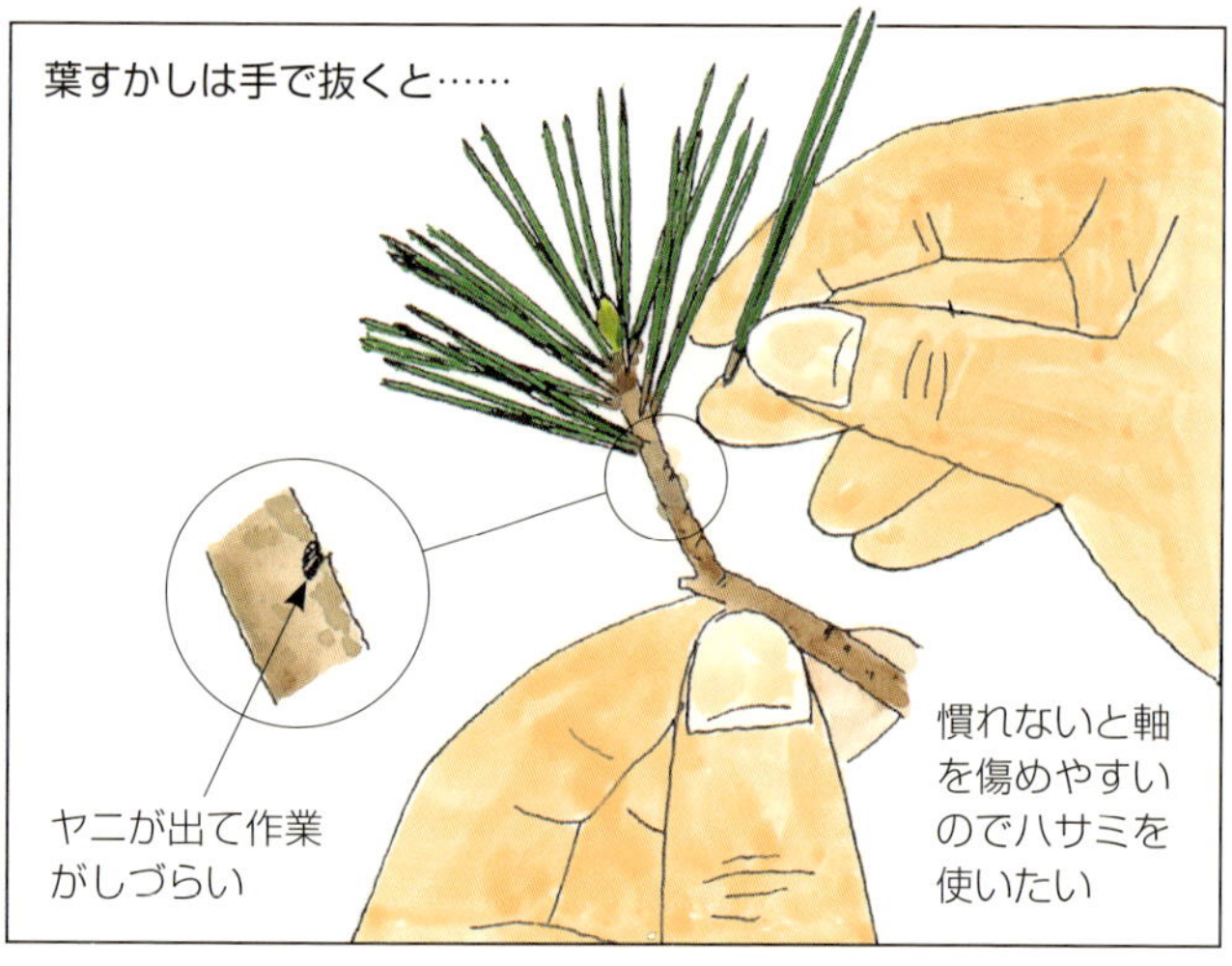

葉すかしは手で抜くと……
ヤニが出て作業がしづらい
慣れないと軸を傷めやすいのでハサミを使いたい

◆葉すかし

強い芽は伸びたとき、葉数が多く葉も長い。また、逆に弱い芽は葉数が少なく葉も短くなる。葉すかしは、弱い芽を基準にして、強い芽の葉を少なくして力を抑制する作業。前年葉はもちろん、今年葉も下方の葉を切りすかす。

葉すかしは、一時的には寂しくなるが、翌春の芽だしがよくなり、樹勢の調節には欠かせない。十月下旬～十二月に毎年行なう。

針金かけ

- 枝を上、下にあまり開かせないで枝と枝がくっつくくらいに締める
- 腕伸びした枝は曲を入れて短くする
- 弱い芽は芽先をやや上向きにしておく

上から見たところ
枝の角度は鋭角にし、開かせないようにする（締まった姿になる）
枝先はヤットコ、ピンセットを利用すると巻きやすい
Ⓐ
右図Ⓐの枝（単調な部分をカバーするために下げた枝）
⇑
正面側
幹の曲でよいところは枝でかくさないようにする
正面から見たところ
Ⓐ
この間を開かせないようにする（締まった姿になる）

◆植え替えと針金かけ

植え替えて1年後に針金かけをする（針金をかけた直後に植え替えをすると木に負担がかかってよくない）。

針金かけは生長期をさけ、休眠期に行なう（十月下旬～三月上旬）。かけた針金は、半年から1年後にはずす。

芽切り（二度芽切り）

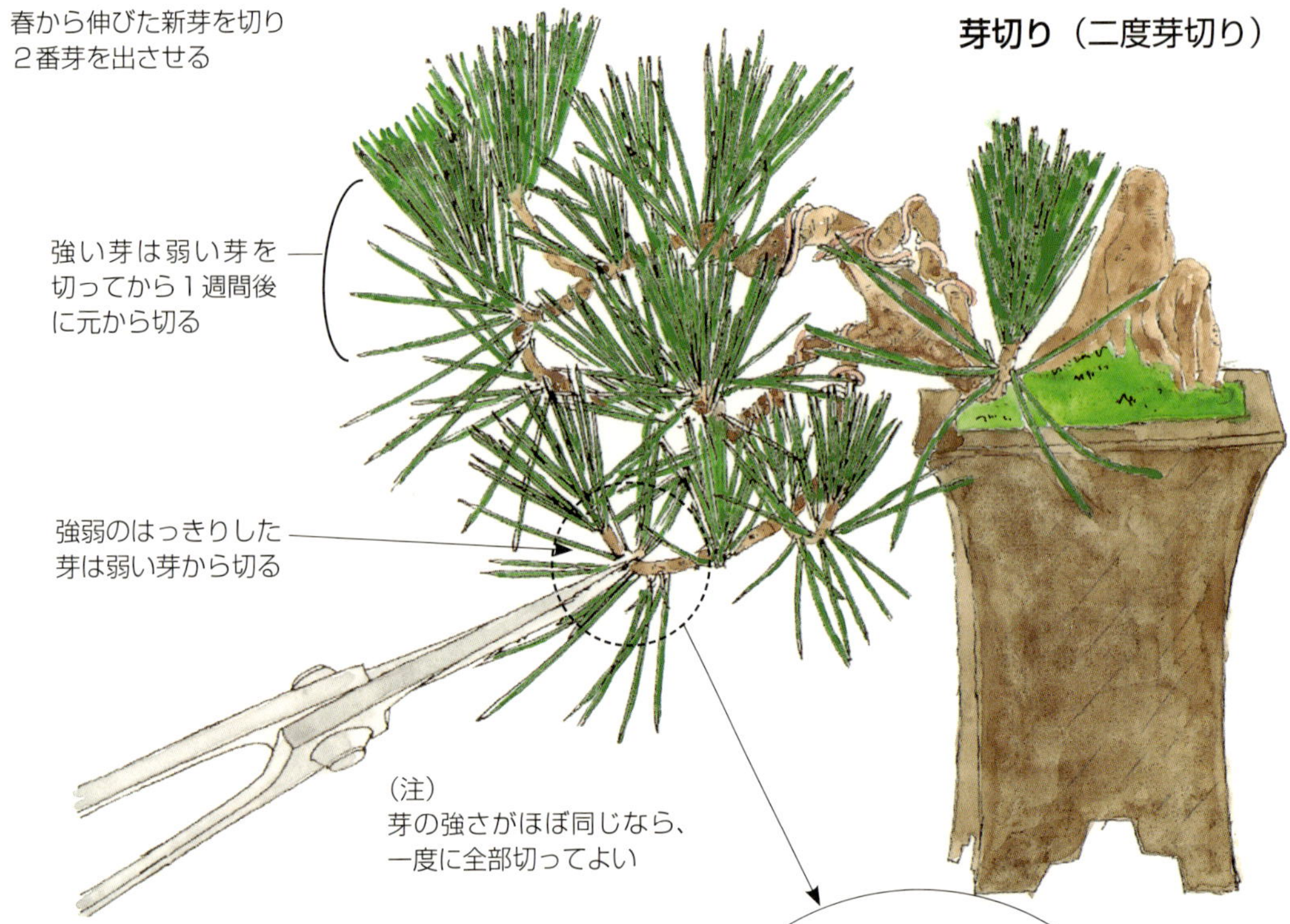
春から伸びた新芽を切り
２番芽を出させる
強い芽は弱い芽を切ってから１週間後に元から切る
強弱のはっきりした芽は弱い芽から切る
（注）
芽の強さがほぼ同じなら、一度に全部切ってよい

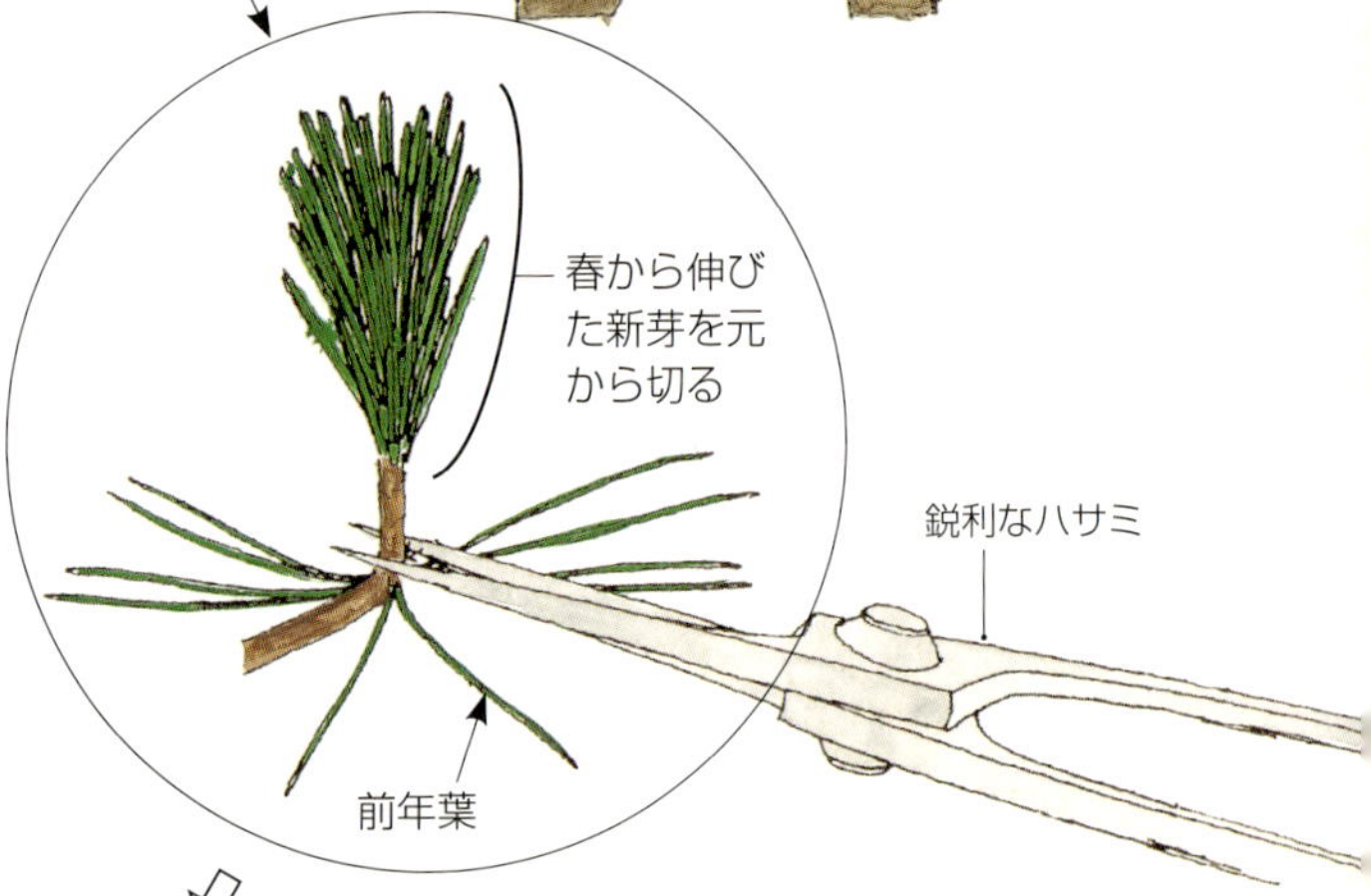
春から伸びた新芽を元から切る
鋭利なハサミ
前年葉

芽欠き

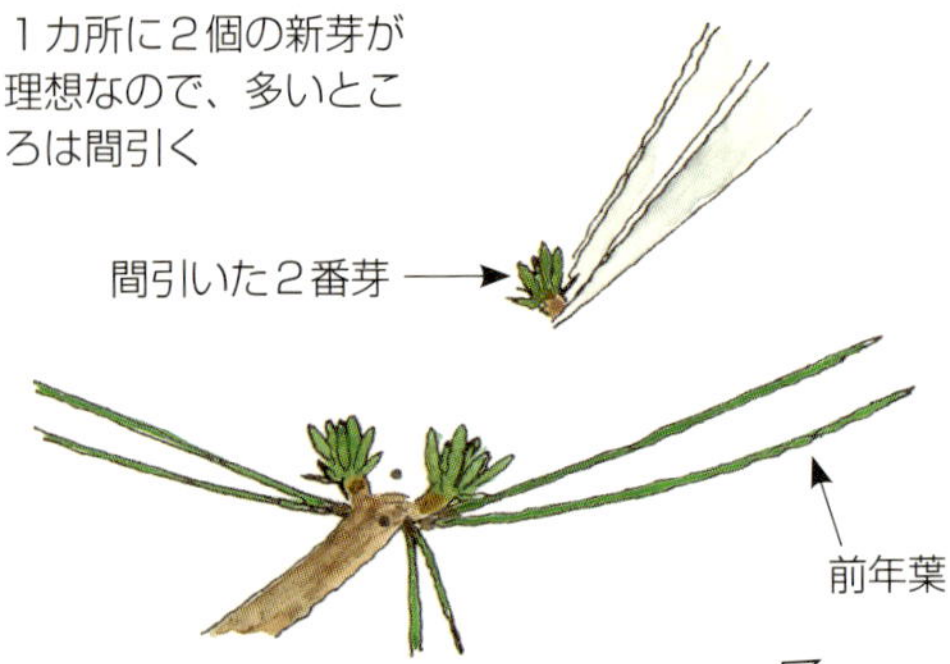
１カ所に２個の新芽が理想なので、多いところは間引く
間引いた２番芽
前年葉

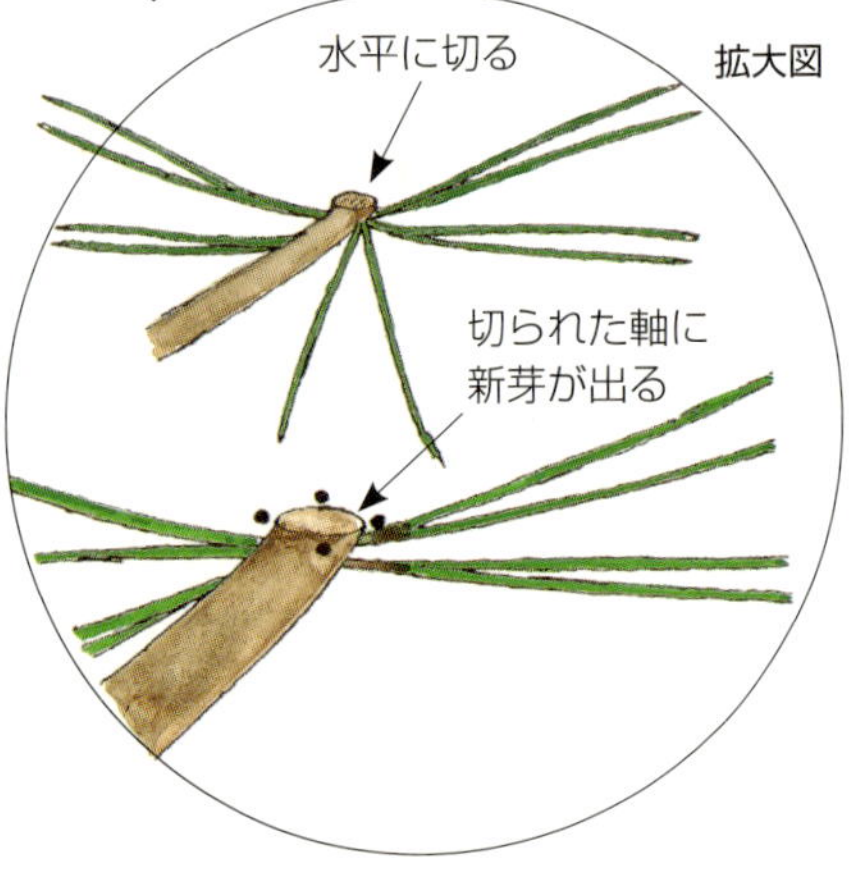
拡大図
水平に切る
切られた軸に新芽が出る

◆芽切り（二度芽切り）

春から伸びた新芽をこのまま秋まで伸ばすと、葉が長すぎてつり合いがとれない。また、どうしても上部が強くなり、下枝や枝元近くの小枝が弱る。樹勢調節の意味からも新芽が伸びきる初夏のころに新芽を全部切りとって、新たに2番芽を出させる芽切りを行なう。

ただし、強弱がはっきりしている芽は、最初に弱い芽を切り、1週間後に強い芽を切る二度芽切りをする。

①
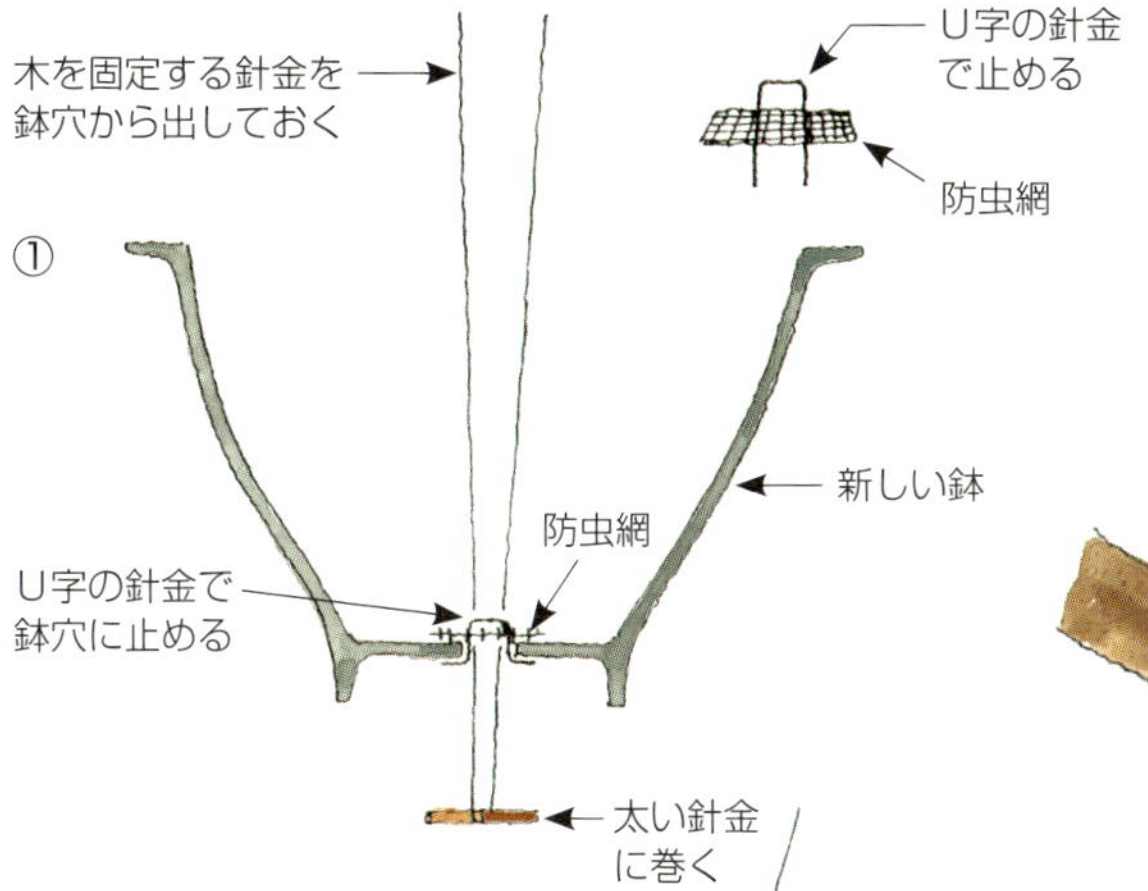

②
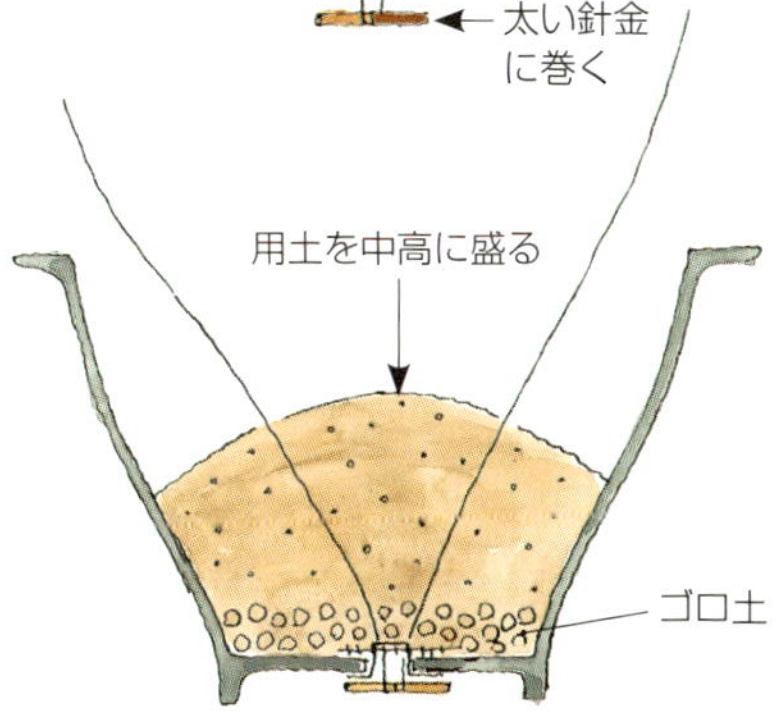

③
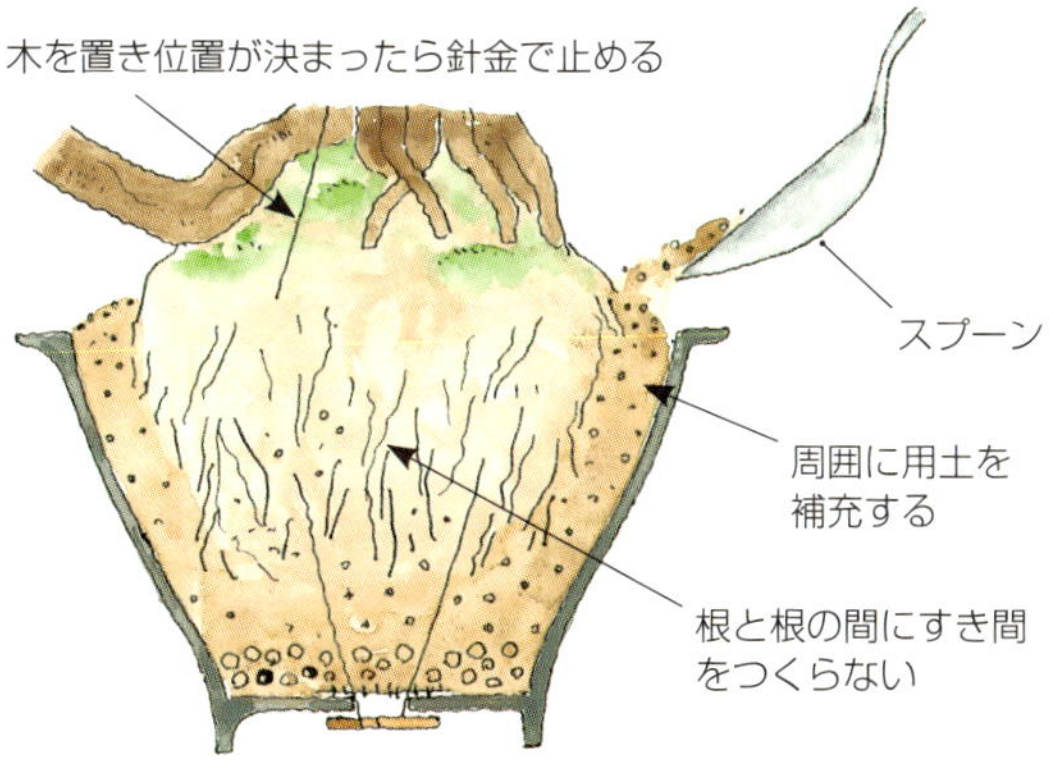

④
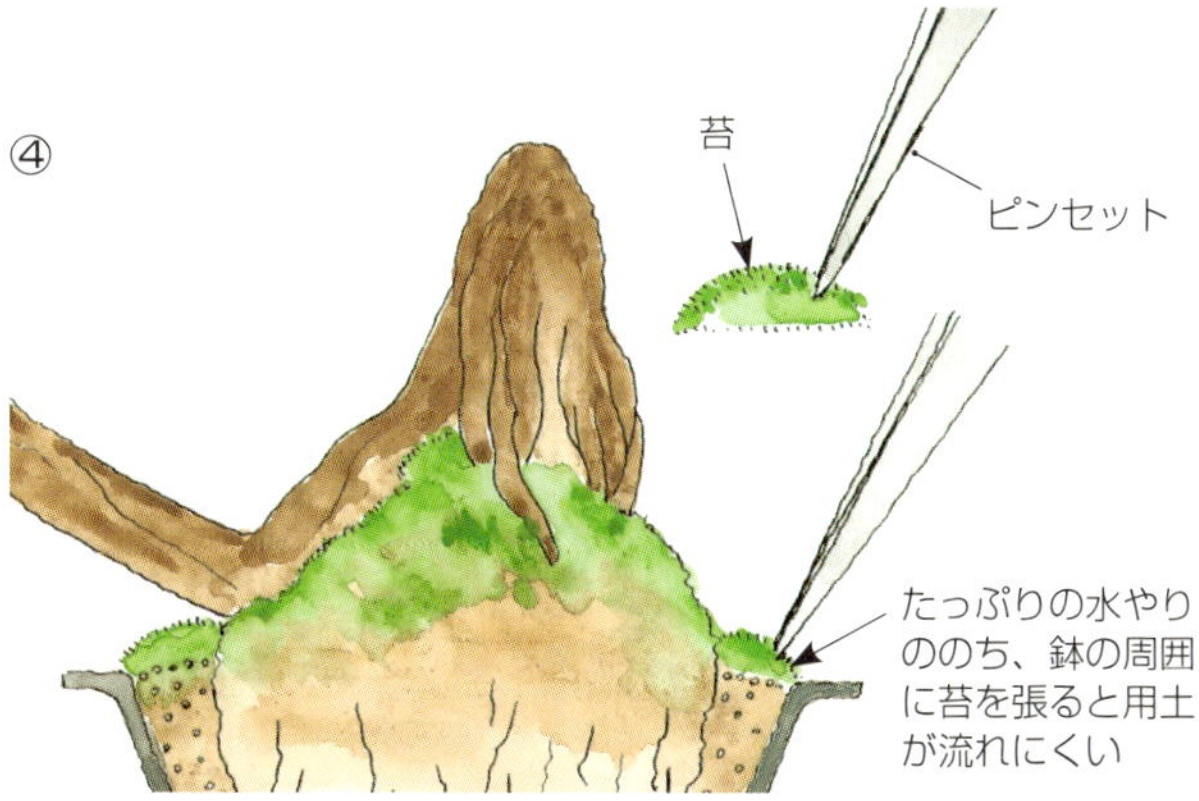

植え替え

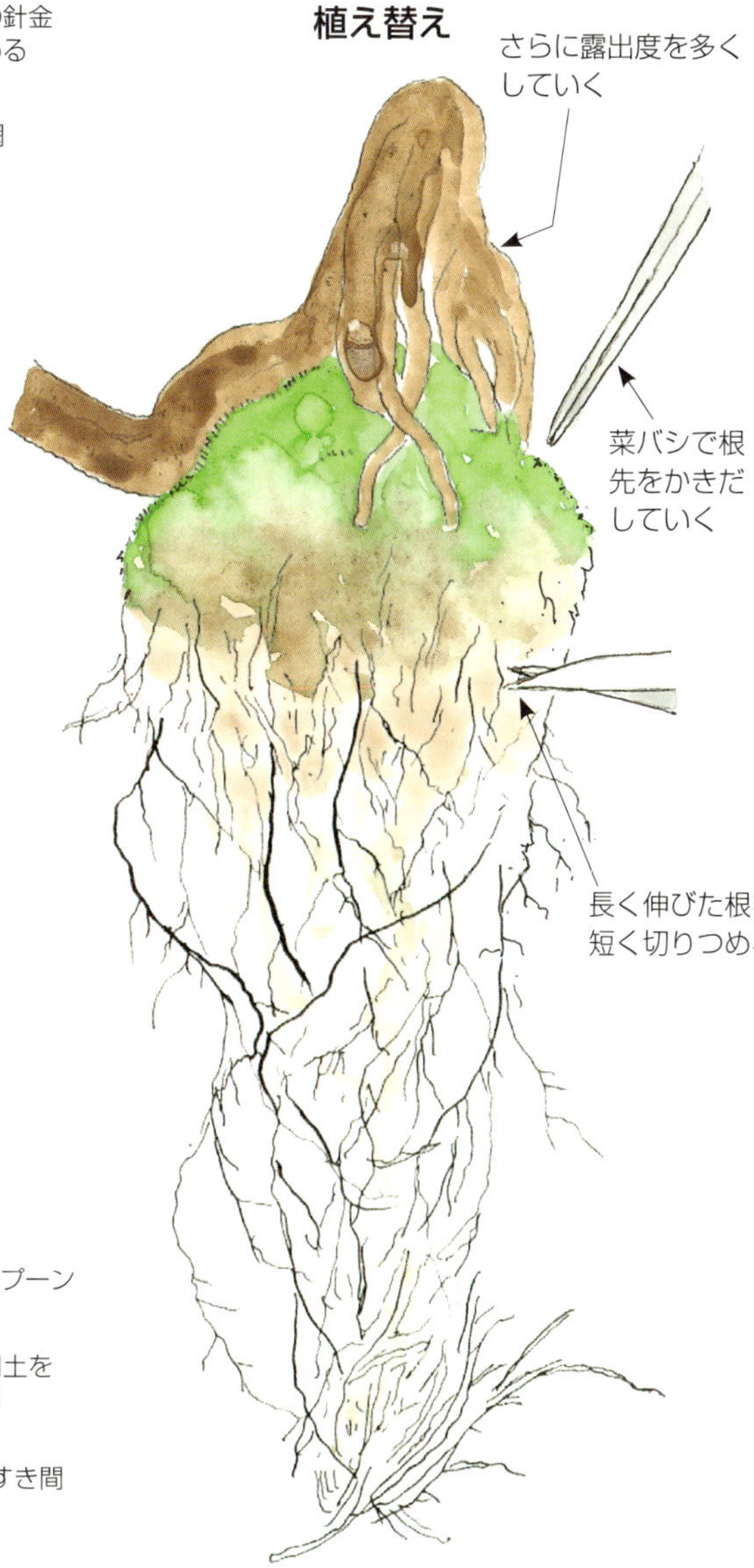

◆植え替え

針金をかけて1年後（あるいは2年後）に植え替えをする。したがって、植え替えの周期は2〜3年に一度となる。植え替え前日は、水やりをしないで鉢内の用土を乾かしぎみにしておくと落としやすい。鉢は下方鉢からソリのある丸鉢に替えたが、いずれも色のついた釉薬鉢でなく、渋い色調の焼締めである。

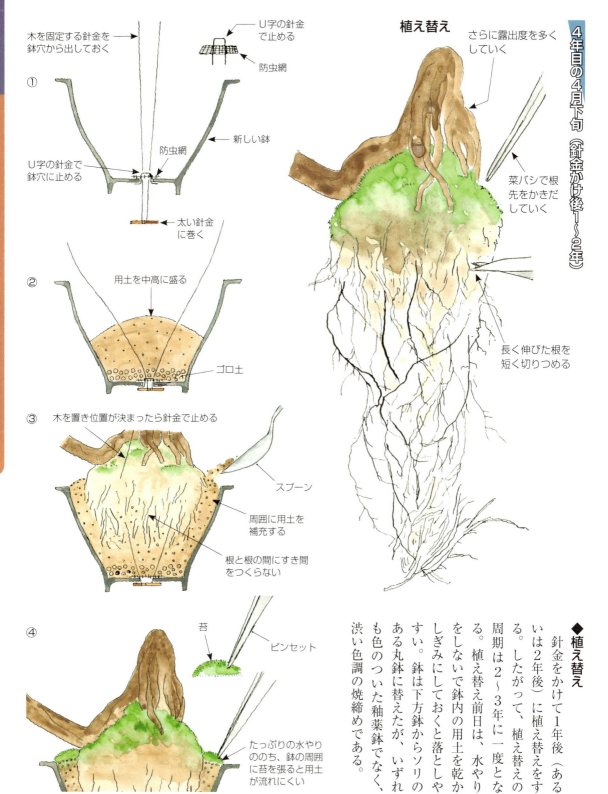

葉すかし・再度の針金かけ

4〜5年目の10月下旬

枝は、針金をはずして1年もすると自然に持ち上がってきて、姿が乱れる。持ち上がった枝のよさをこわさないように再度針金をかける

〈枝の針金かけ〉

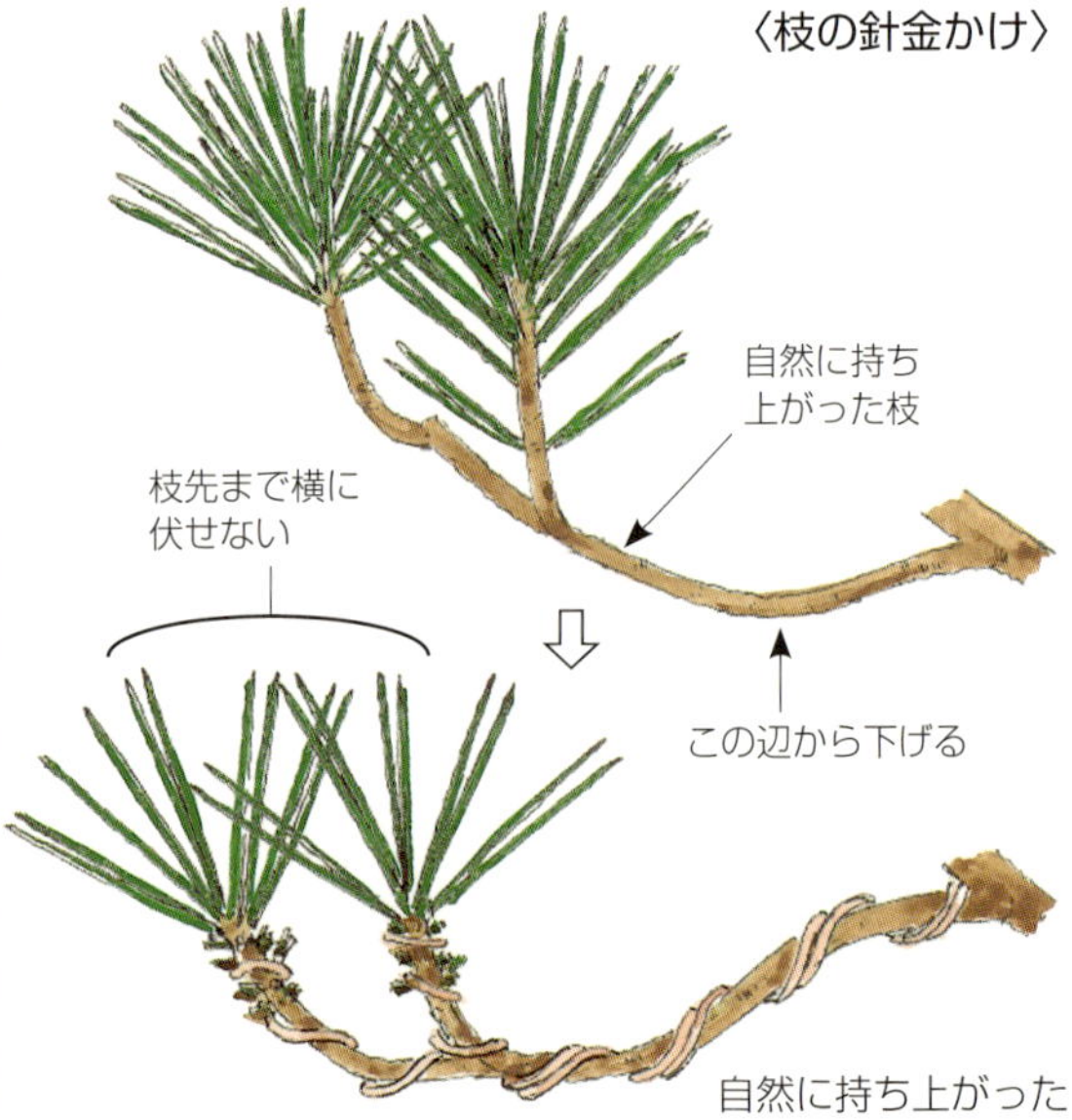

〈形の悪いⒶの枝の追い込み〉

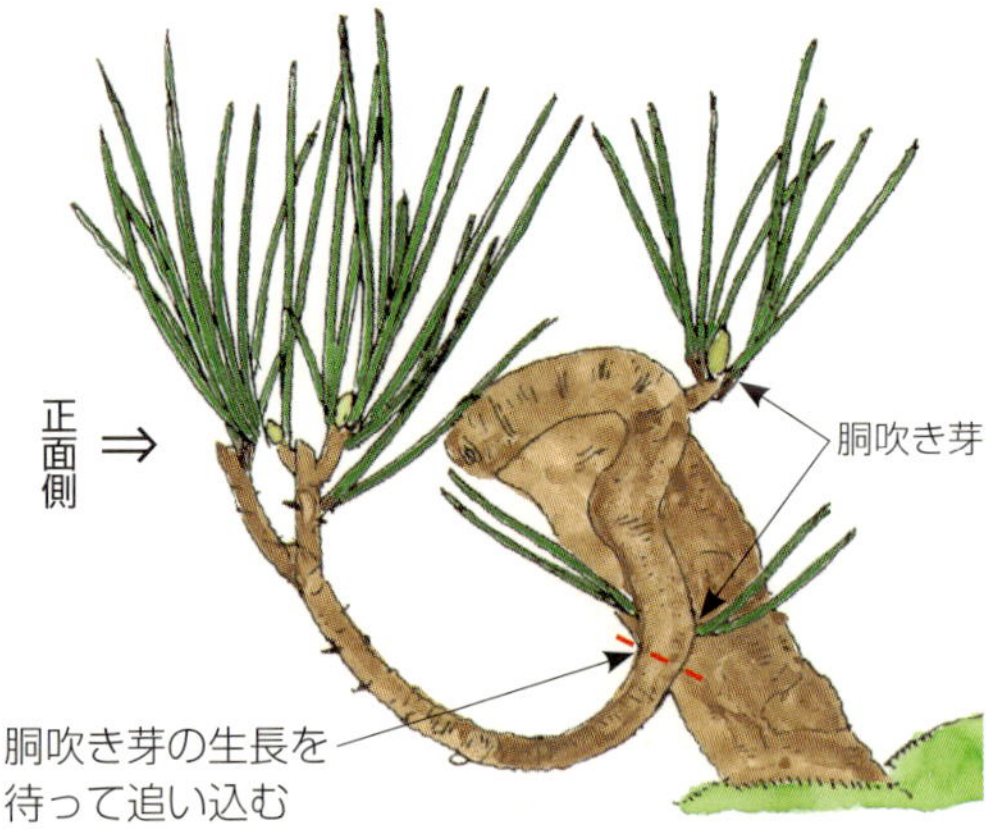

〈作業後の姿〉

- 強い芽は葉数を少なく調整する
- 強い枝は針金で伏せ、力を弱める
- 枝と枝の間の通風・日当たりをよくする
- 枝の強弱のバランスをつける

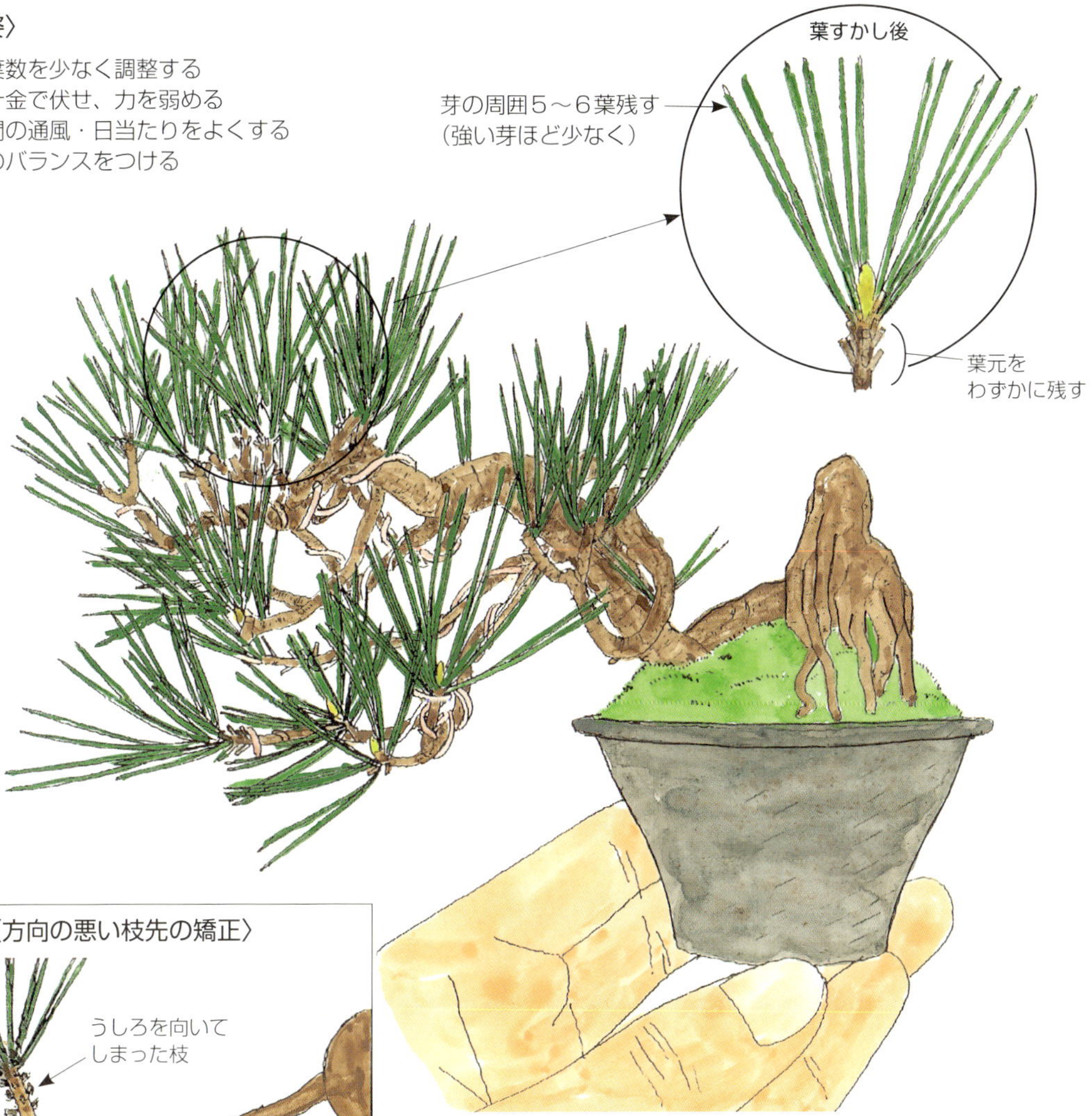
葉すかし後
芽の周囲5～6葉残す
（強い芽ほど少なく）
葉元を
わずかに残す

〈方向の悪い枝先の矯正〉

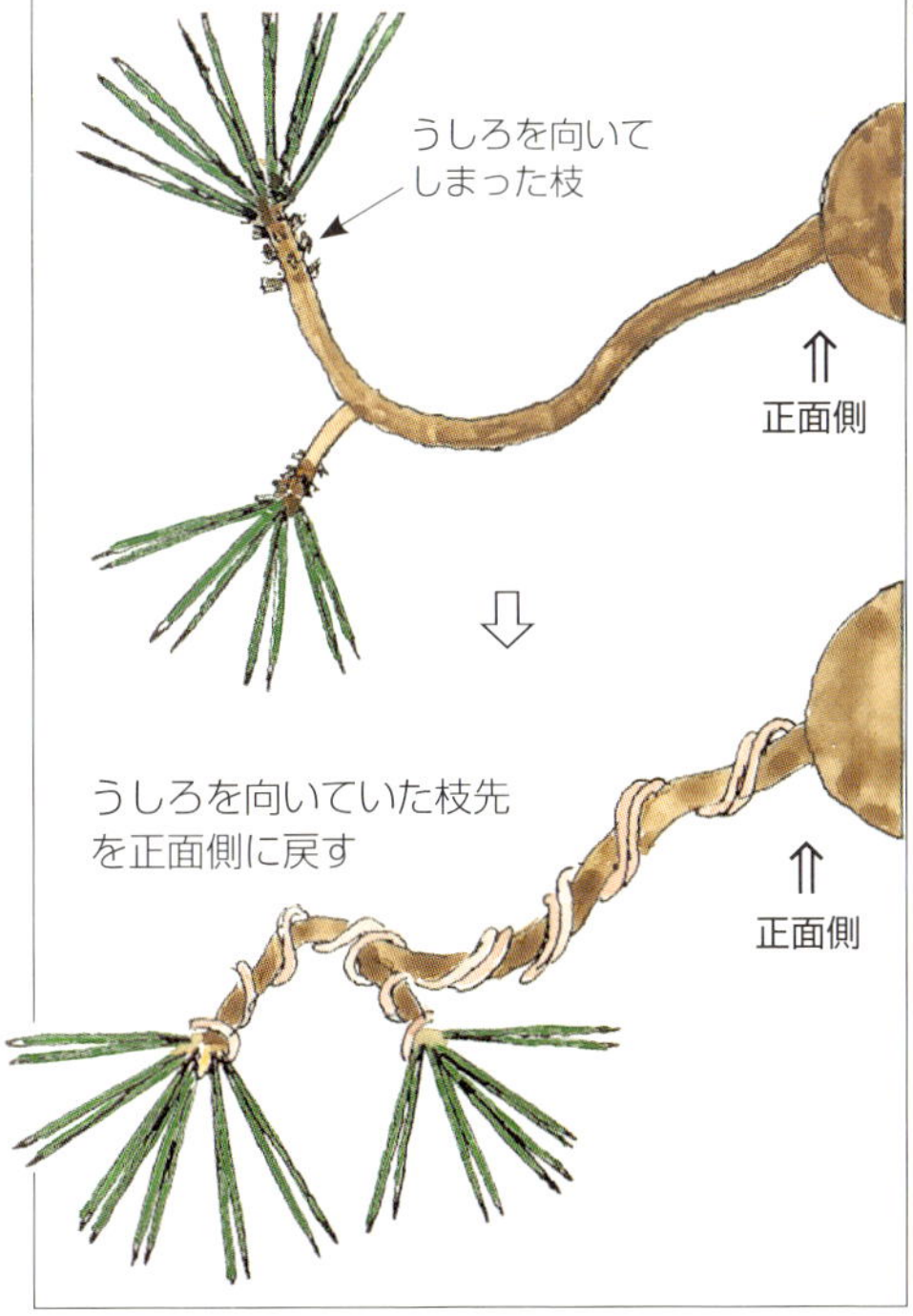
うしろを向いて
しまった枝
正面側
うしろを向いていた枝先
を正面側に戻す
正面側

◆葉すかし

葉すかし（葉切り、または葉抜きともいう）は毎年十月下旬から十二月中、遅くとも一月中には済ませ春を迎えたい。葉すかしをすると春の芽だしがよく芽がそろう。とくに強い芽は強く葉すかしを行ない、芽の周囲に3本ほどの葉を残すだけでよい。

◆再度の針金かけ

回を重ねるごとにかける量は減ってくる。幹から枝、小枝までかかっていたものが、次回は、枝のみ、あるいは枝先のみ、そして、部分調整と少なくなる。

針金が消えたとき、はじめて自立した盆栽となる。

芽切り（一度切り）

強いところをおさえ、弱いところを伸ばしながらつくると、全体に平均した伸びの芽となってくる

芽切りは、新芽が虫に食害され、そのあとに2番芽が出たことによって発見された方法

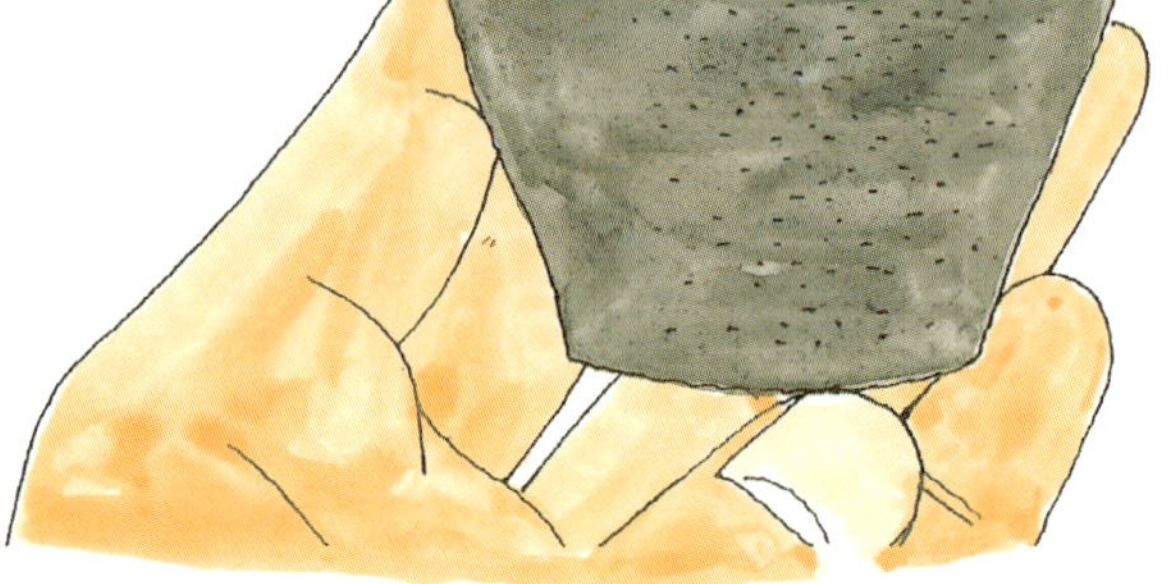

〈切ってはいけない芽〉

まったく伸びない芽やわずかに伸びて葉を開いたような弱い芽

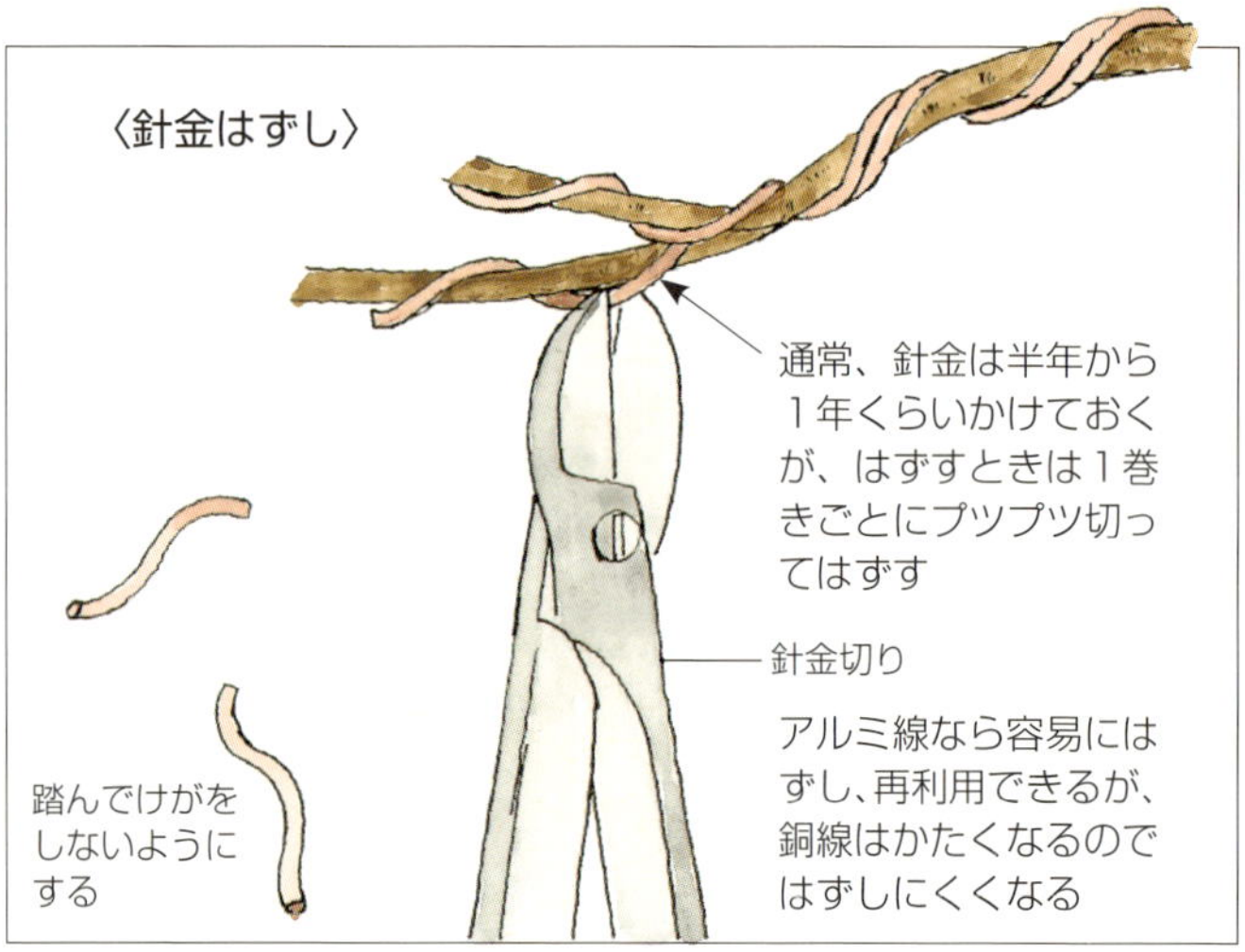
〈針金はずし〉
通常、針金は半年から1年くらいかけておくが、はずすときは1巻きごとにプツプツ切ってはずす
針金切り
アルミ線なら容易にはずし、再利用できるが、銅線はかたくなるのではずしにくくなる
踏んでけがをしないようにする

◆芽切り（一度芽切り）

秋の葉すかし、春のミドリ摘み（とくに強く伸びた冬芽を摘むこと）、初夏の芽切りと樹勢調整の作業をくり返すと、弱い芽も力がついて、均等な力をもつ新芽となる。こうなった芽は、時期をずらして切る必要もなく、一度に全部の新芽を切ることができる。芽切りは木にとって大変な負担になるので、弱った木には絶対に行なわないこと。

〈芽の切り方〉

弱い芽の切り方

強い芽の切り方

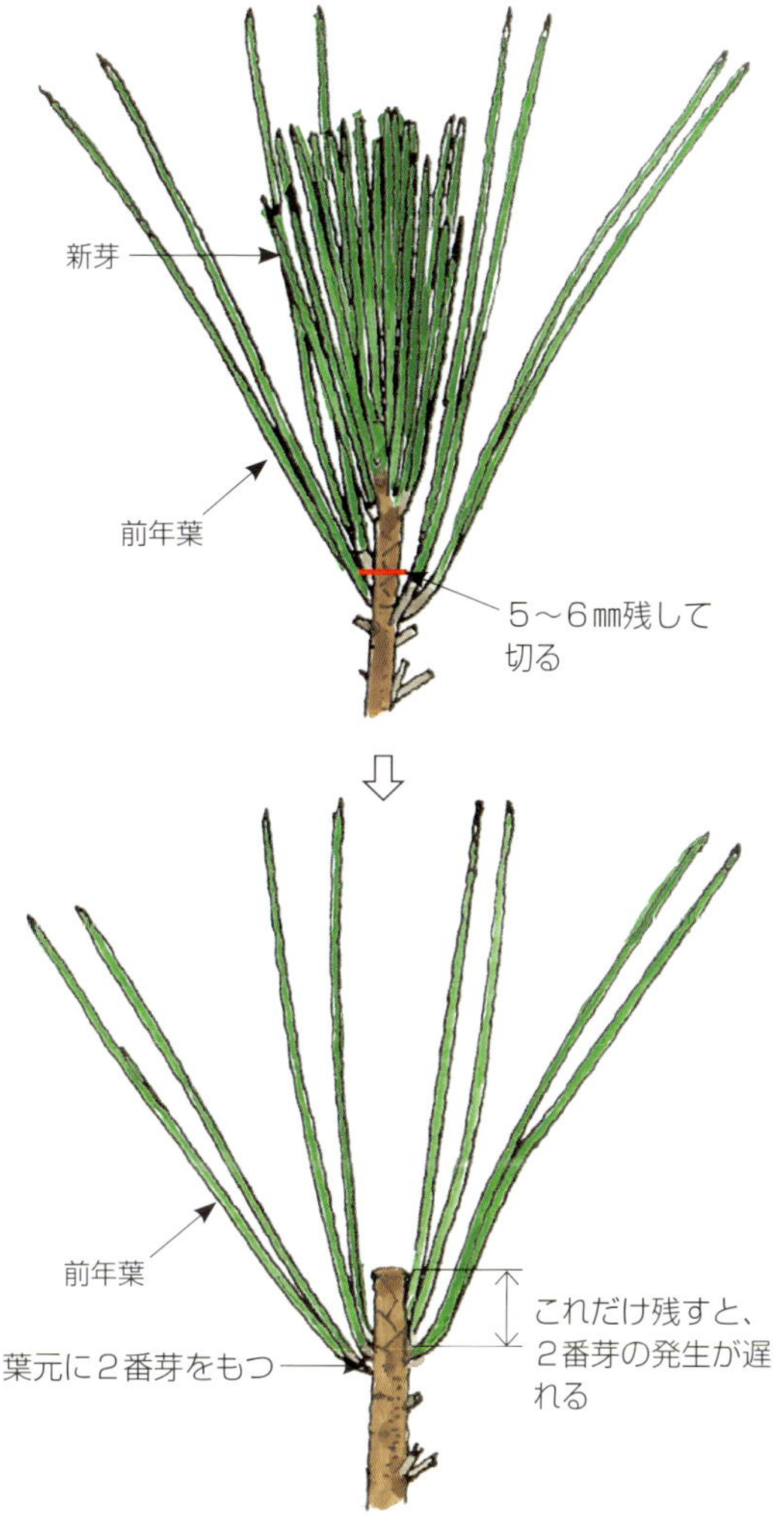

切ってはいけない芽

2番芽が出そうもない細枝の
新芽は切らない

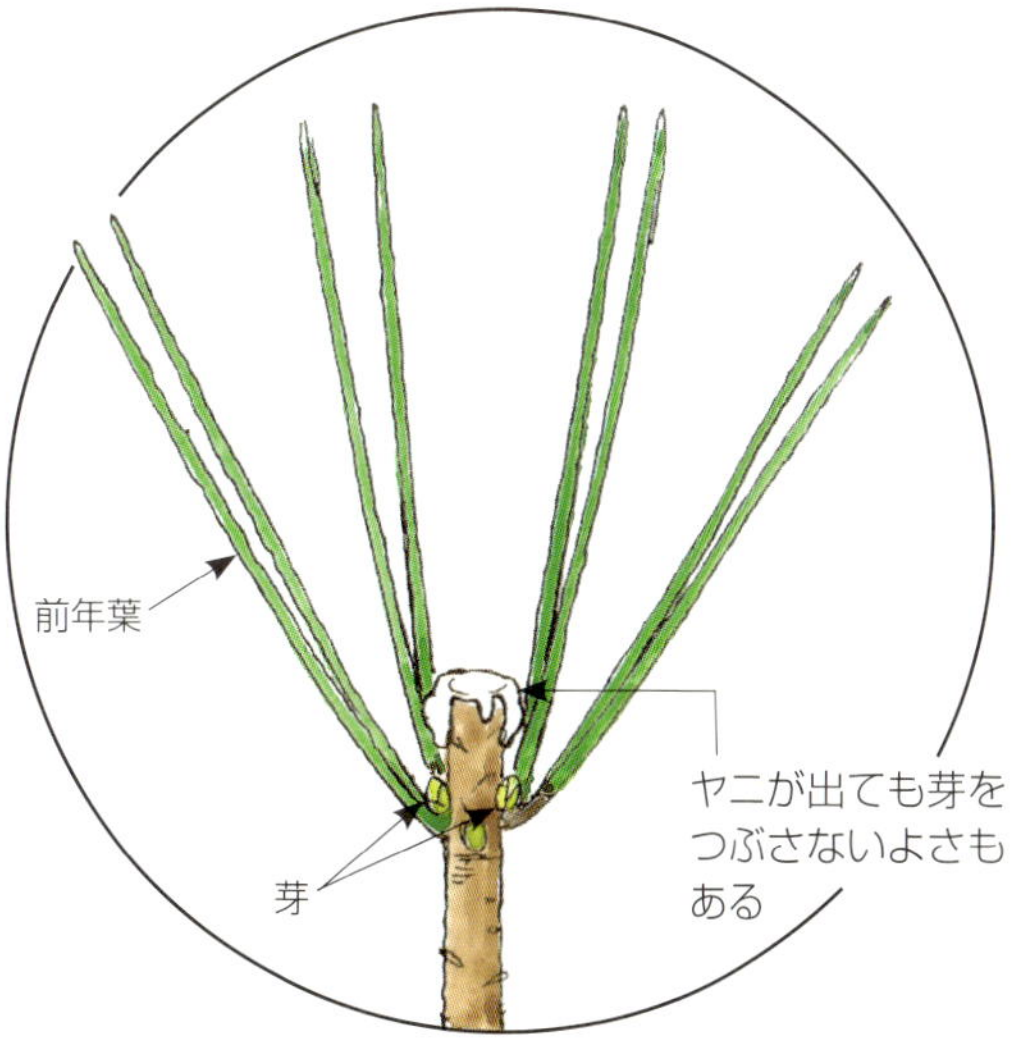

◆芽の切り方

新芽は、前年葉との境で一度に全部切りとってもかまわない。上図の強い芽の切り方は特殊なので、「こういう方法もあるのか」と知っていただくだけでよい。

ただ、強い芽ほど切り口からヤニを出して、2番芽をつぶすことがあるので、注意していただきたい。また、切り方は、均等な2番芽の発生を促すよう水平がよい。

上部の強いところは軸をわずかに残し、下方の弱い芽は元から切ってある

〈芽切り後の状態〉

春から伸びた新芽を切り、半月もすれば、２番芽がプツプツと吹き出てくる

日陰に入れる必要はない

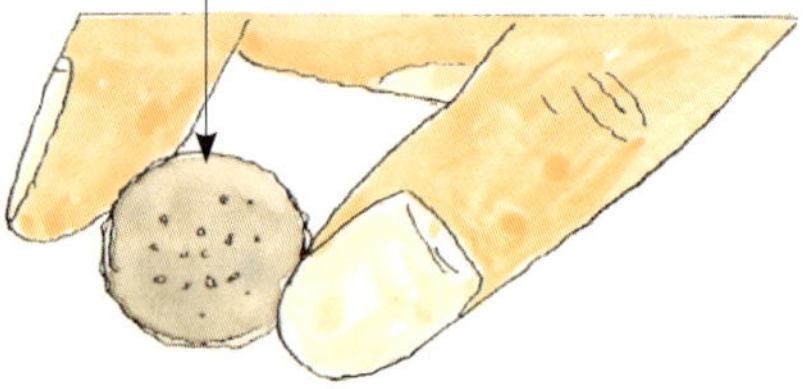
芽切り後は肥料をとりのぞき、２番芽の生長を待って再び与える

◆芽切り後の管理

春から伸びた新芽を全部切ったので当然根の動きも鈍くなり、表土の乾きも悪くなる。したがって、肥料はとりのぞくが、日陰に入れる必要はない。むしろ、鉢をよく日に当て、発根を促すことが望ましい（ただし八月の猛暑は、半日陰で越夏させる）。

半月もすると、２番芽がプツプツと枝先に出はじめる。多く出たところは、二つ残して整理する。新芽が１cmくらいになったら施肥。

6年目の7月上旬

追い込み剪定

芽切りの時期だが新芽の伸びが悪いので、この年は切らない。追い込みたい枝の芽がほどよく生長したので切りつめておく

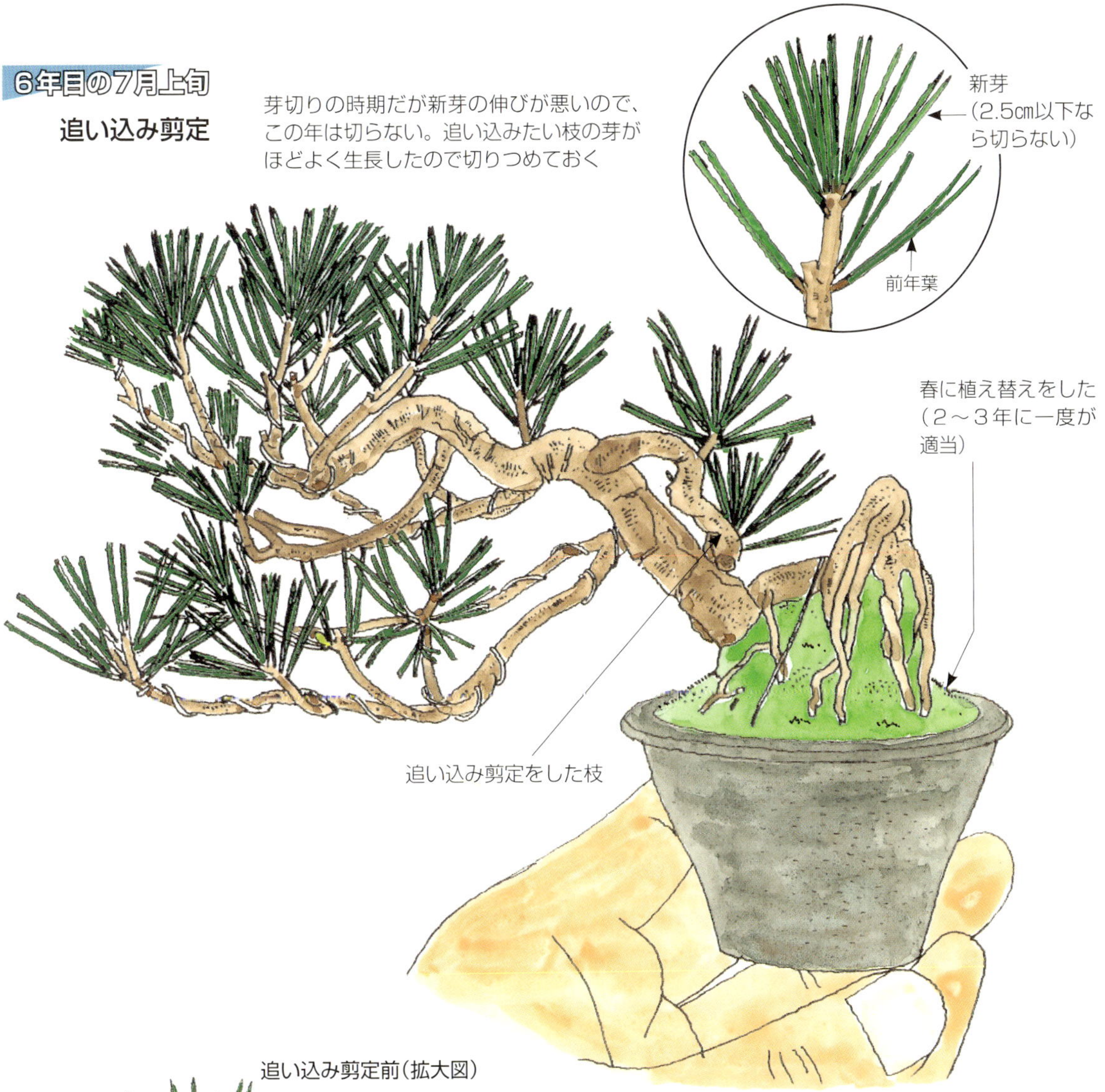
新芽
(2.5㎝以下なら切らない)
前年葉
春に植え替えをした(2～3年に一度が適当)
追い込み剪定をした枝

追い込み剪定前(拡大図)

生長した胴吹き芽
正面側
正面側に長く伸びすぎた枝
切る

◆芽切りを休む

芽切りは、原則として2年に1回くらいを目安にする。2年続けて行なうと、上図のように翌年の芽の伸びが著しく悪くなったりする。

目安としては、芽切り時の新芽が2.5㎝以下だったら芽切りを休む。しかし、芽切りを休んだ年でも、秋の葉すかしは必ず行なう。

葉すかし

葉数の多いところを他の枝先に合わせて葉をすかす

樹高 12㎝
すかしたところ
すかしたところ
下枝は弱くなるので水平以下には下げない
途中に出た胴吹き芽を大事に育てる

将来の予想図

根を生かすことによって特異な木姿の蟠幹となった
この姿からもはや最初の立ち木は想像もできない

◆将来に向けて

毎年、同じように肥料や水をやっていても、どうも、今年は作《さく》がのらないというようなことがよくある。

また、木が1年で2年分も充実するような年もある。あせらず、じっくりとつくっていきたい。ある朝、驚くほどの樹格を見せてくれることを願って….。

根を生かす植え付け法

どうも木姿が単調でおもしろくないという木は、とくにクセ根でなくとも左上の図のように倒して植えるといやでも根が露出する。しばらく、そのまま日に当てておけば、根が自然とクセ根になる。

そこで、さらに根が露出する角度に（左下図）植えなおせばよい。え！　こんな木はたくさんある、ですって…。では、さっそく。

根が露出するように
植え付けた素材
日に当たると自然と
クセ根になる
今までの植え付け角度
（根は土中にあった）
根の充実を待ってさらに
破線の角度に植えなおす

シュロボウキで
根をかきだす
根張りのよくない木
（この木も片根）ほ
ど効果的

浮き根を生かして懸崖づくり

1年目の3月下旬

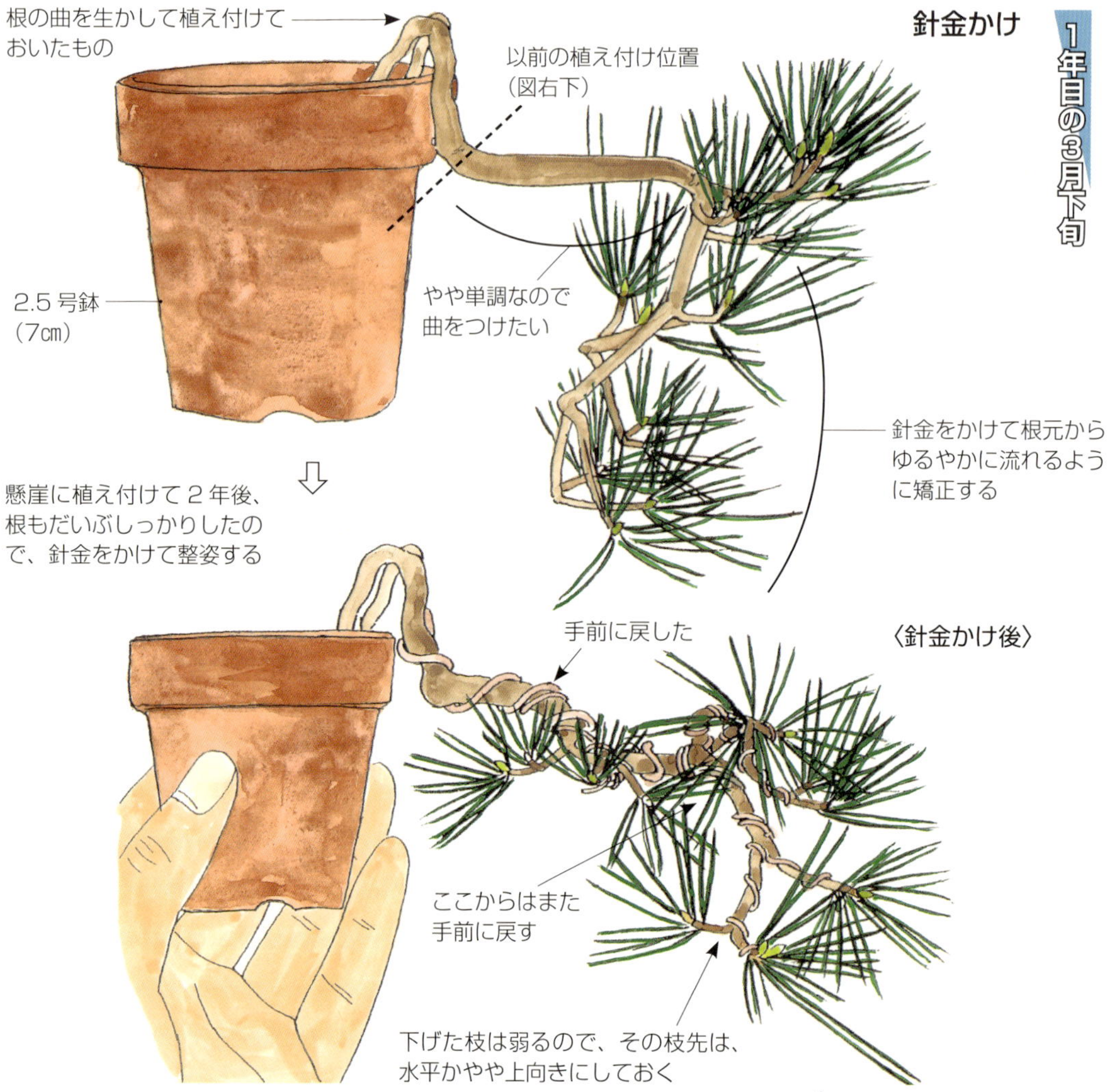

針金かけ
根の曲を生かして植え付けておいたもの
以前の植え付け位置（図右下）
2.5 号鉢（7㎝）
やや単調なので曲をつけたい
針金をかけて根元からゆるやかに流れるように矯正する
懸崖に植え付けて２年後、根もだいぶしっかりしたので、針金をかけて整姿する
〈針金かけ後〉
手前に戻した
ここからはまた手前に戻す
下げた枝は弱るので、その枝先は、水平かやや上向きにしておく

◆針金かけによる整姿

どことといってとりえのない木。用土を落としてみると、くの字の２本根があるだけ。仕方がないので、この根を表土上に出して植えた。あてのないまま水をかけてきた木。

あまり放置すると幹の矯正も不可能になるので、まだ細い今のうちに整姿することにした。

この木を改作するイメージは、崖から泳ぎだしたような姿を考えた。途中一カ所長い枝があったので、変化をつける意味からも、かぶせるようにしてみた。針金は約1年このままかけておく。

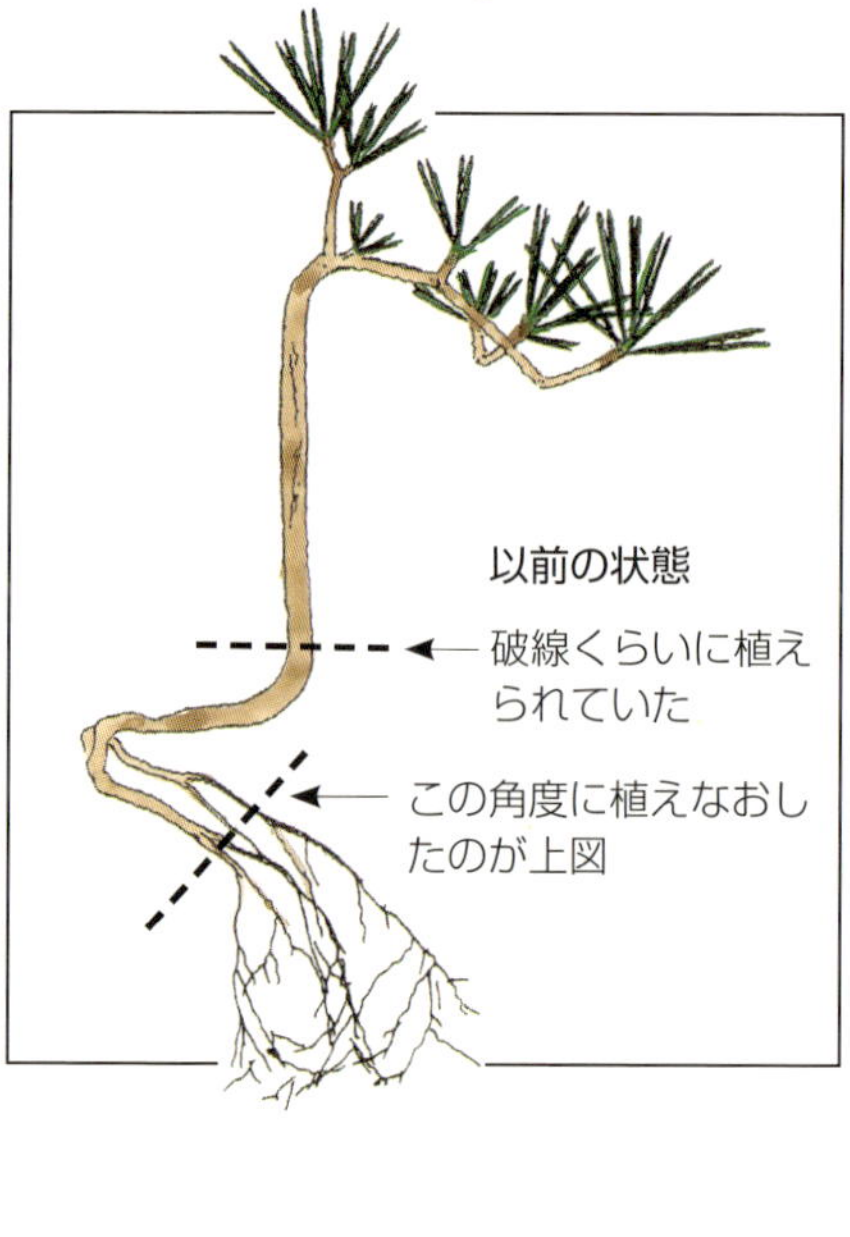

以前の状態
破線くらいに植えられていた
この角度に植えなおしたのが上図

再整姿・鉢替え

整姿した枝が上に持ち上がって乱れてきたので、再度針金で整姿する

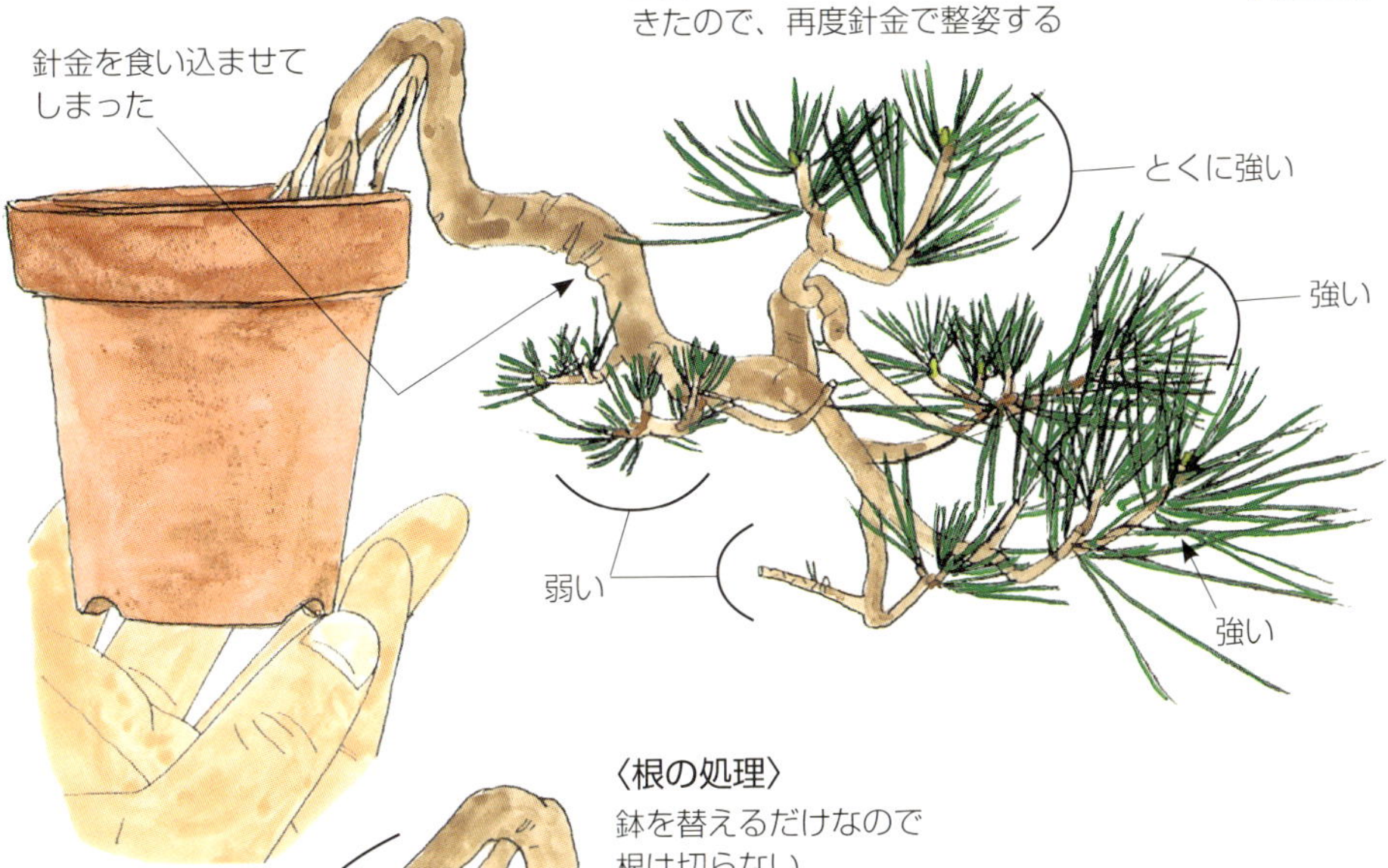

〈根の処理〉
鉢を替えるだけなので根は切らない

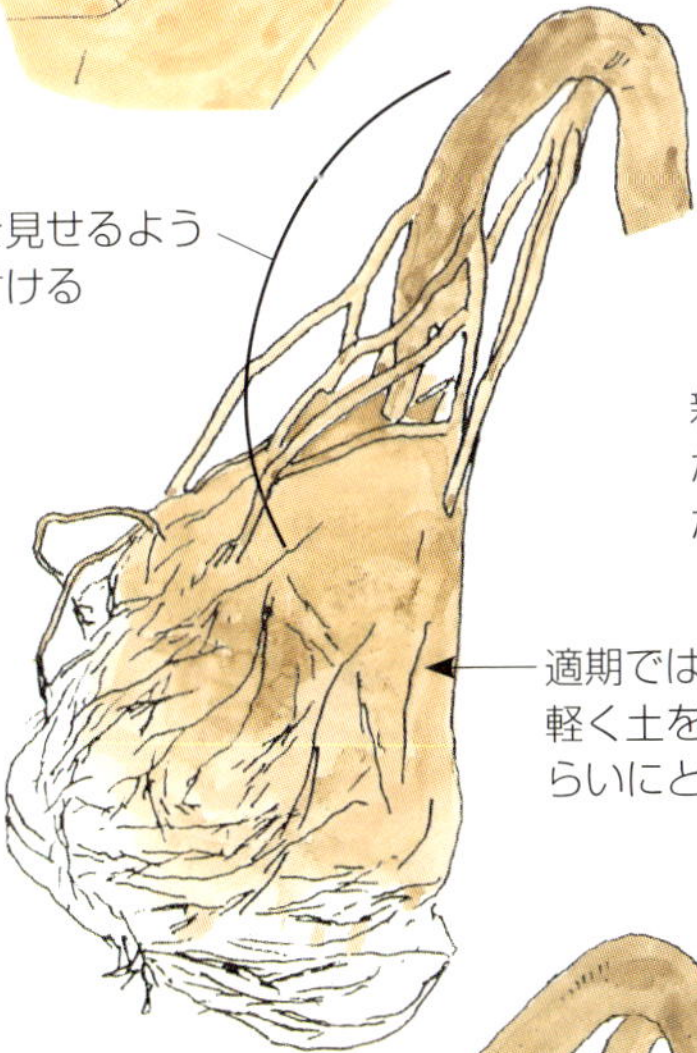

〈強い芽の処理〉

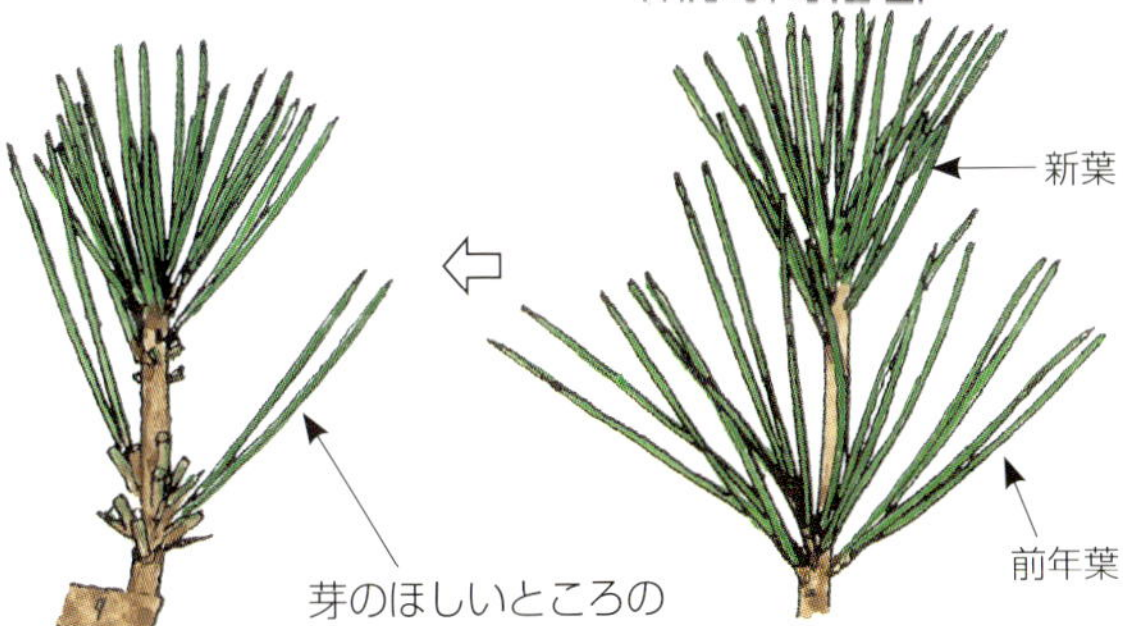

〈植え付け方〉

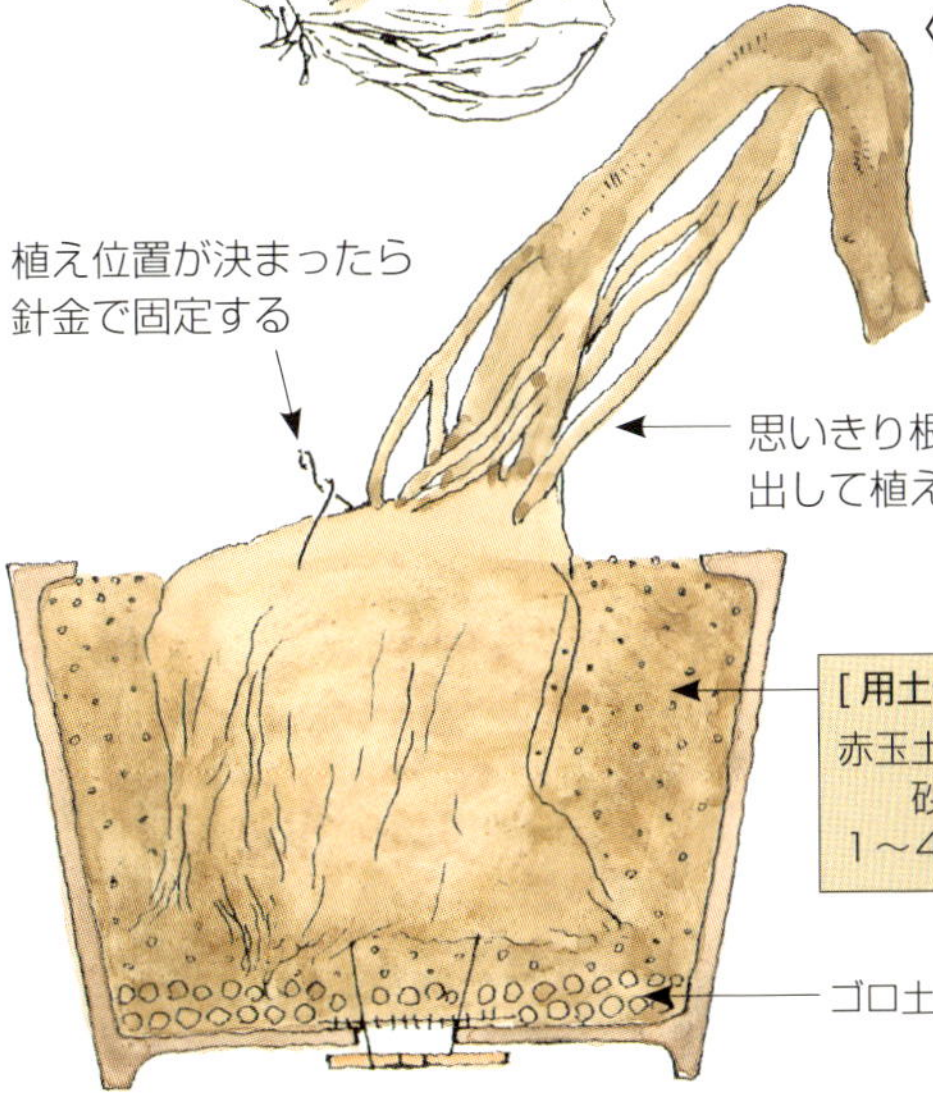

［用土例］
赤玉土５
砂５
１～４㎜粒

〈鉢の用意〉

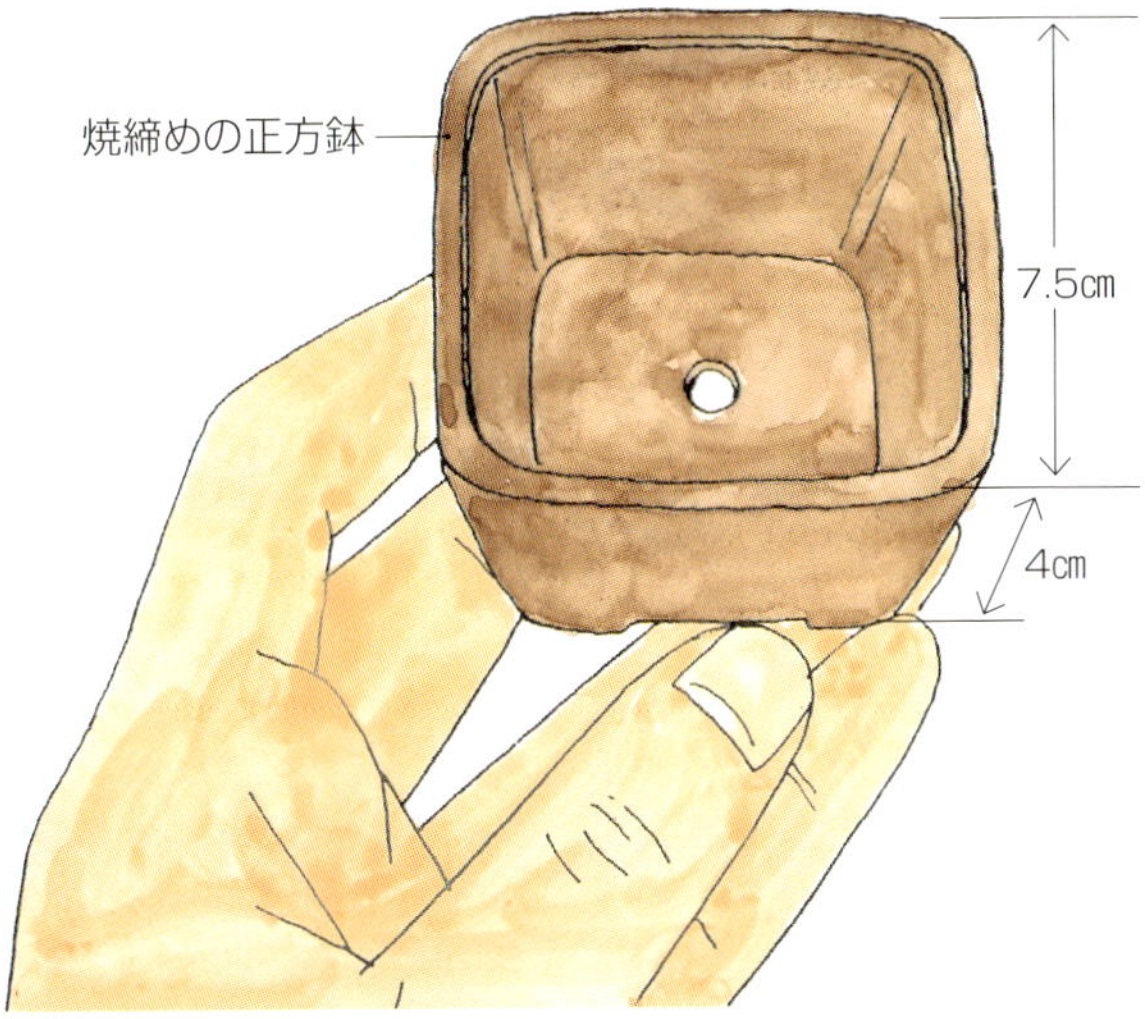

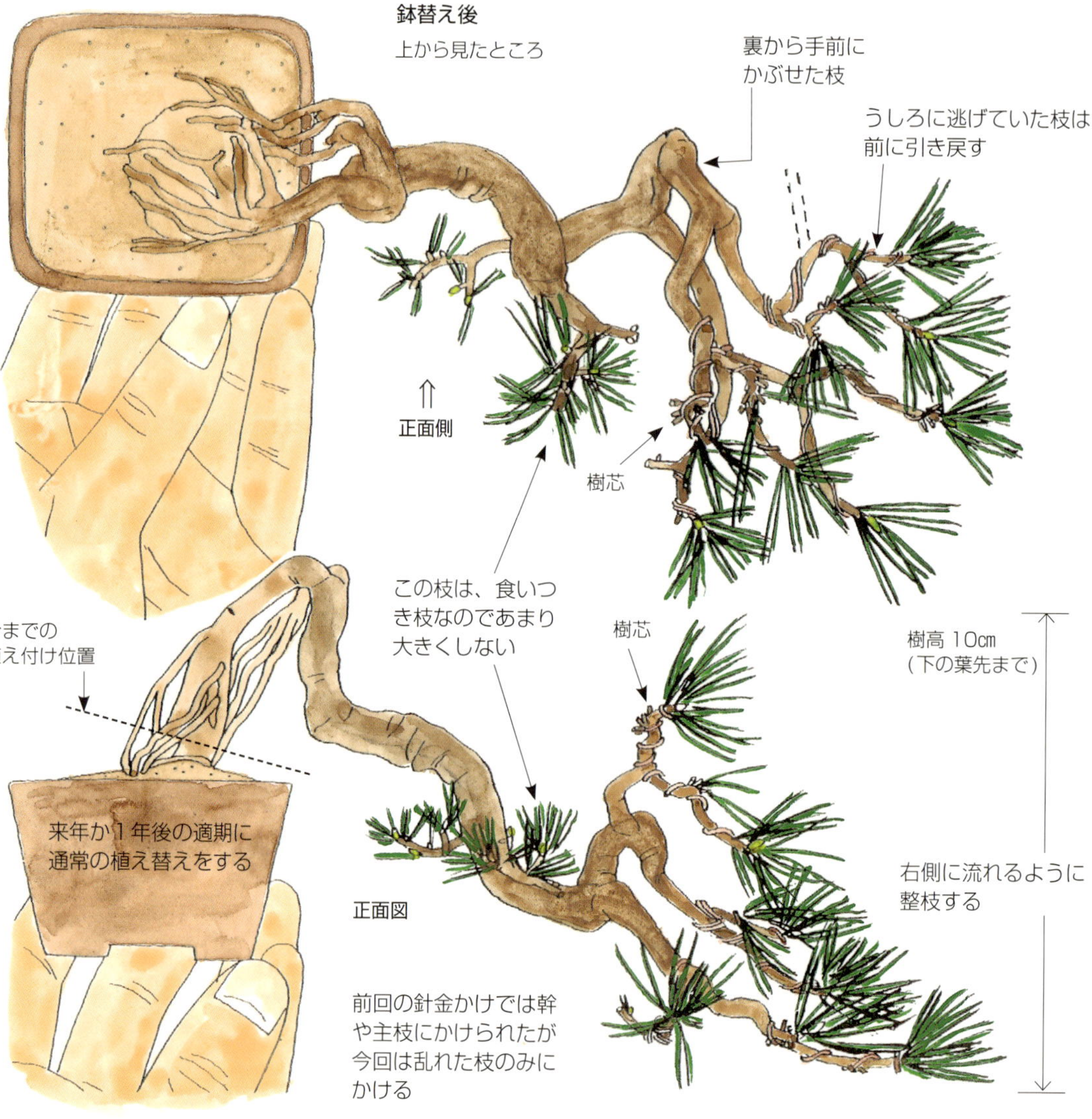
鉢替え後
上から見たところ
裏から手前にかぶせた枝
うしろに逃げていた枝は前に引き戻す
正面側
樹芯
この枝は、食いつき枝なのであまり大きくしない
今までの植え付け位置
樹芯
樹高 10㎝（下の葉先まで）
来年か1年後の適期に通常の植え替えをする
正面図
右側に流れるように整枝する
前回の針金かけでは幹や主枝にかけられたが今回は乱れた枝のみにかける

◆再整姿

針金を1年かけておいたら、幹の内側に食い込み、傷をつくってしまった。針金をはずして半年もすると、力のある枝先は持ち上がって姿を乱してくる。

また、芽にも強弱があらわれるので再整姿をする。強い芽は葉すかしをして葉数を減らし強さをおさえる。弱い芽は葉数を多く残して樹勢の調整をはかる。

この段階の針金かけは、主に枝に集中する。立ち上がった枝や方向の悪い枝などを矯正し、全体を整える。

◆鉢替え

これからの木姿づくりに備える目的で、映りのよい本鉢に鉢替えをする。根は切らずにそのまま本鉢に植え、周囲のすき間には植え土と同じ用土を補充する。この鉢替えは、針金かけをしたものや植え替え時期の悪いときなどに行なう。

◆部分芽切り

芽切りは通常、全体の芽を対象に行なうが、次頁の図のように、とくに強く伸びた芽だけを切りたい場合には、その芽だけを部分芽切りする。秋には2番芽が他の芽にそろう。

芽切り

〈部分芽切り〉
先端部の強い芽だけ芽切りする

まだ芽切りがこわいという不慣れな方は、とくに強く伸びる芽だけを切るとよい。この方法で芽切りに慣れるのもよい

⇩

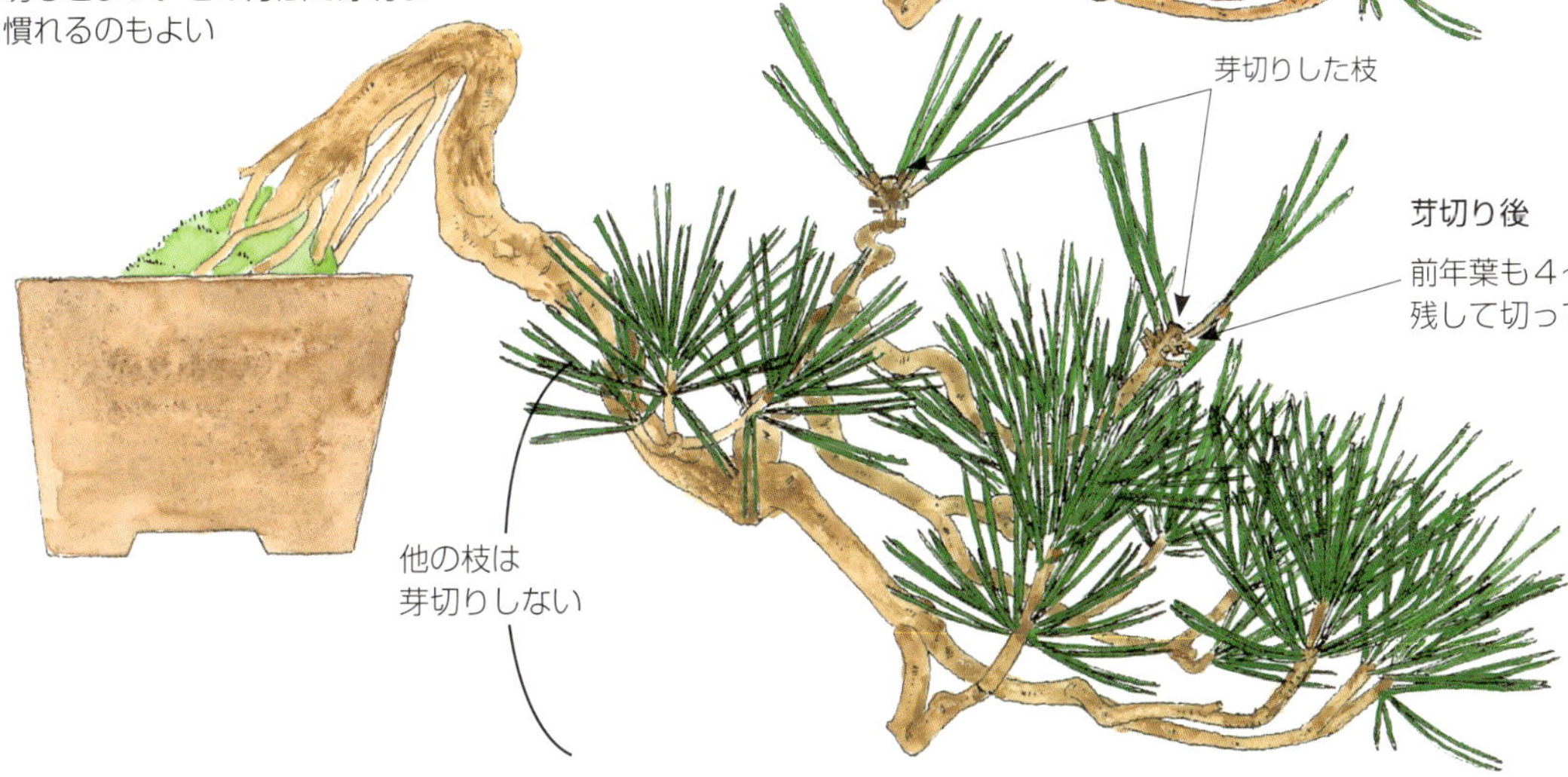
芽切りした枝
芽切り後
前年葉も4～5葉残して切っておく
他の枝は芽切りしない

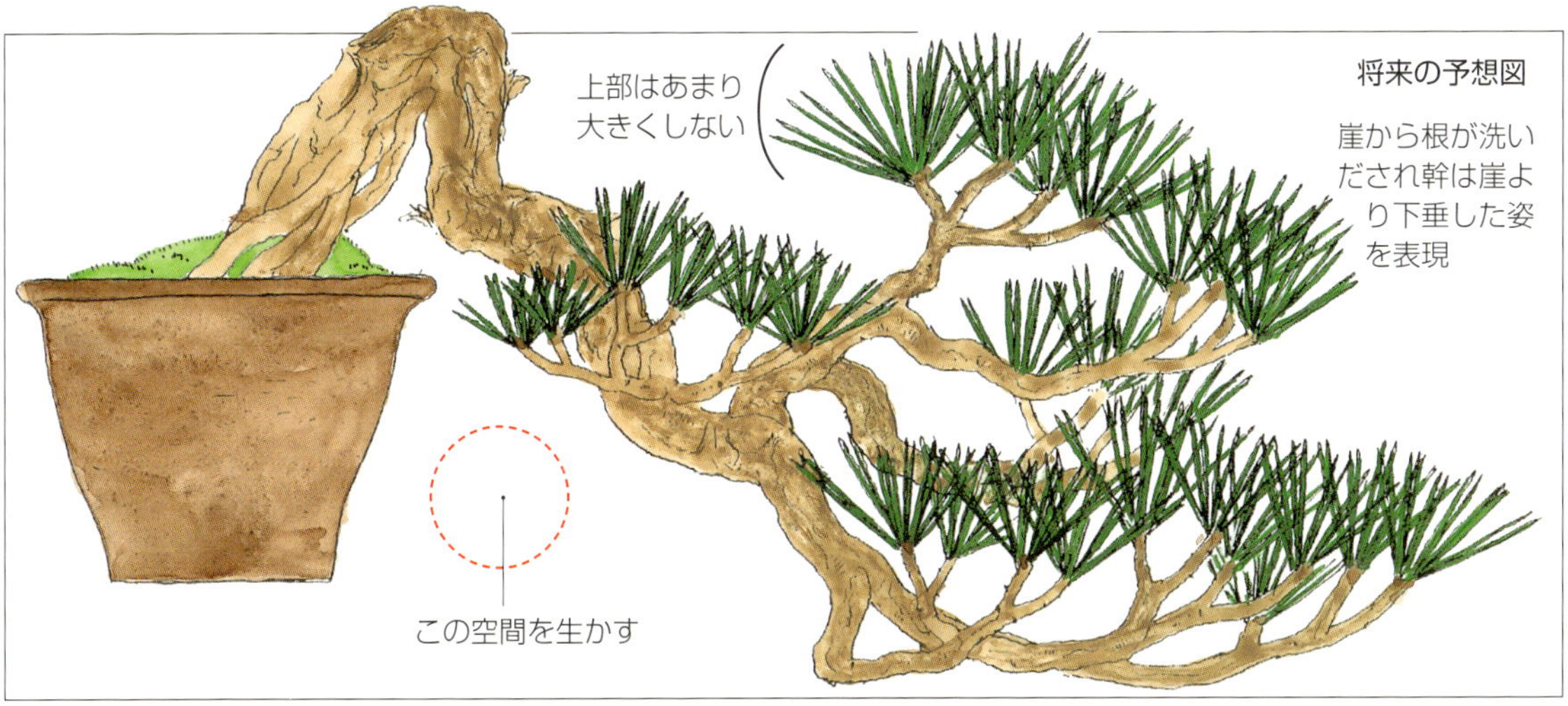
将来の予想図
崖から根が洗いだされ幹は崖より下垂した姿を表現
上部はあまり大きくしない
この空間を生かす

一の枝だけでつくりかえる太幹素材

よいところ
①価格が安い（2,000円）
②樹勢がよい
③小枝の数が多い
④１の枝を利用すれば半懸崖としてつくれる
⑤太く、樹高の低い木ができる

樹高 20㎝
素材の検討①
（仮正面より）
改作前の状態
この間に枝がなく、直線的で単調
太さ、直径５㎝
（取り木素材と思える）
１の枝
この枝だけでつくりかえれば樹高の低い木に改作できる
こちら側に根張りは期待できない
５号鉢

悪いところ
①途中から急に細くなっているところがある
②幹の途中が単調で直線的
③根が片根かもしれない

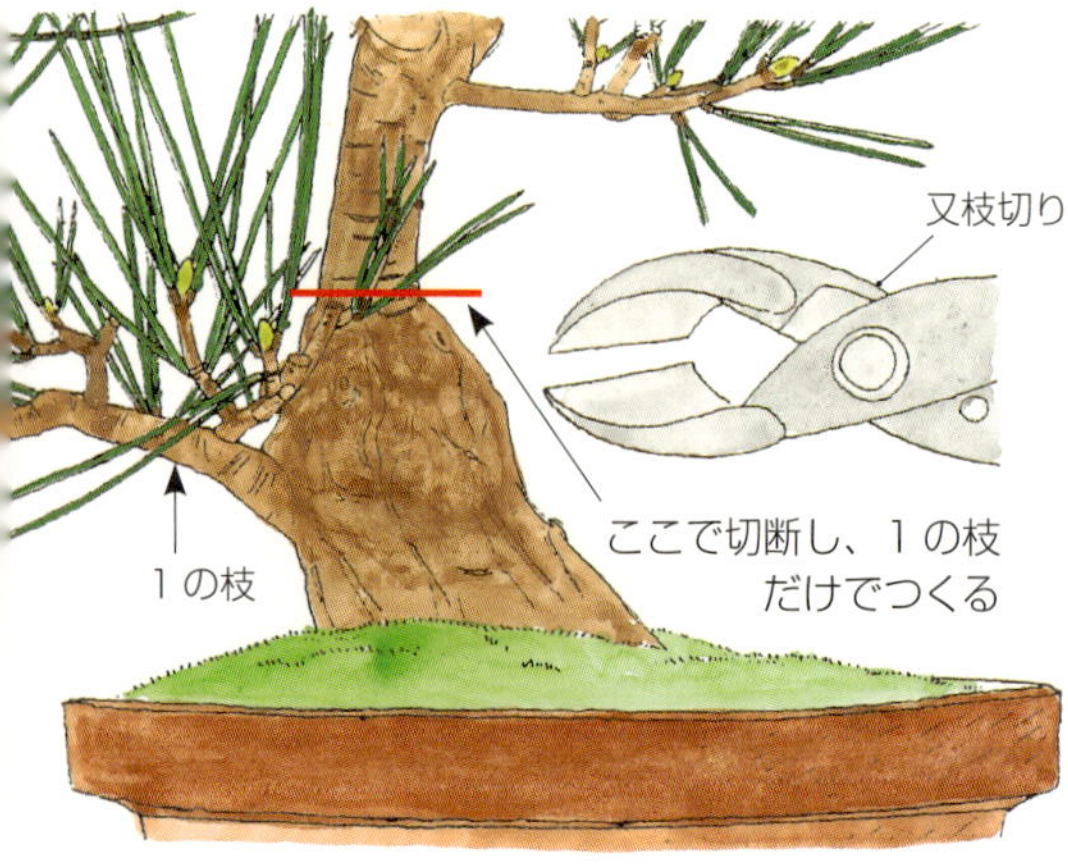

又枝切り
ここで切断し、１の枝だけでつくる
１の枝

◆一の枝を生かせる素材

この素材を入手したとき、あ、これは一の枝の枝元に小枝がいくつもあり一の枝でつくりなおせると思って迷わず購入した。もし、一の枝の枝元に小枝がなく腕伸びした枝であったら、考えなおしたかもしれない。クロマツは、鉛筆大の太さの枝から新たな胴吹き芽を期待するのはむずかしいからである。

切断は一の枝より２㎝ほど上で行ない、あとでジン（48、49頁参照）として利用すれば傷にならない。

Ⓐの芽の様子

前年葉を３～４枚残して
切りつめる（中芽切り）
前年葉（枝）
前々年葉（枝）

Ⓑの芽の様子

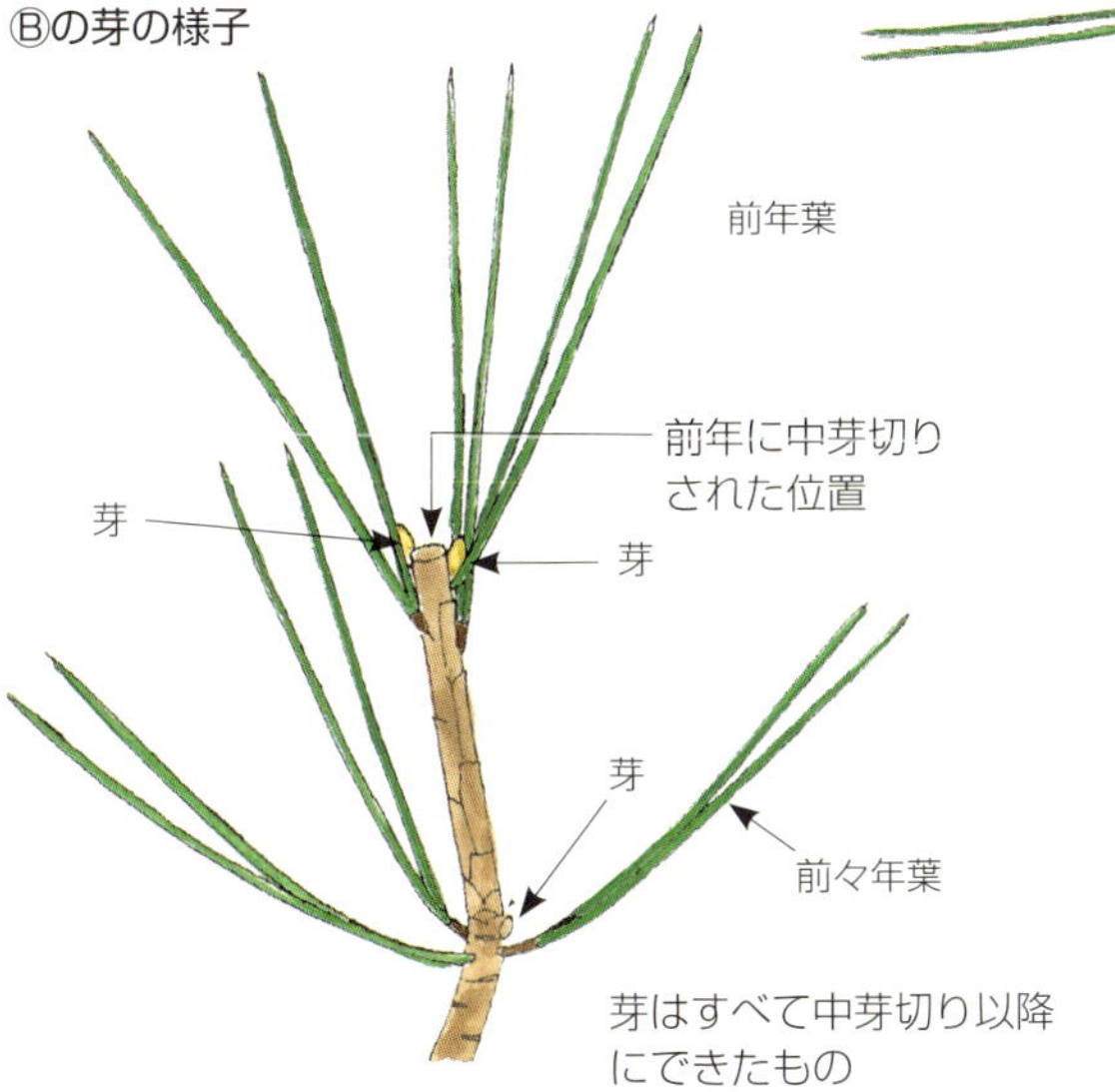
前年葉
前年に中芽切り
された位置
芽
芽
芽
前々年葉
芽はすべて中芽切り以降
にできたもの

Ⓒの芽の様子　　葉芽（左）と胴吹き芽（右）

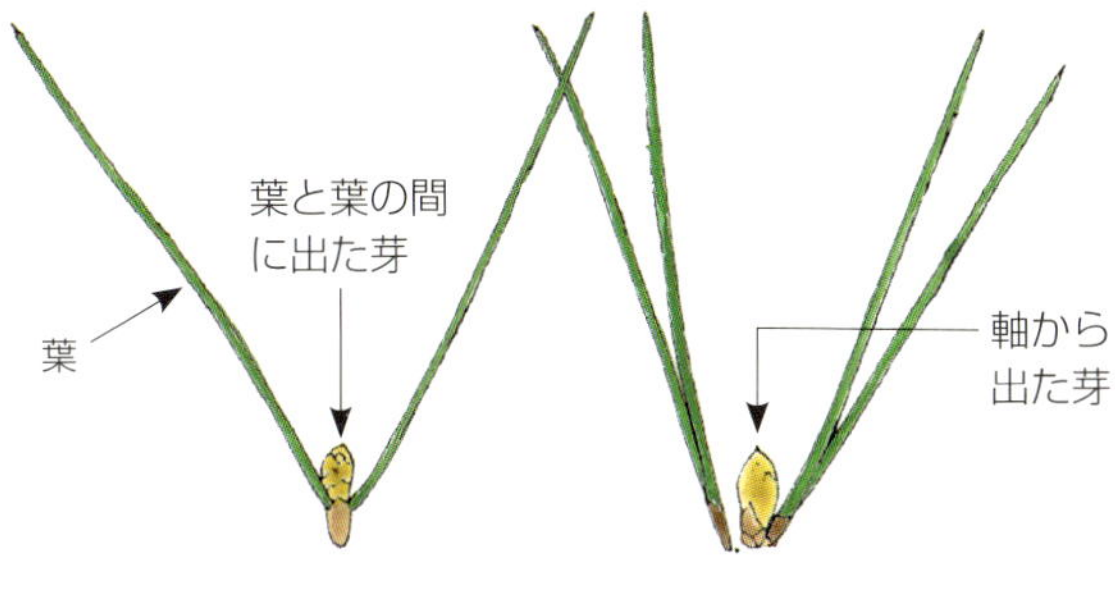
葉と葉の間
に出た芽
葉
軸から
出た芽

素材の検討②

（右側面より）

Ⓐ
Ⓒ
Ⓑ
横から見ても
単調な部分
枝を抜いたあとが
たくさん目立つ

◆上部を取り木して生かすことも

切断してしまえば上部は捨てることになる。もったいなければ、切断を半年から1年延ばし、上部の枝分かれで取り木してもよい。成功すれば2本の素材が得られることになる。

◆鉢から抜く（次頁図）

植え替えを予定した木は、前日から水を切っておくと、用土が落としやすい。鉢の周囲を手でトントンとたたき、鉢から抜きとる。はたして、網目に張った根があらわれた。

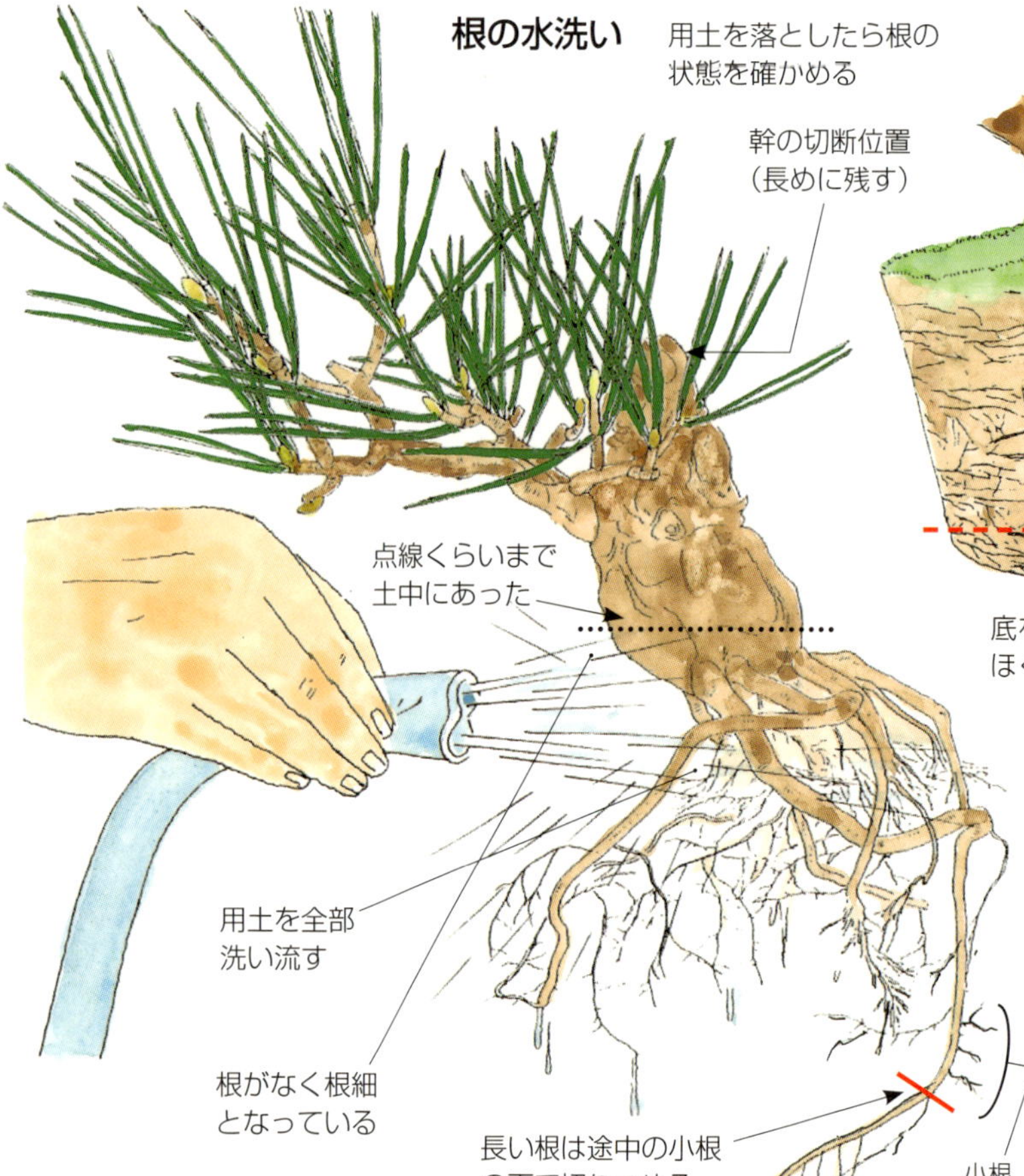

根の水洗い
用土を落としたら根の状態を確かめる
幹の切断位置（長めに残す）
点線くらいまで土中にあった
用土を全部洗い流す
根がなく根細となっている
長い根は途中の小根の下で切りつめる
小根

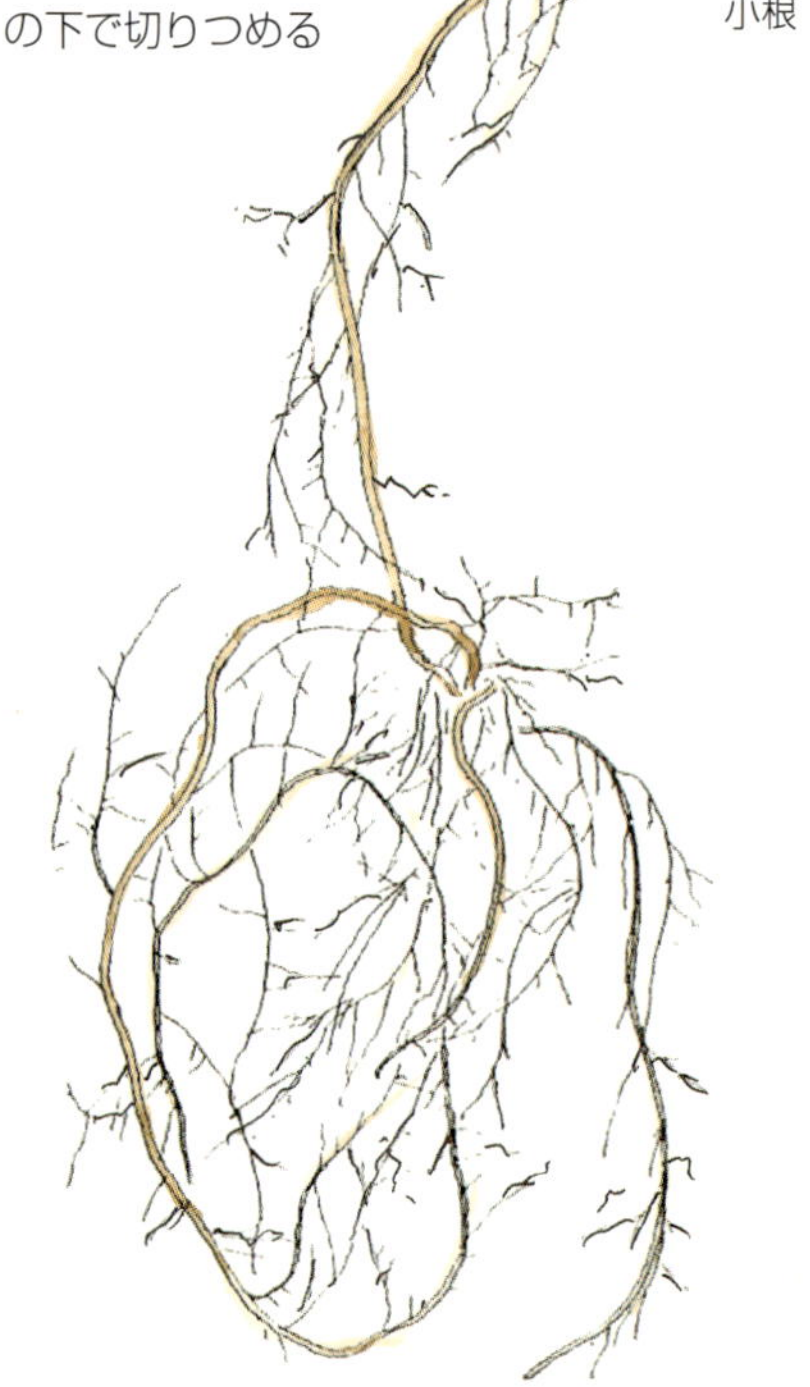

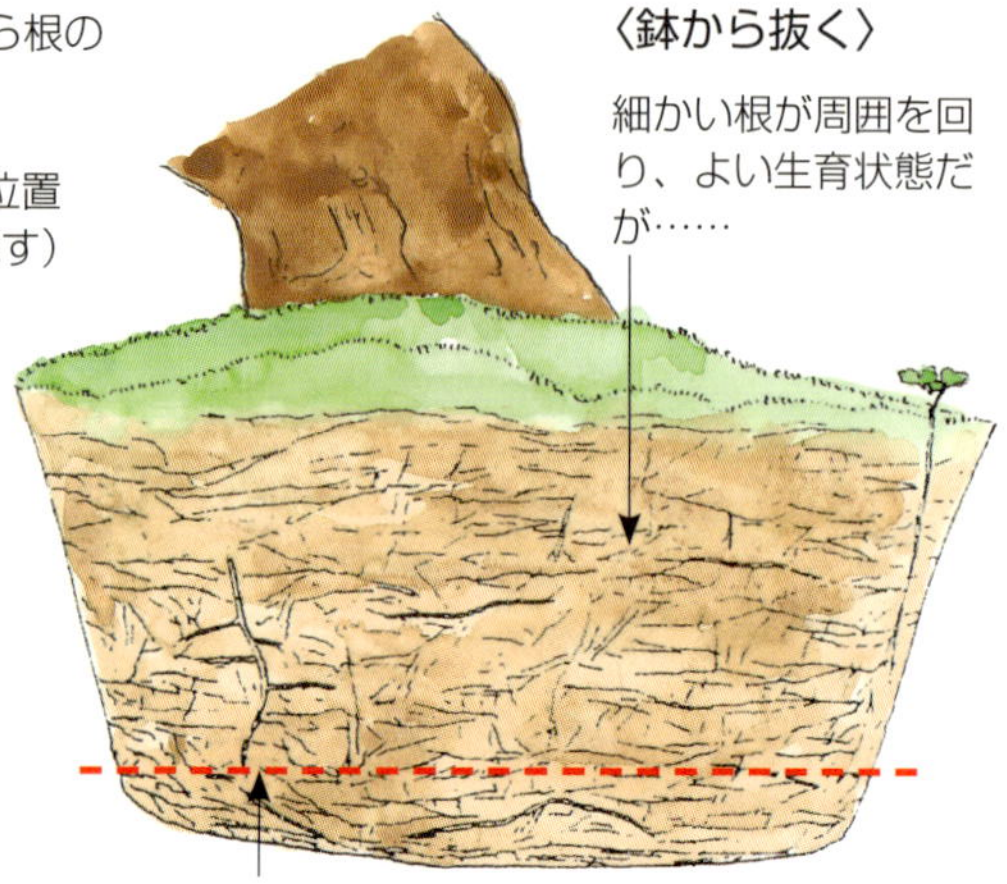

〈鉢から抜く〉
細かい根が周囲を回り、よい生育状態だが……
底を１㎝ほど水平に切ると周囲の根がほぐしやすい

〈長い根を切る〉

長く伸びた根（走り根）は、強いので切りつめ弱い根に力をつける

◆根の水洗い

菜バシで周囲の巻き根をほどきながら、用土を落とす。根元にはくずれた畑土状の用土がこびりついているので、ホースを近づけて洗い落とす。根は枝側になく、3分の2は反対側に集中している。しかし、枝側に倒して植える予定なので、根はなくとも、右に引き根となるので好都合。

◆ジンづくりと軽い針金かけ

長めに残した幹にナイフで切り込みを入れ、縦にさいて樹皮を剥ぐ。剥いだあとの先端に細かく割りを入れ、又枝切りなどで下に向けて回しながらねじ切り、自然に枯れた感じを出す。

また、樹芯に対して方向の悪い枝は針金をかけ（1年後でもよい）矯正する。

◆植え替え（50頁図）

小根が少ないので、仕立て鉢（5号→3.5号）に植える。1㎜以下のミジン粉を抜いた粒土で根元をしっかり固定する。

灌水後、表土に刻んだ水苔を敷いて発根を促す。

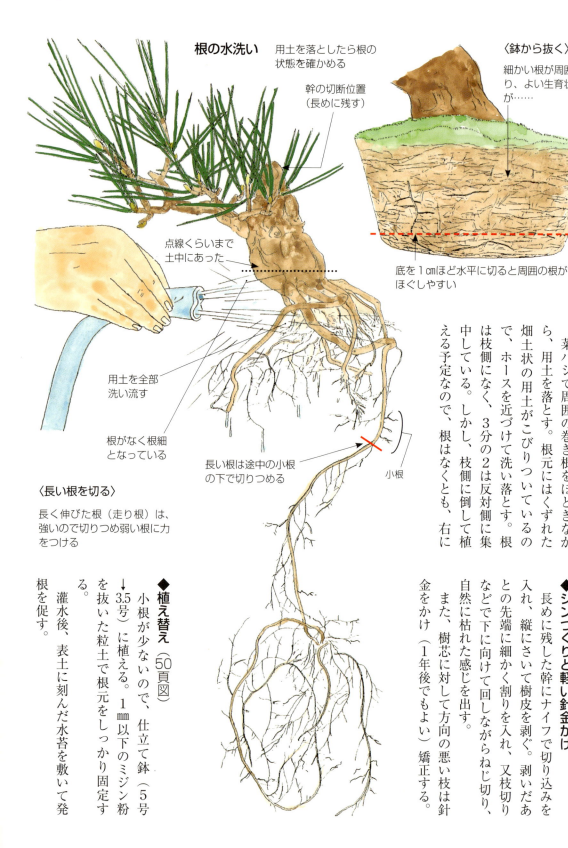

長い枝の追い込み剪定

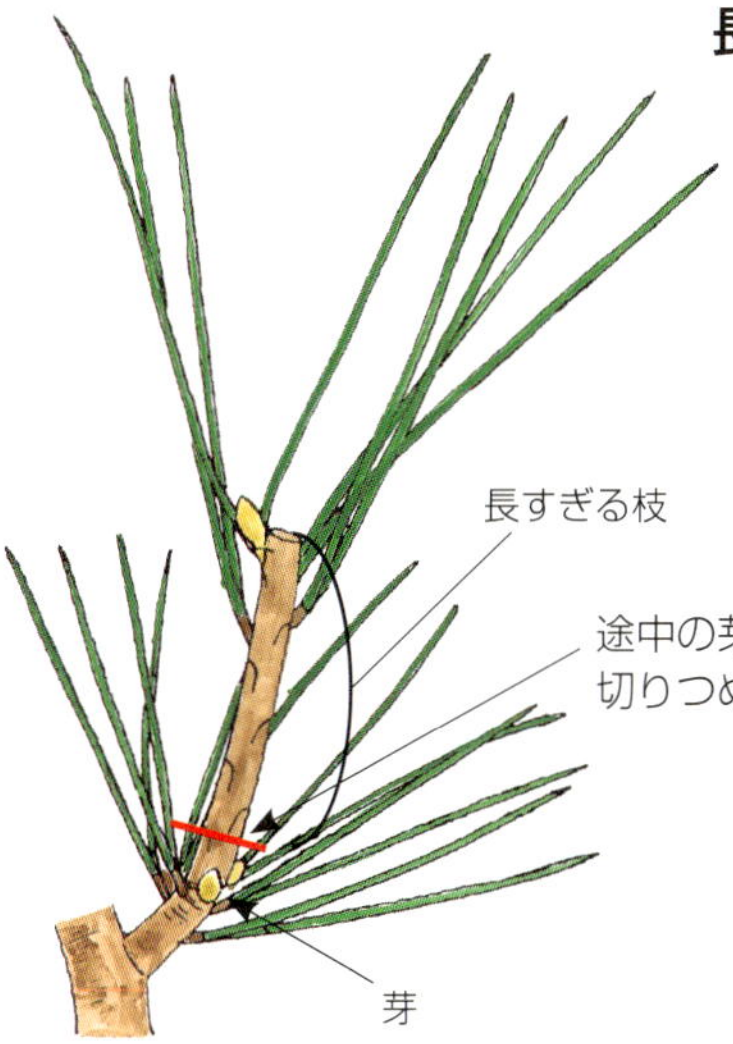

上から見たところ

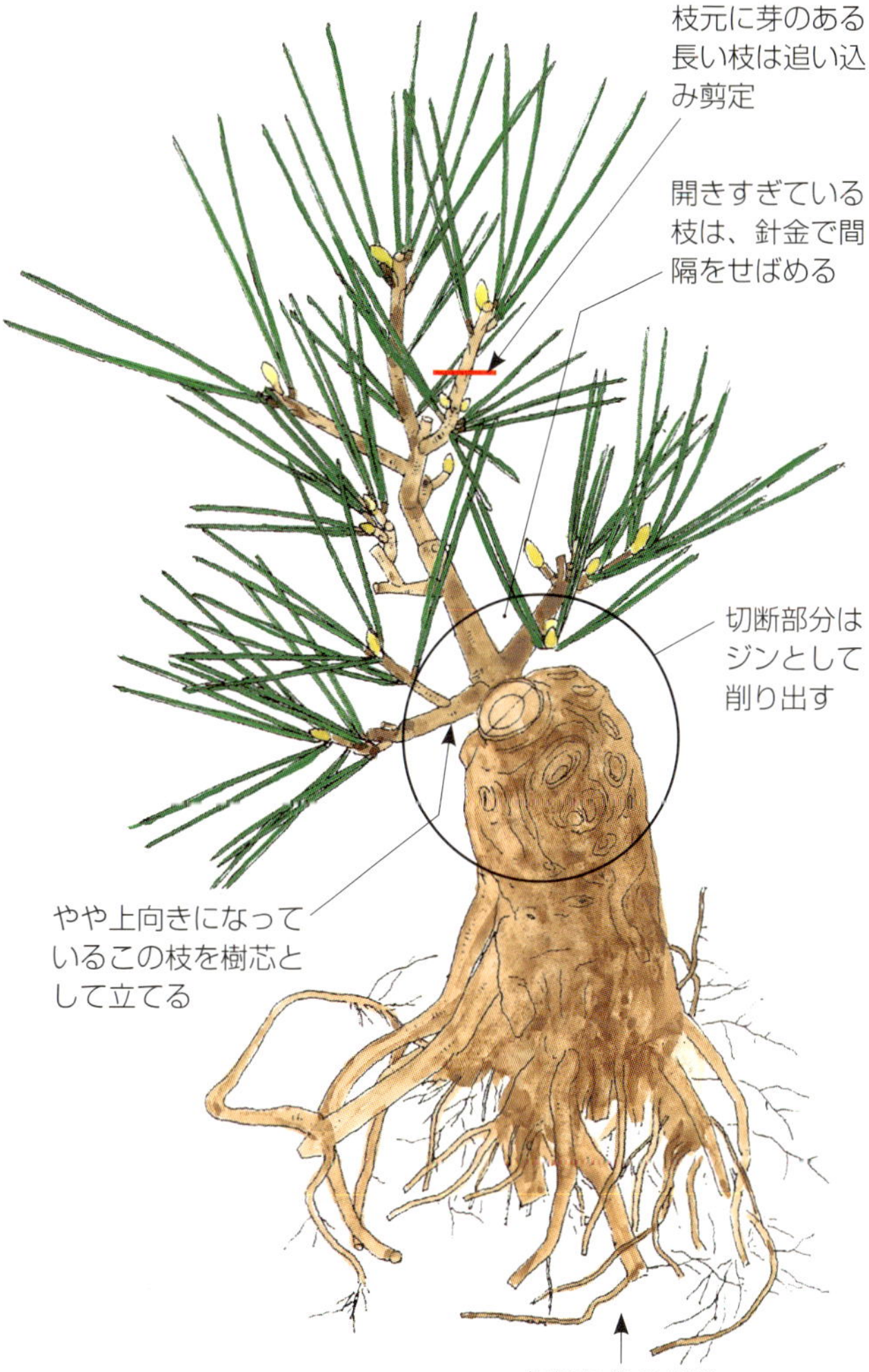

② 浅く割り込みを入れる

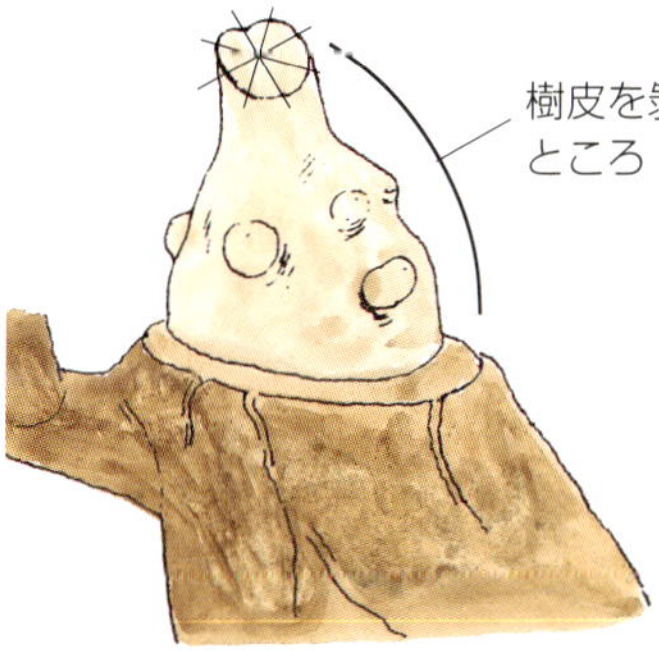

③

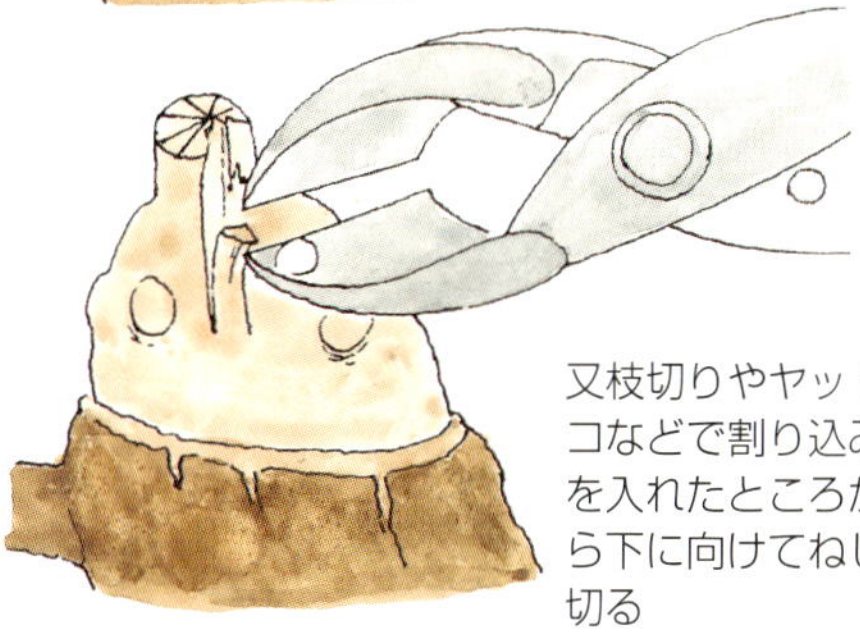

④

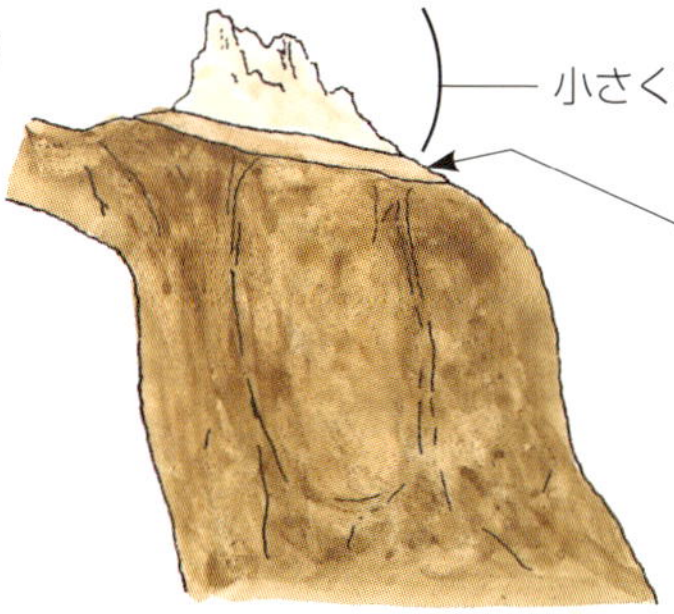

ジンづくり

①

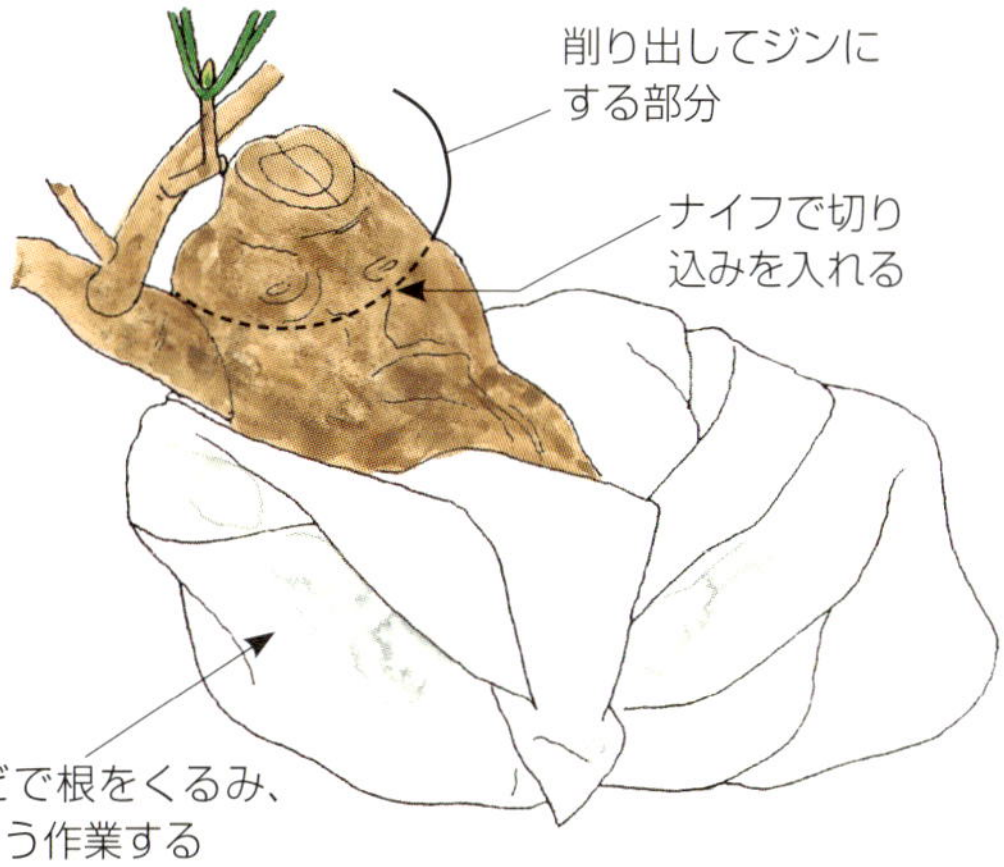

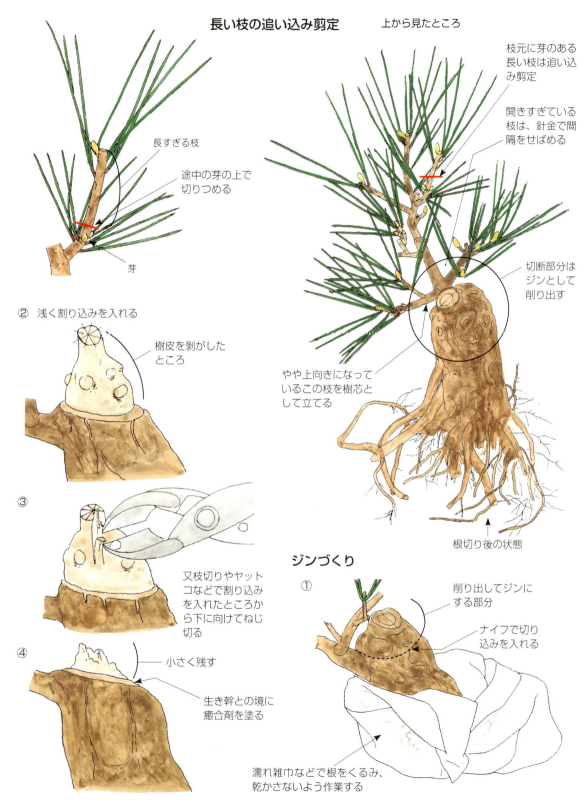

植え替え

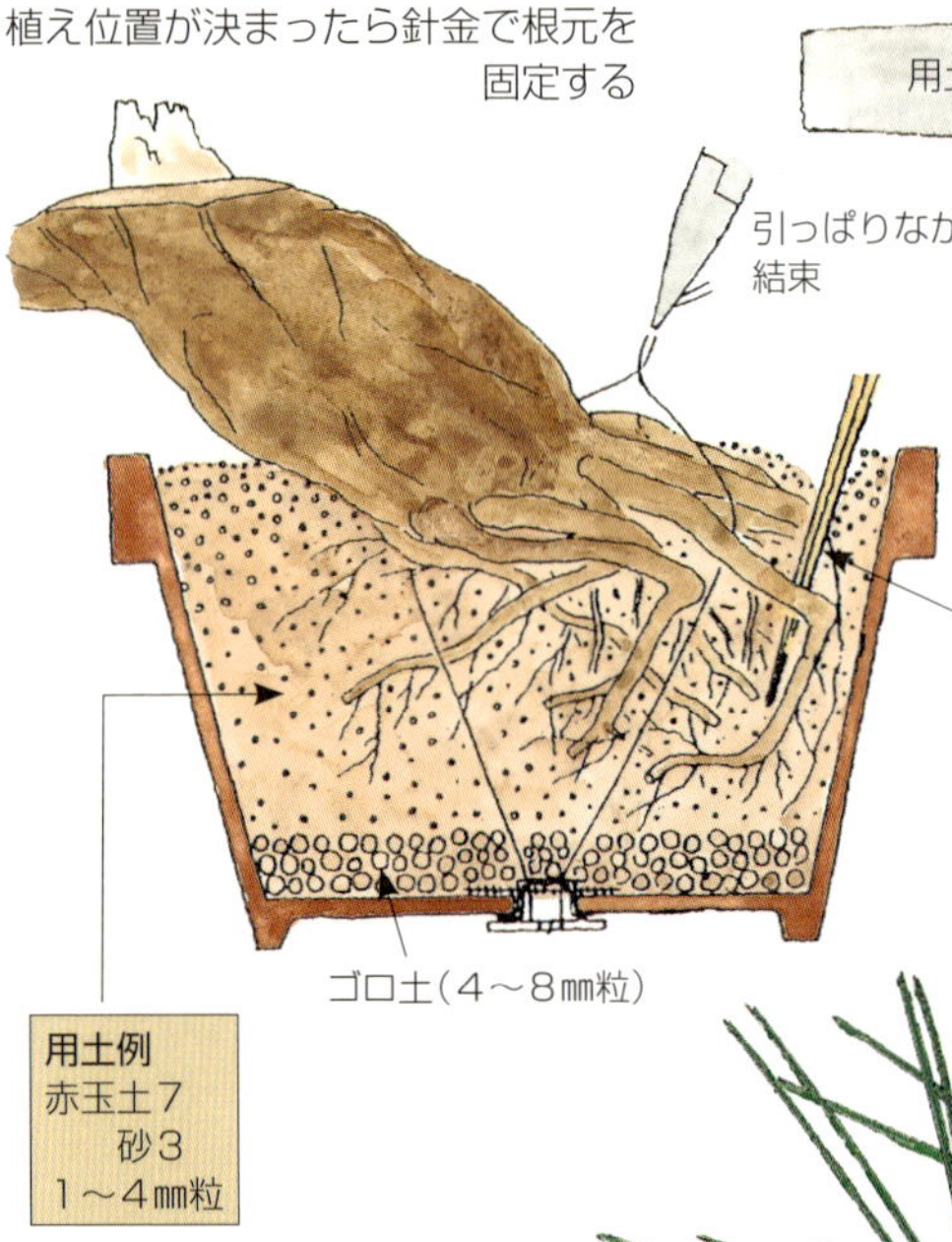
植え位置が決まったら針金で根元を固定する
引っぱりながら結束
ハシで根と根の間に用土がよく入るようすきこむ
ゴロ土（4～8㎜粒）
用土例
赤玉土7
砂3
1～4㎜粒

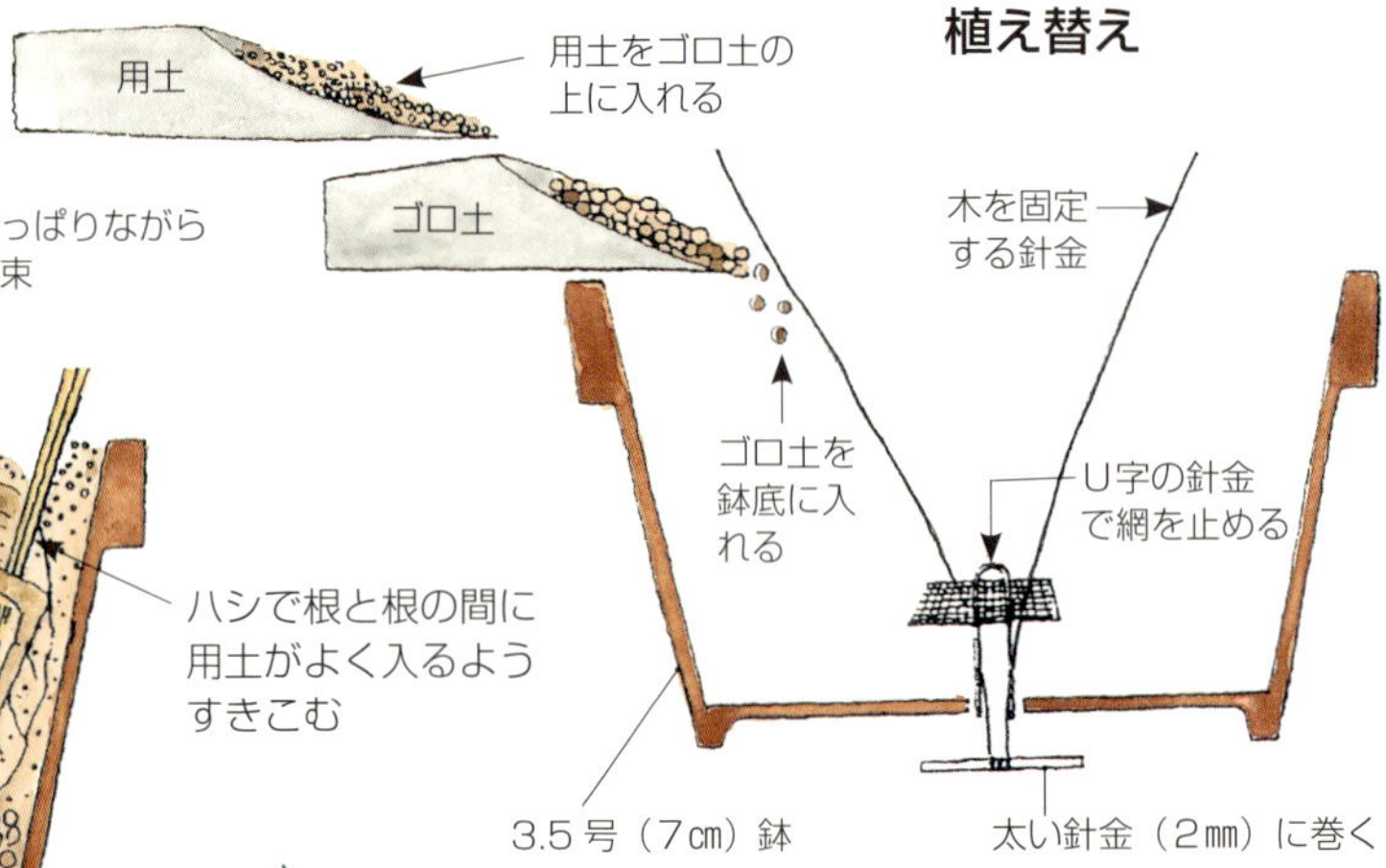
用土
用土をゴロ土の上に入れる
ゴロ土
木を固定する針金
ゴロ土を鉢底に入れる
U字の針金で網を止める
3.5号（7㎝）鉢
太い針金（2㎜）に巻く

上から見た植え替え後
生き幹との境に塗った癒合剤
（例：カットパスター）
枝芯は
やや前方へ引く
樹芯の枝
コテ
刻んだ水苔を表土上に敷き、
コテでよくならす

樹芯の枝
正面から見た植え替え後
水苔は6月ころ全部とりさる
2㎜のアルミ線
1.5㎜のアルミ線
3.5号鉢
下枝は弱りやすいので枝先をあまり下向きにしないようにする

鉢替え・葉すかし

ちょうど映りのよさそうな鉢があるので、仕立て鉢から鉢替えをしてみる。鉢替えは植え替えとはちがい、いつでも可能

鉢替えと同時に
葉すかしをする
針金をはずす
周囲の土を軽く落とし、根を切らないで植える
古葉をとる

葉すかし後
葉すかし前
今年葉
わずかに残し、ハサミで切る
今年葉も多すぎたら減らす
古葉

◆鉢替え・葉すかし

鉢替えとは、今まで植えられていた鉢から、あまり大きさの変わらない鉢に移し替えること。植え替えのように用土を落としたり、根を切ったりするわけではないので、時期を問わず、いつでも行なうことができる。仕立て鉢が7.5cm、用意した鉢が7cmなので軽く用土を落とせば、すっぽり移し替えることができる。

このとき、葉すかしも同時に行なう。古葉はもちろん、新葉の多い部分も葉数を減らす。それぞれの枝先に均等な葉数がつくようにしたい。

〈鉢の用意〉

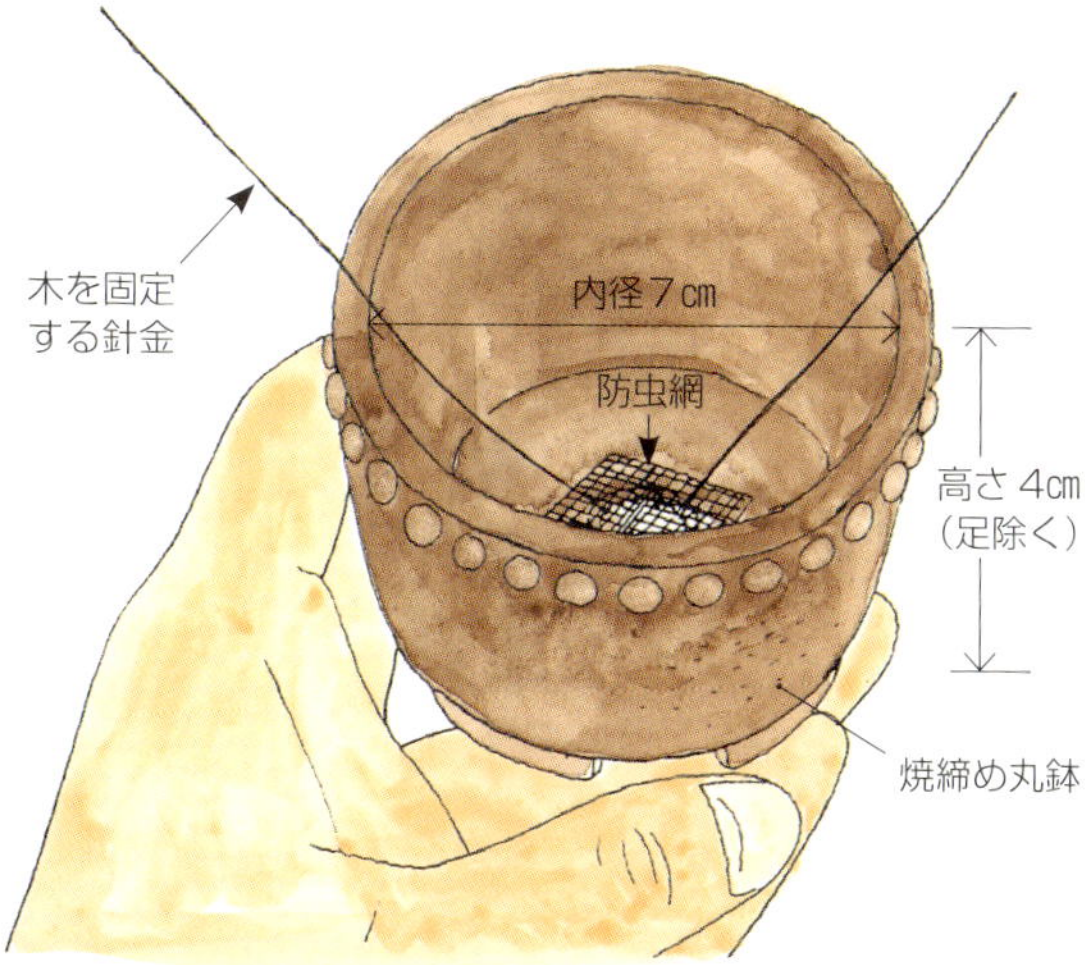

木を固定する針金
内径7cm
防虫網
高さ4cm（足除く）
焼締め丸鉢

2年目の7月下旬

芽切り

春から伸びた新芽を
元から全部切る

◆芽切り

春から伸びた新芽を元から全部切りとり、2番芽を出させて秋に短葉を観賞する。しかし、2.5㎝以下の弱い芽は切らない。長い芽でも2.5㎝に満たない木は、その年の芽切りは休む。

切った芽の長さを比べてみると、だいたい図のようなものであった。切らなかった弱い芽の葉は、秋に2番芽の葉より長くなったら、短葉にそろえて切ればよい。

切りとった新芽

2.5㎝以下の芽は切らないようにする

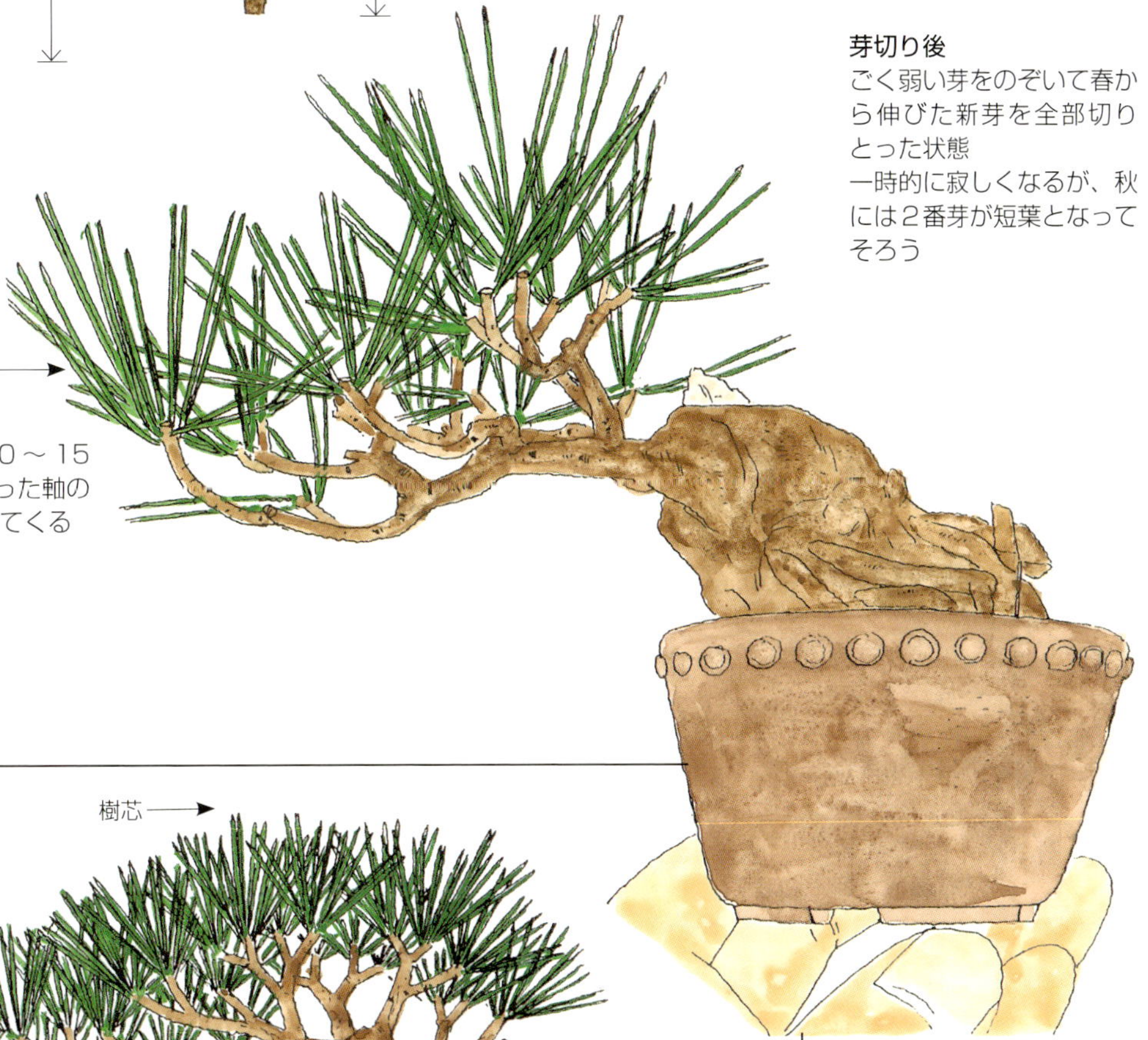

芽切り後
ごく弱い芽をのぞいて春から伸びた新芽を全部切りとった状態
一時的に寂しくなるが、秋には2番芽が短葉となってそろう

前年葉を残す。10～15日ほどすると、切った軸の周囲に2番芽が出てくる

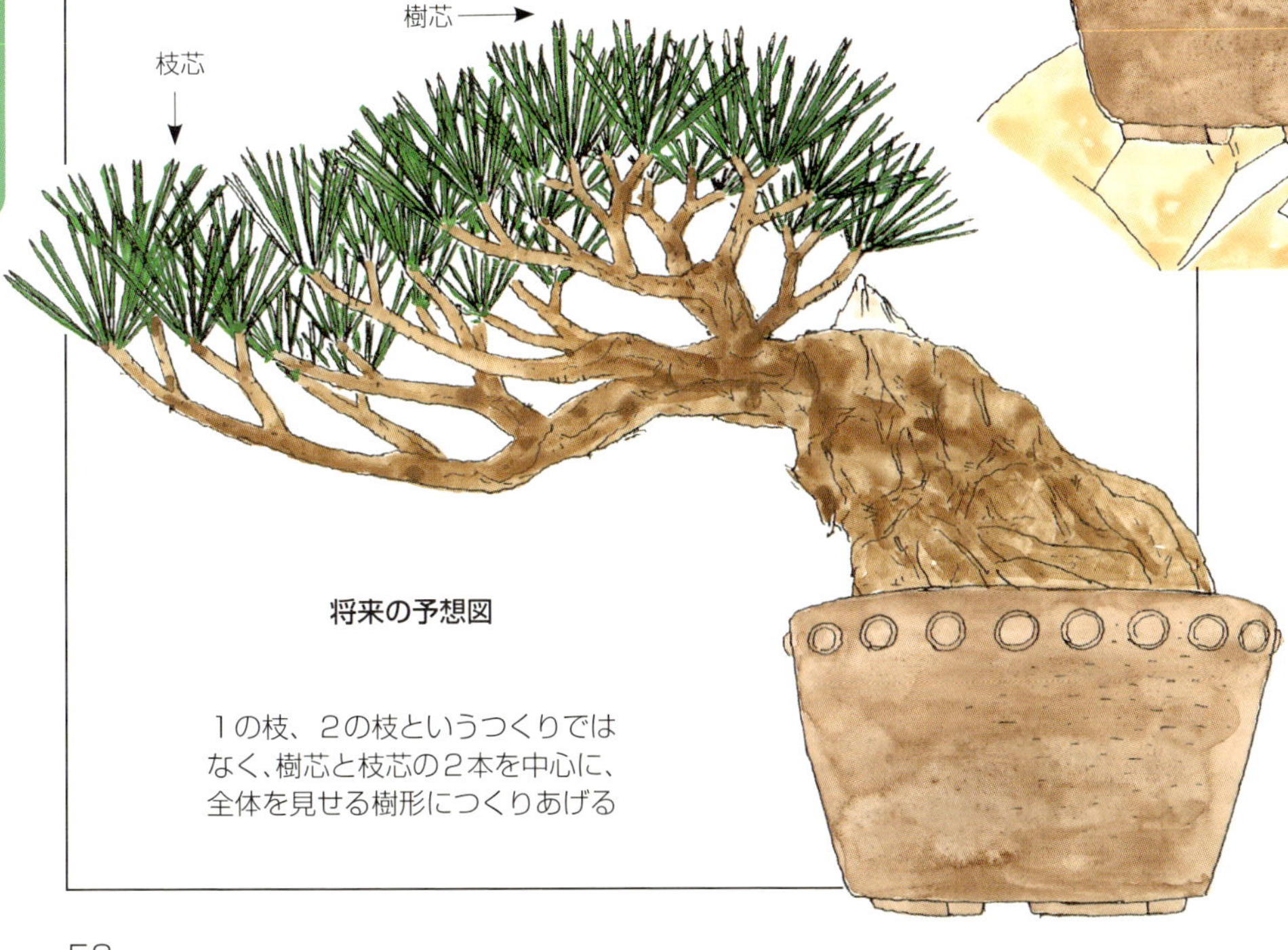

将来の予想図

1の枝、2の枝というつくりではなく、樹芯と枝芯の2本を中心に、全体を見せる樹形につくりあげる

◆将来に向けて

とくに樹芯部の枝が強くなるので、葉すかし、芽切りなどで力をおさえるようにする。下枝は水平以上に保つこと。

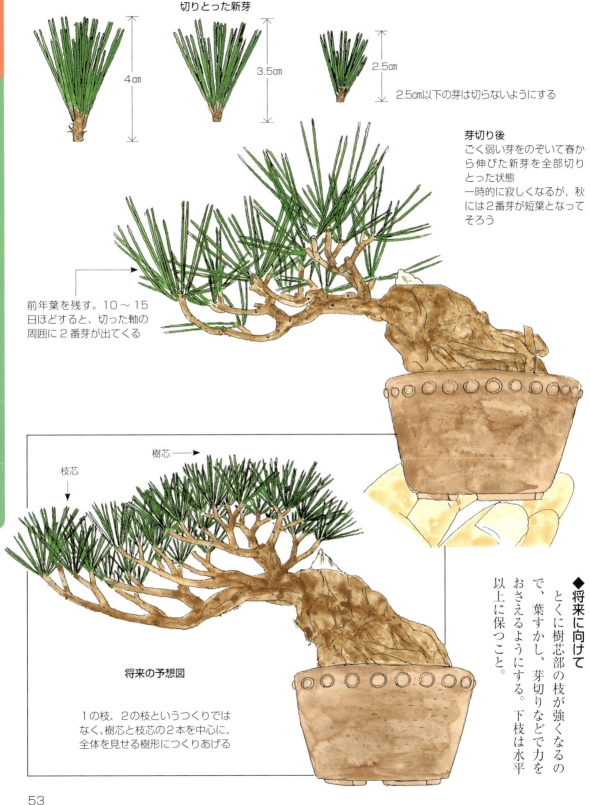

最下枝で小さくつくりなおす

1年目の3月下旬

剪定・植え替え

購入したこの素材はまったく使いものにならないが、最下枝が根元近くにある。この枝で小さく改作できそう

樹高 19㎝
品名　クロマツ
¥ 1,000
又枝切り
枝より少し
上で切る
この枝でつくり
なおす

〈ジンつくり〉

① 1.5㎝ほど残して切る
1.5㎝
②樹皮をむく
③自然に枯れたように削る

植え替え後
樹高８㎝
ジンにした幹
よい根を
している
３号鉢

◆購入素材の検討

くの字模様の外側に枝のついた何の変哲もない素材だが、よく見ると根際に枝がある。もし、この枝がなければ改作を思いつかないし、もちろん購入するはずもない。

また、値札のとおり廉価である。たとえ改作が失敗しても、あきらめのつく値段である。

◆改作後の作業

改作をして植え替えたものは、数

剪定・針金かけ

残した枝が太るよう新しい枝を伸ばした。太枝を除去し、細い枝でつくりなおす

強く伸ばしたので枝元は太ったが、枝としては使えなくなった
根がさらによくなった
太って枝が幹になった
⇨
枝葉を4/5以上落とした。植え替えたいが、すぐ冬を迎えるので4月上旬まで待つ
樹高6㎝
細い枝に針金をかけて整姿する

年思いきり枝を伸ばす。枝が伸びるにつれて改作時の枝も太い幹になる。

しかし、伸ばした枝も太くなって矯正できなくなるので、元から切るか、細い枝を残すかして、再度上図のように小さくつくりなおす。

整姿後、すぐにでも植え替えたいところだが、これから越冬するので、来春まで待つ。

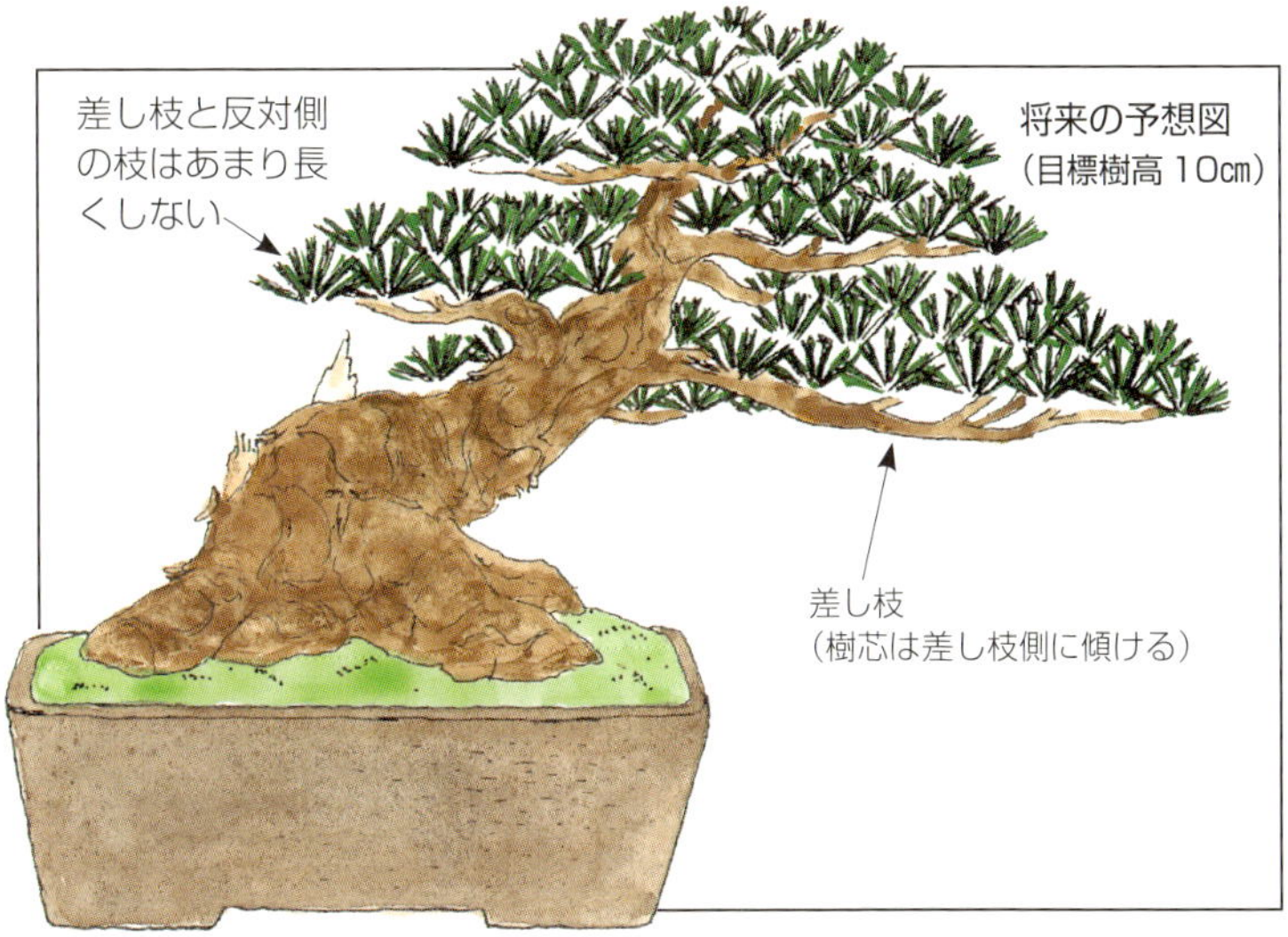
将来の予想図
(目標樹高10㎝)
差し枝と反対側の枝はあまり長くしない
差し枝
(樹芯は差し枝側に傾ける)

切りつめて途中の枝で小さくつくる

1年目の3月上旬

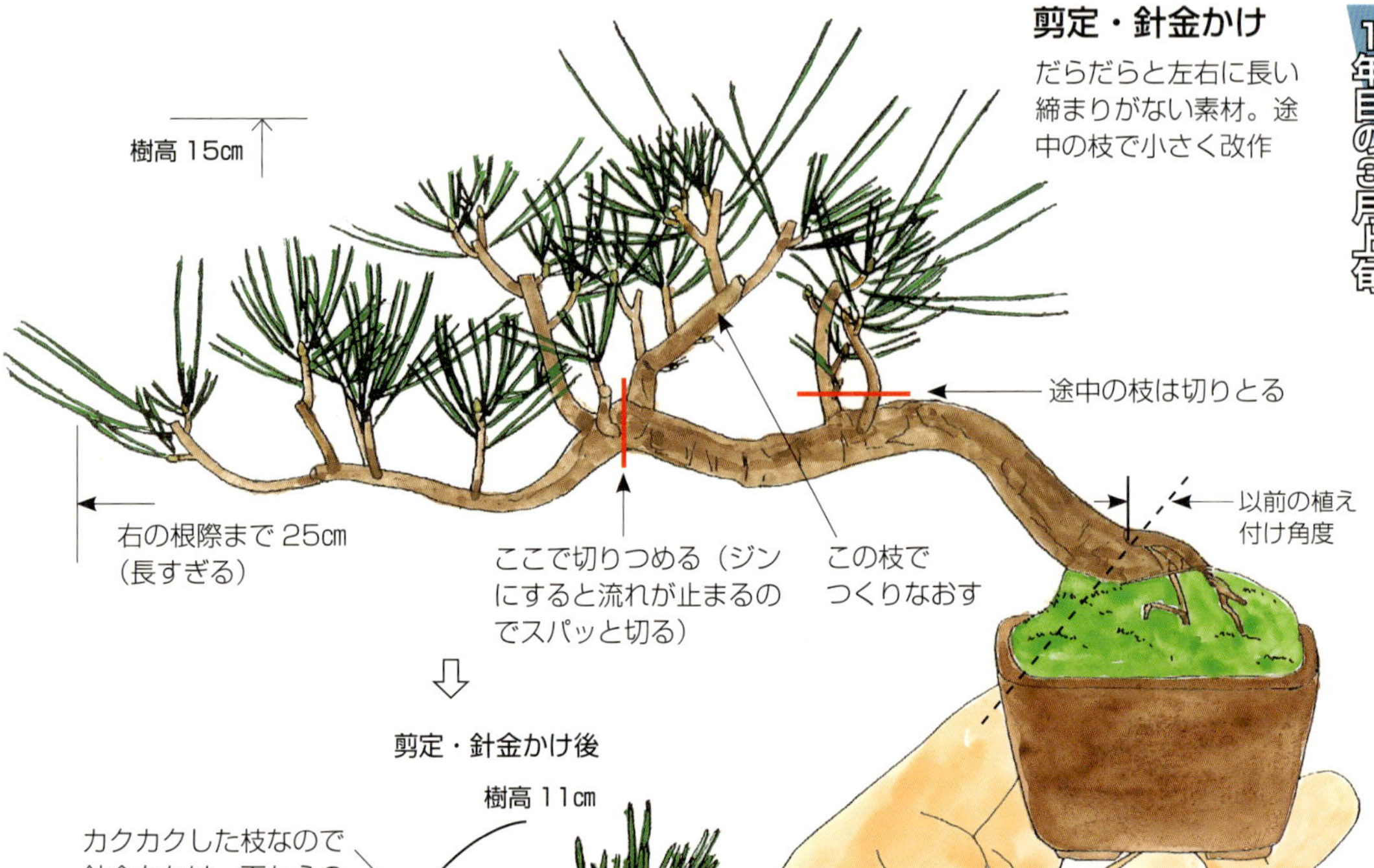

剪定・針金かけ
だらだらと左右に長い締まりがない素材。途中の枝で小さく改作
樹高 15㎝
途中の枝は切りとる
以前の植え付け角度
右の根際まで 25㎝（長すぎる）
ここで切りつめる（ジンにすると流れが止まるのでスパッと切る）
この枝でつくりなおす

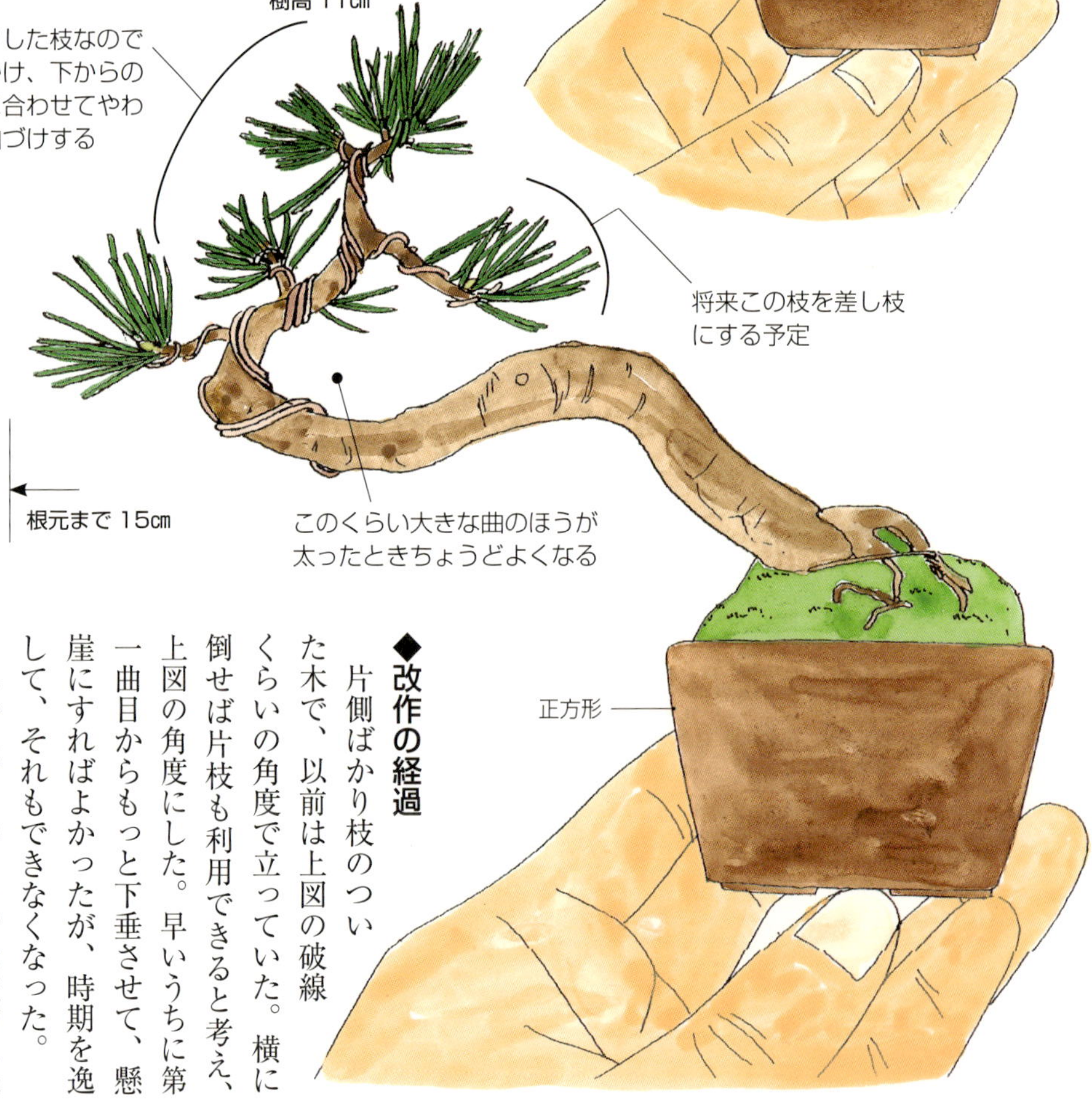

剪定・針金かけ後
樹高 11㎝
カクカクした枝なので針金をかけ、下からの幹模様に合わせてやわらかく曲づけする
将来この枝を差し枝にする予定
根元まで 15㎝
このくらい大きな曲のほうが太ったときちょうどよくなる
正方形

◆改作の経過

片側ばかり枝のついた木で、以前は上図の破線くらいの角度で立っていた。横に倒せば片枝も利用できると考え、上図の角度にした。早いうちに第一曲目からもっと下垂させて、懸崖にすればよかったが、時期を逸して、それもできなくなった。

しかし、このままでは左右に長すぎる。切りつめることはできないかと思いつつ、水をかけていた

剪定

2年目の3月上旬

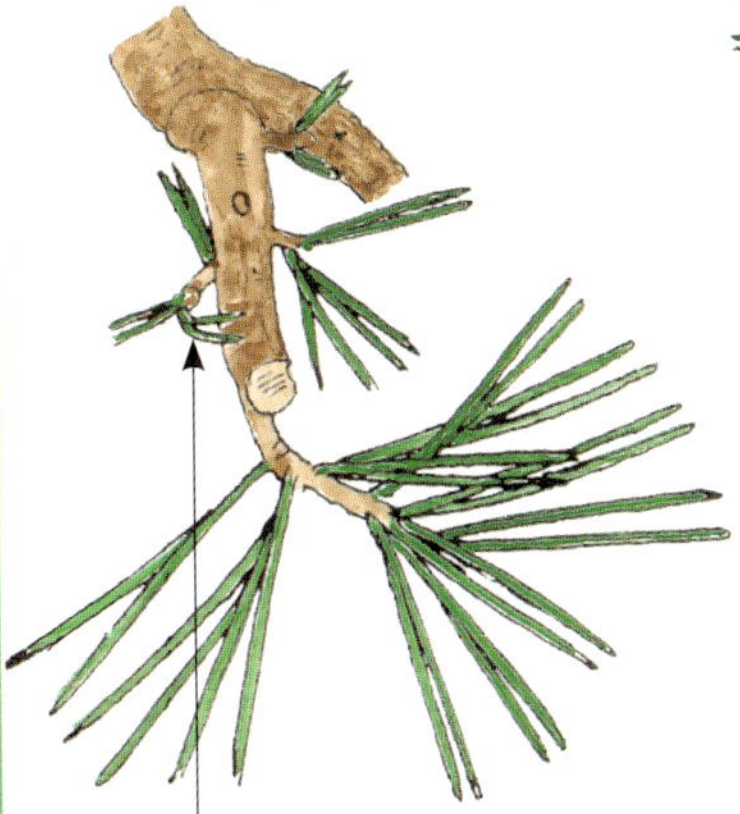

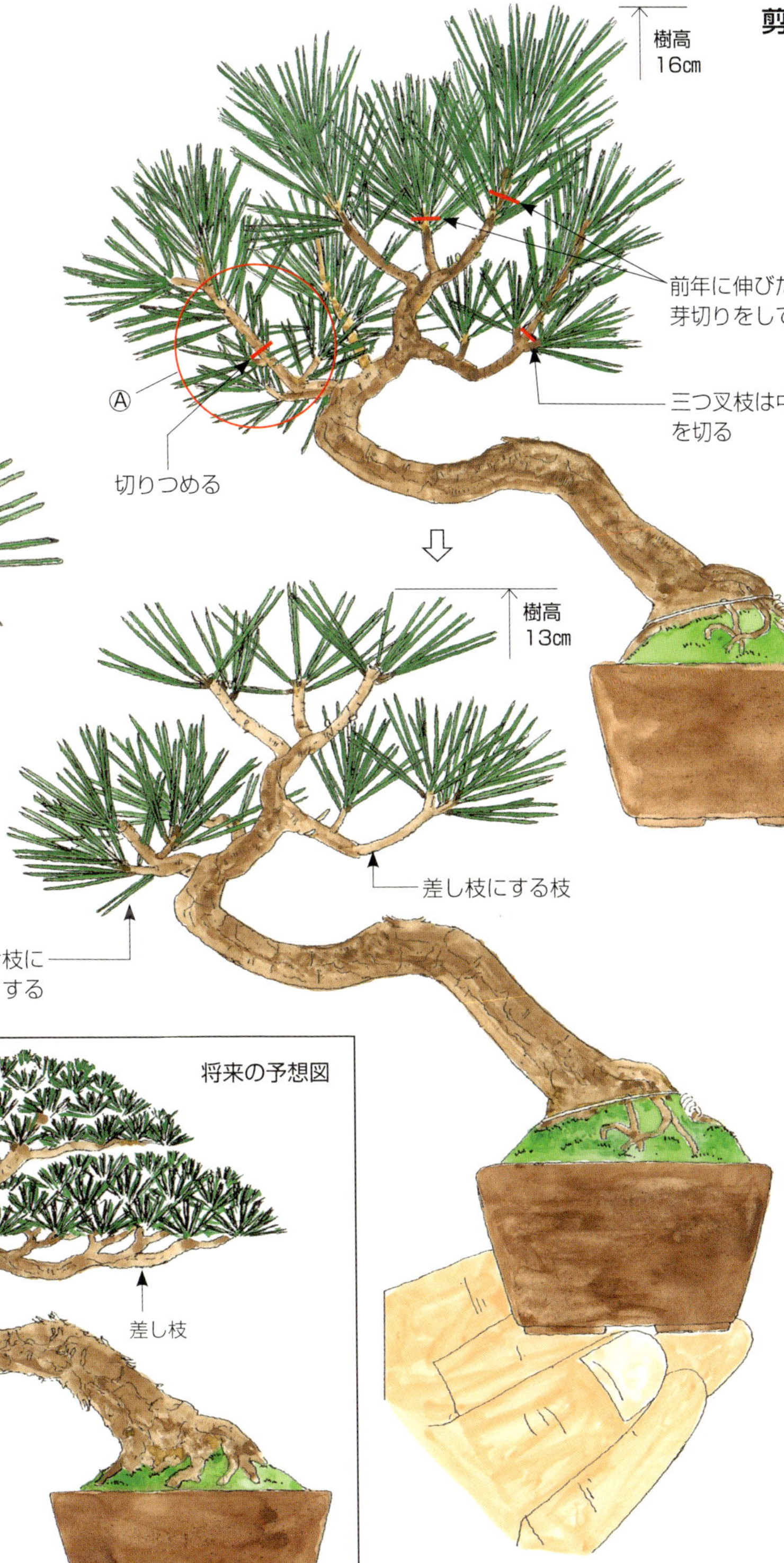

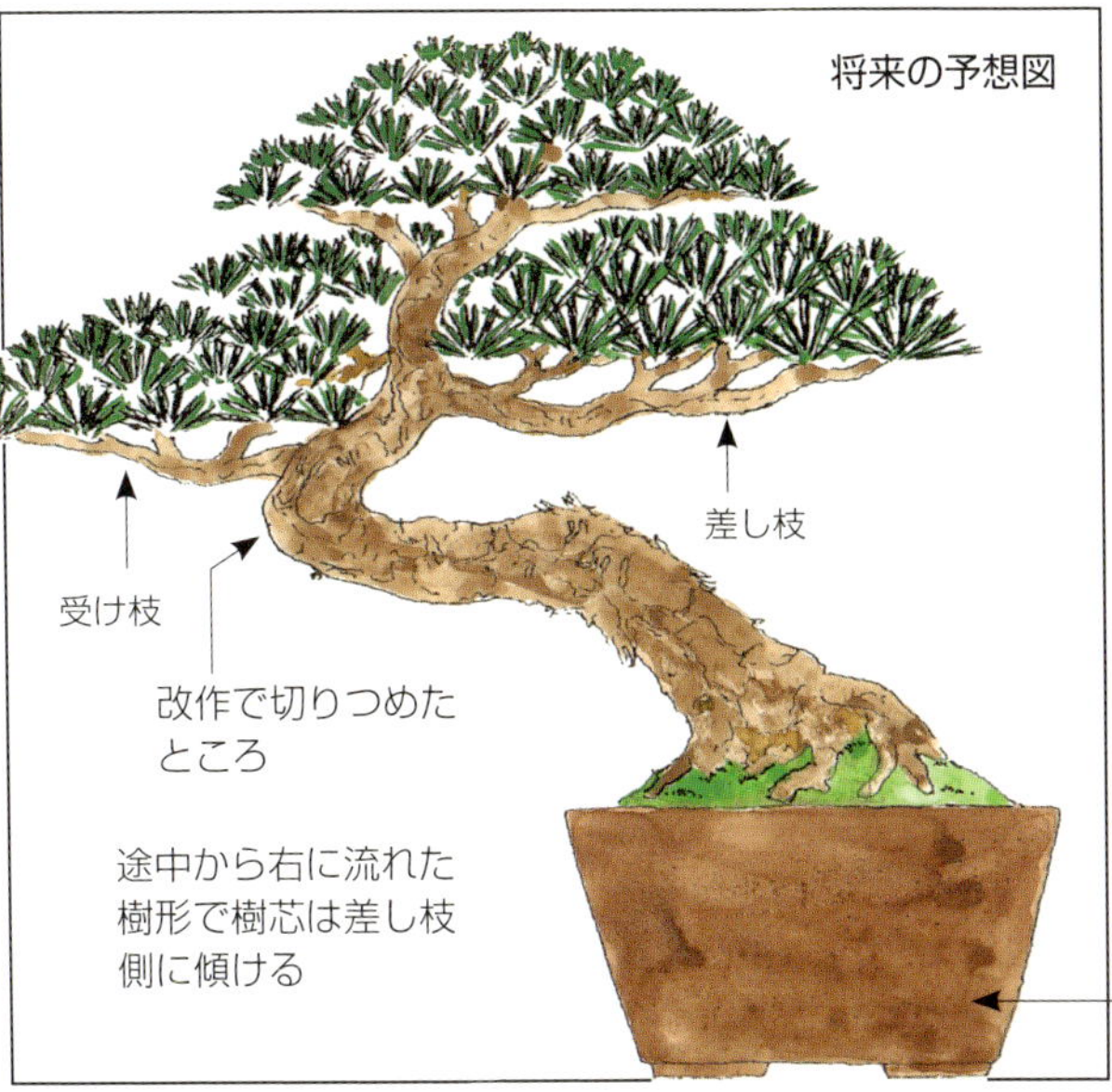

が、ようやくまんなかの枝に気がついた。

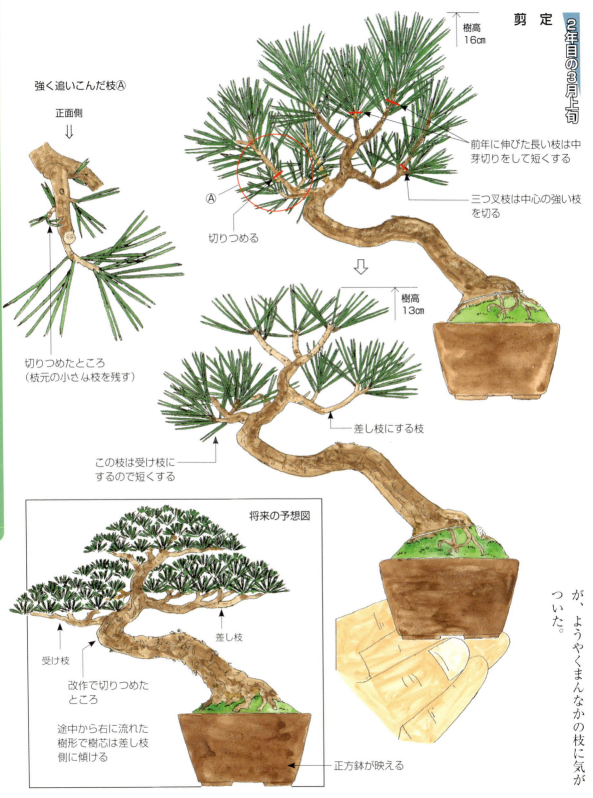

針金矯正で立ち木から半懸崖へ

1年目の3月上旬

樹高 25㎝
〈針金の巻き方〉
①
②
③
太いものを１本巻くより、細いものを３本巻いたほうが効果的
鉢底まで突きさす

針金かけ

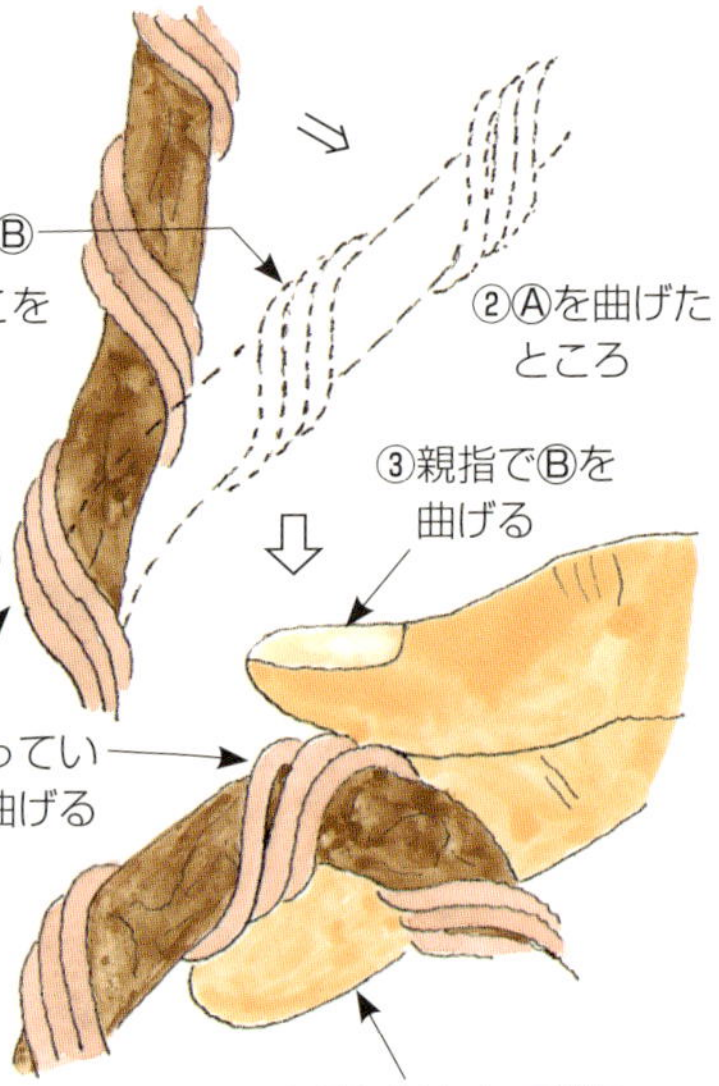
〈曲げ方〉
①曲げる前
Ⓑ
次にここを曲げる
②Ⓐを曲げたところ
③親指でⒷを曲げる
Ⓐ
針金の当たっているところを曲げる
人差し指をあてがう

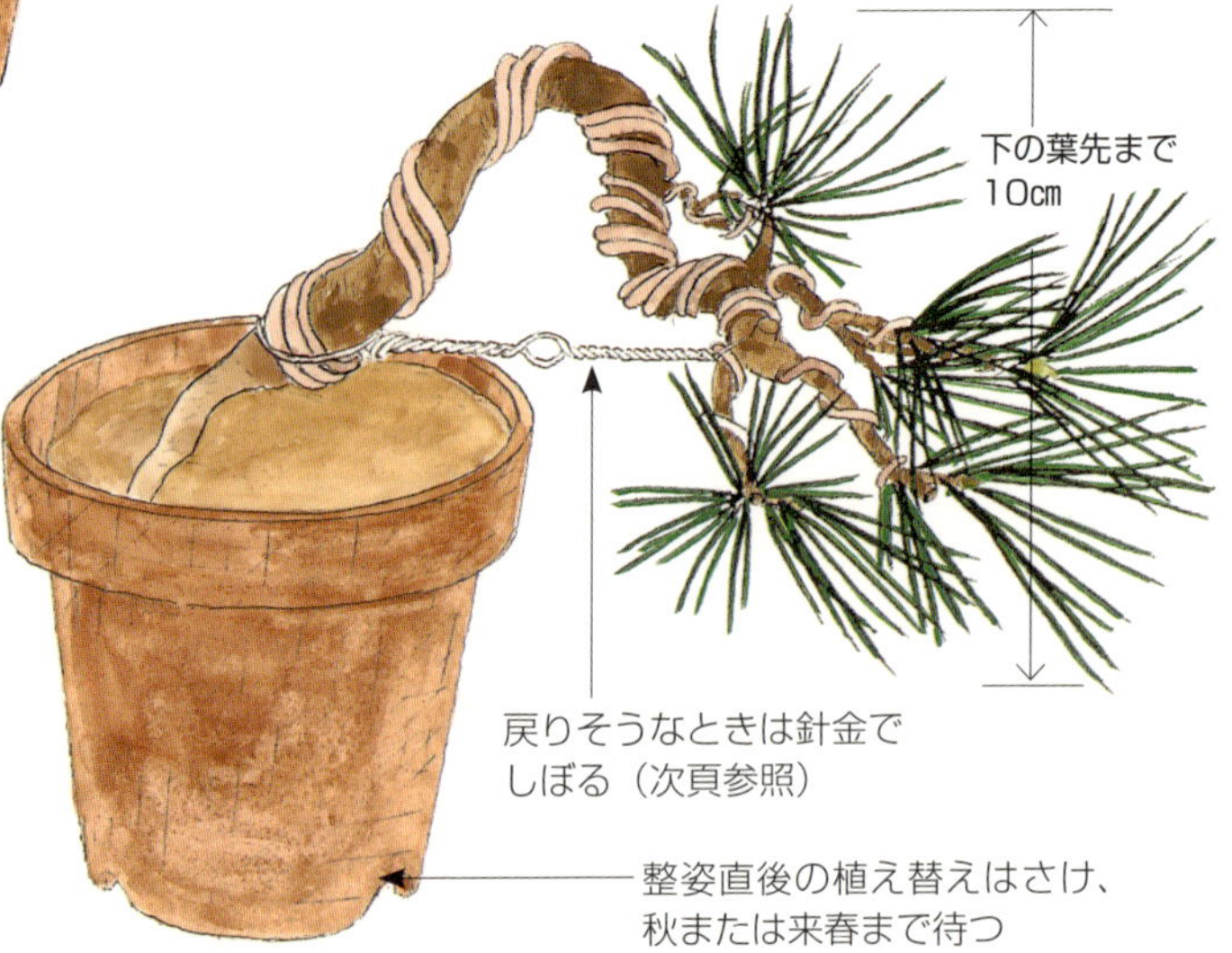
下の葉先まで10㎝
戻りそうなときは針金でしぼる（次頁参照）
整姿直後の植え替えはさけ、秋または来春まで待つ

◆改作の意図

この素材は幹の途中までは微妙な曲があるが、その先が斜上しているだけでおもしろ味がない。樹高も大きいので、途中から下に折り曲げ小さくすることにした。

長い枝は中芽切りで短くし、針金をかけて整枝。

針金はずし・植え替え

2年目の4月上旬

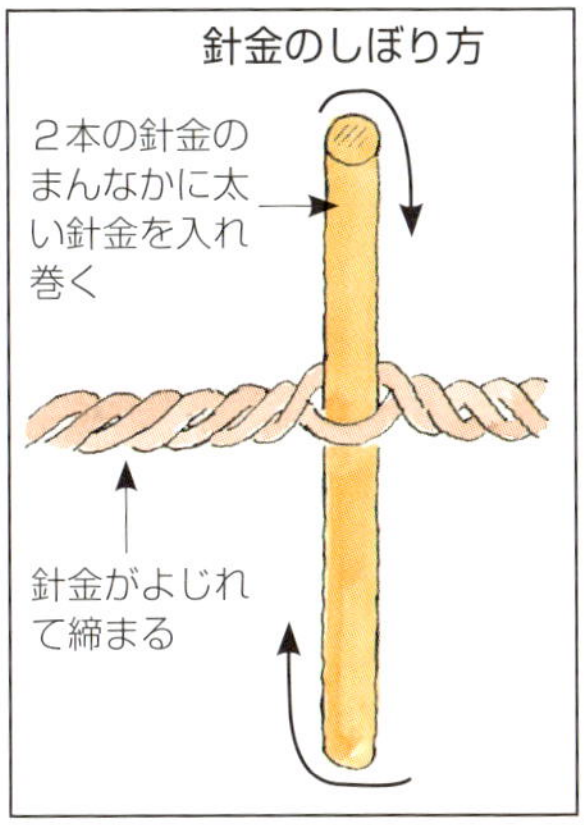

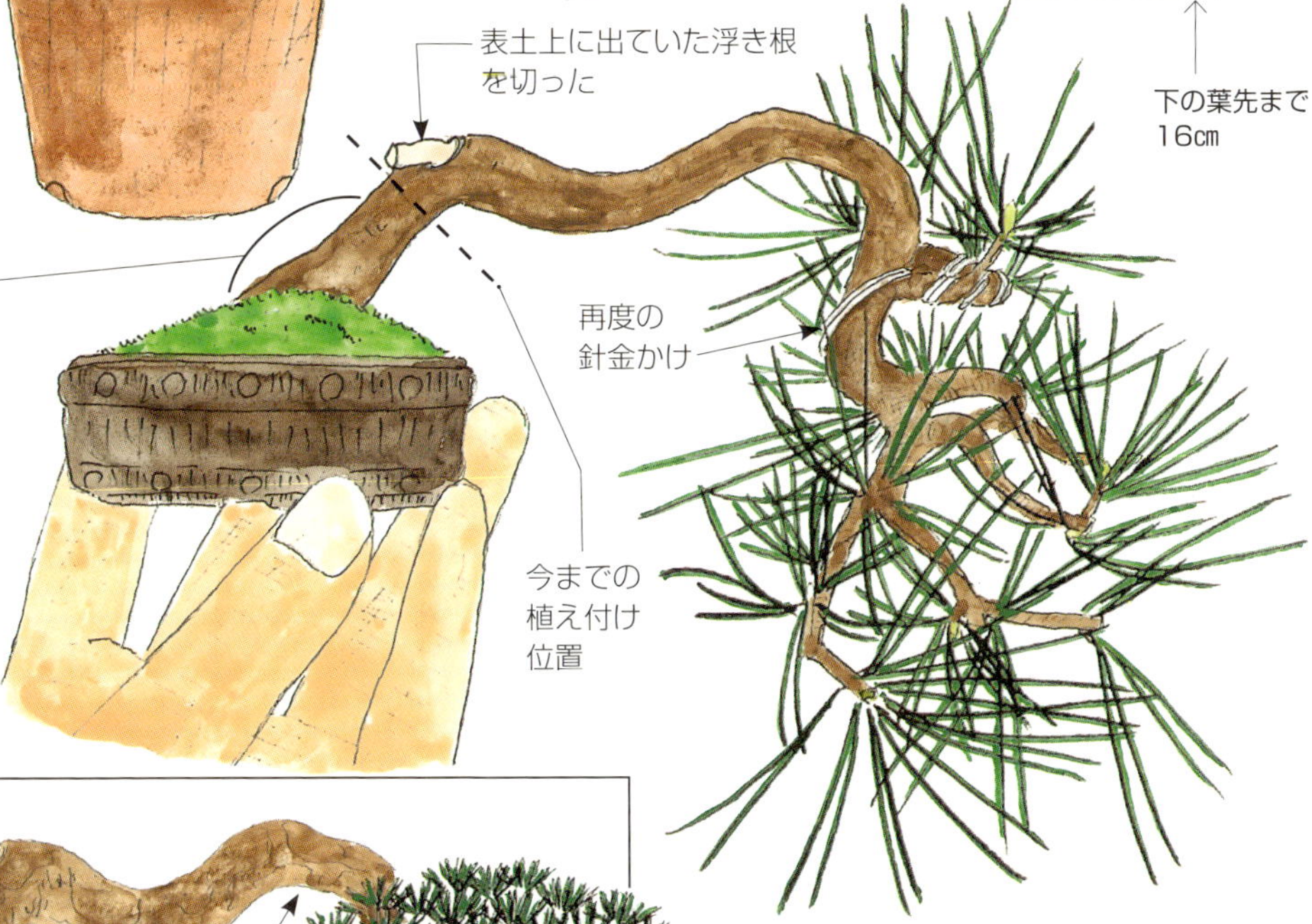

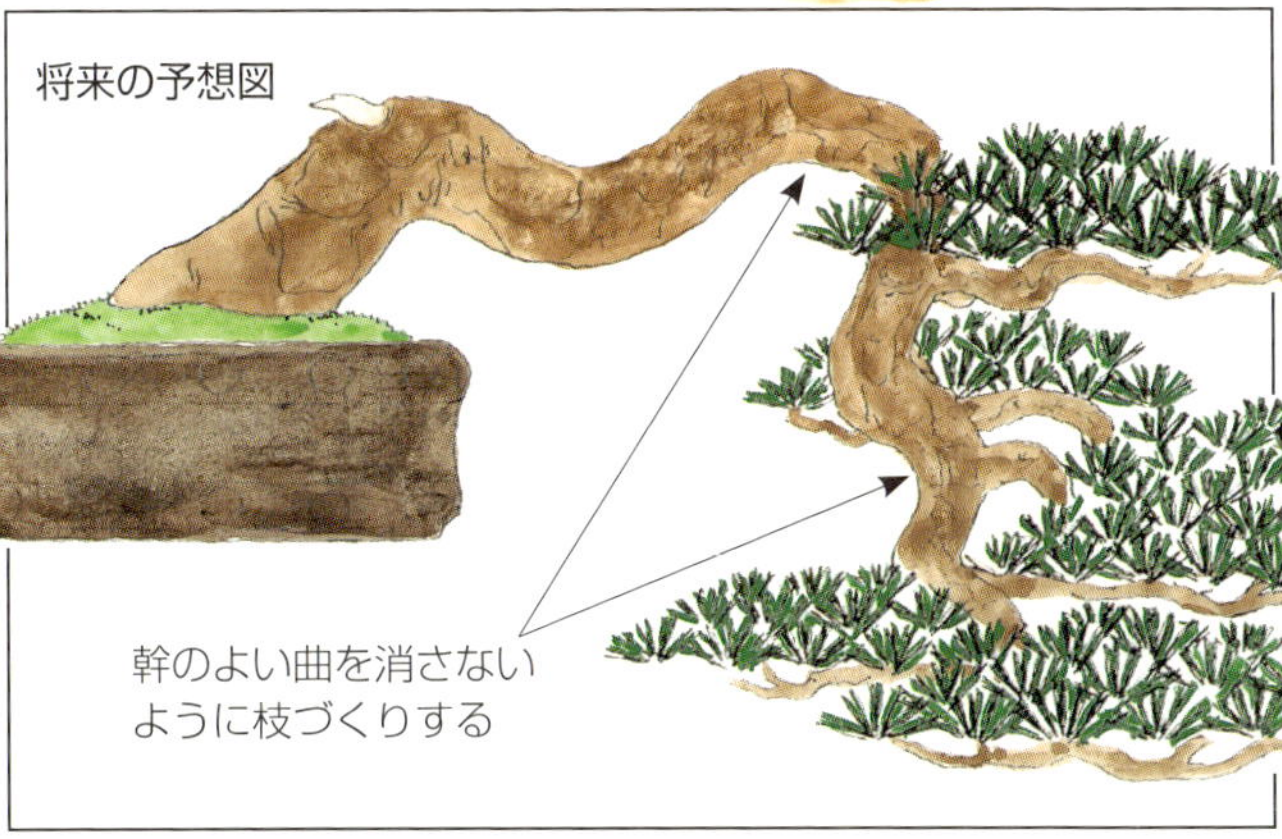

◆翌年の植え替え

強く針金矯正したものは、時期をずらして植え替え、木の負担を軽くする。

木にかかっていた針金も全部とりはずす。

細い文人木素材を懸崖に

1年目の4月上旬

植え替え

このまま文人木に仕立ててもよい素材だが、掘り上げた根元にコ状の曲がある。ここを生かして下に向けて懸崖に仕立てることにした

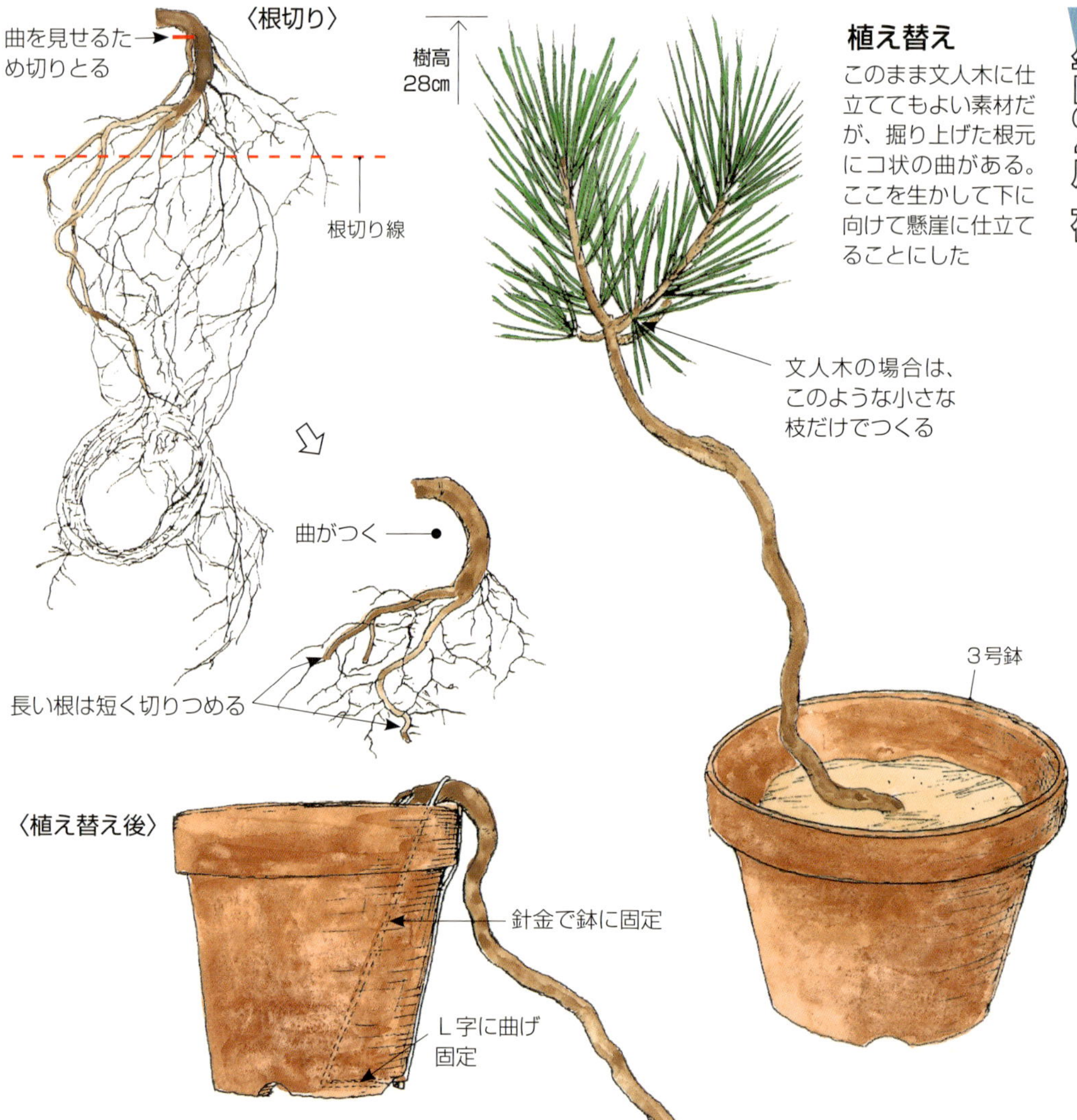
〈根切り〉
曲を見せるため切りとる
根切り線
曲がつく
長い根は短く切りつめる
樹高 28㎝
文人木の場合は、このような小さな枝だけでつくる
3号鉢
〈植え替え後〉
針金で鉢に固定
L字に曲げ固定

◆文人木にする場合

このまま文人木に仕立てるとしたら、強い枝を全部元から切除し、小さな枝2～3本で軽くつくる。

◆懸崖への意図

用土を落としてみると、土中に強い曲があった。この曲を生かすと木が立たない。やむなく、根元の曲を生かして植えることにした。

◆2年後、本格的な整姿

垂れ下がっているだけの懸崖でなく、途中から一度起き上がったものをつくるため、春に先端部を上に持ち上げておいた。ひもで固定しただけだが、枝の誘引

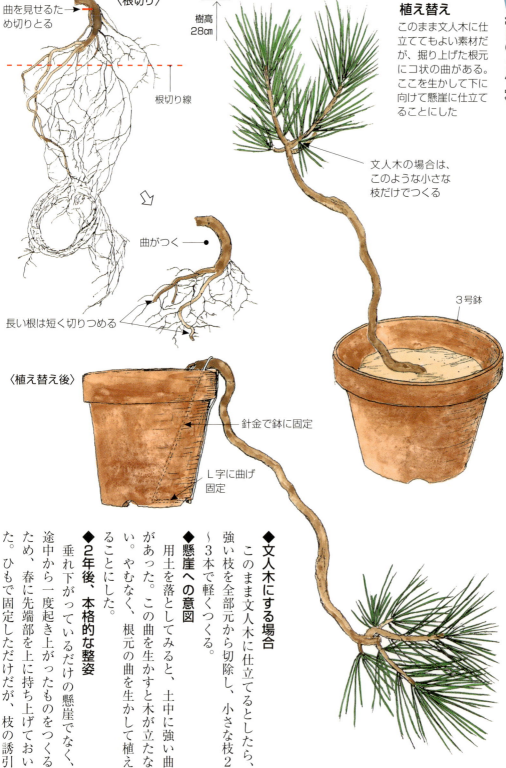

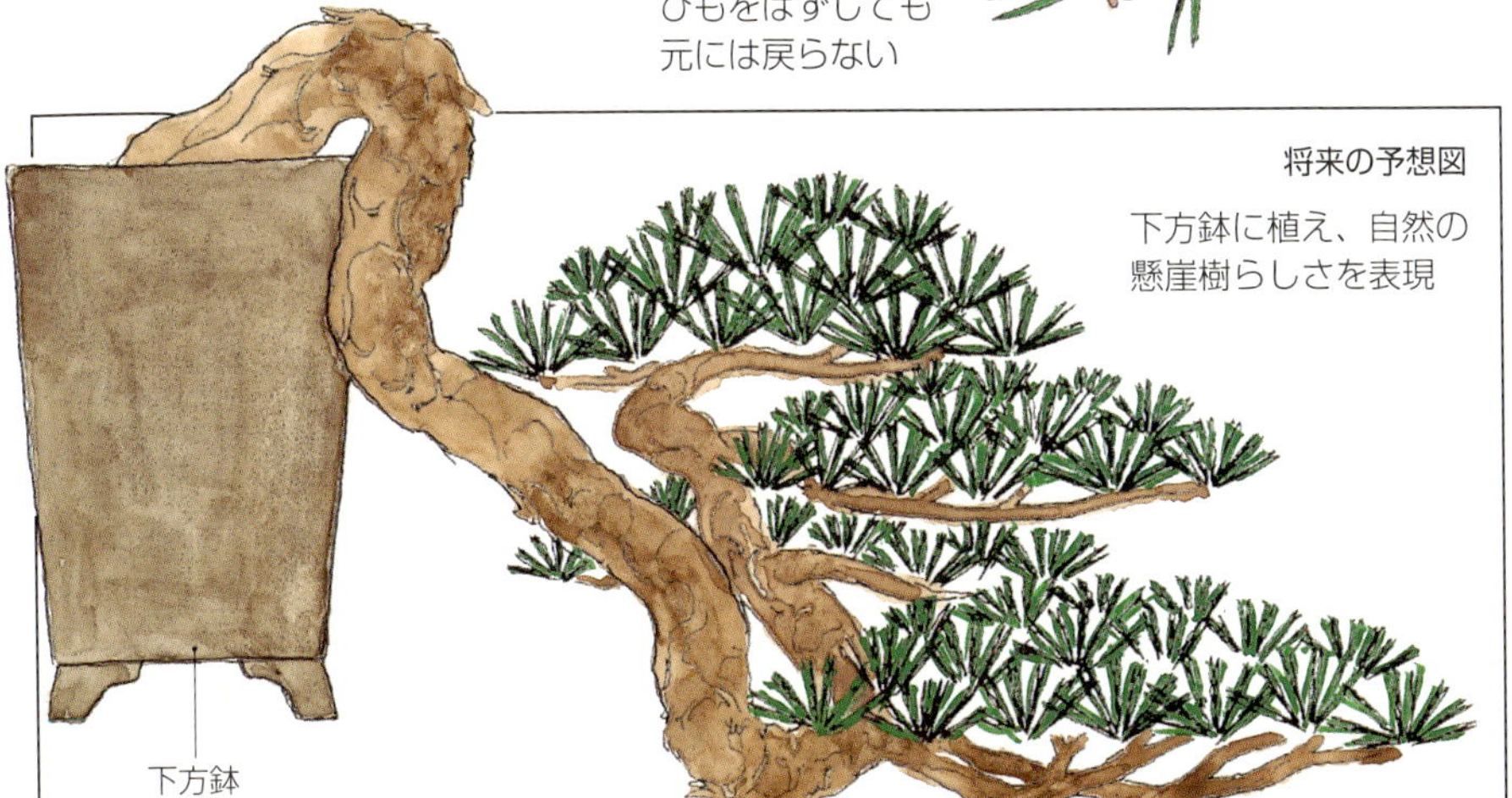

だけで済み、木への負担も少ない。

以後は、上部の枝の勢いをおさえ、最下枝を弱らせないようにすること。樹芯を幹が下がったところより高くしないように注意したい。

32㎝の長尺素材を12㎝に縮小

1年目の3月上旬

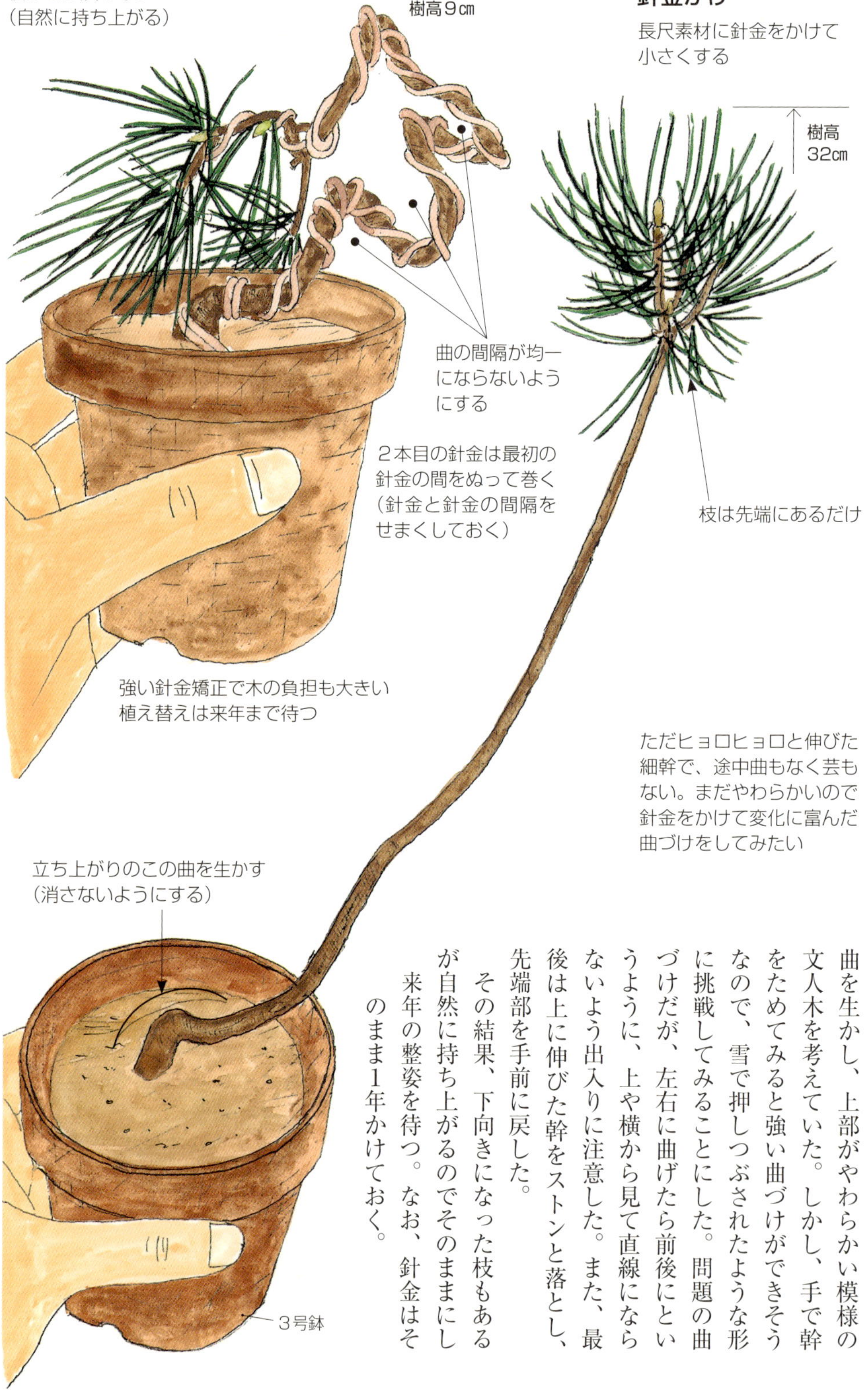

枝までは決めない
（自然に持ち上がる）
樹高9㎝
針金かけ
長尺素材に針金をかけて
小さくする
樹高
32㎝
曲の間隔が均一
にならないよう
にする
2本目の針金は最初の
針金の間をぬって巻く
（針金と針金の間隔を
せまくしておく）
枝は先端にあるだけ
強い針金矯正で木の負担も大きい
植え替えは来年まで待つ
ただヒョロヒョロと伸びた
細幹で、途中曲もなく芸も
ない。まだやわらかいので
針金をかけて変化に富んだ
曲づけをしてみたい
立ち上がりのこの曲を生かす
（消さないようにする）
3号鉢

◆針金かけ

この木は、立ち上がりにある強い一曲を生かし、上部がやわらかい模様の文人木を考えていた。しかし、手で幹をためてみると強い曲づけができそうなので、雪で押しつぶされたような形に挑戦してみることにした。問題の曲づけだが、左右に曲げたら前後にというように、上や横から見て直線にならないよう出入りに注意した。また、最後は上に伸びた幹をストンと落とし、先端部を手前に戻した。

その結果、下向きになった枝もあるが自然に持ち上がるのでそのままにし来年の整姿を待つ。なお、針金はそのまま1年かけておく。

針金はずし・古葉とり・植え替え

〈古葉とり〉

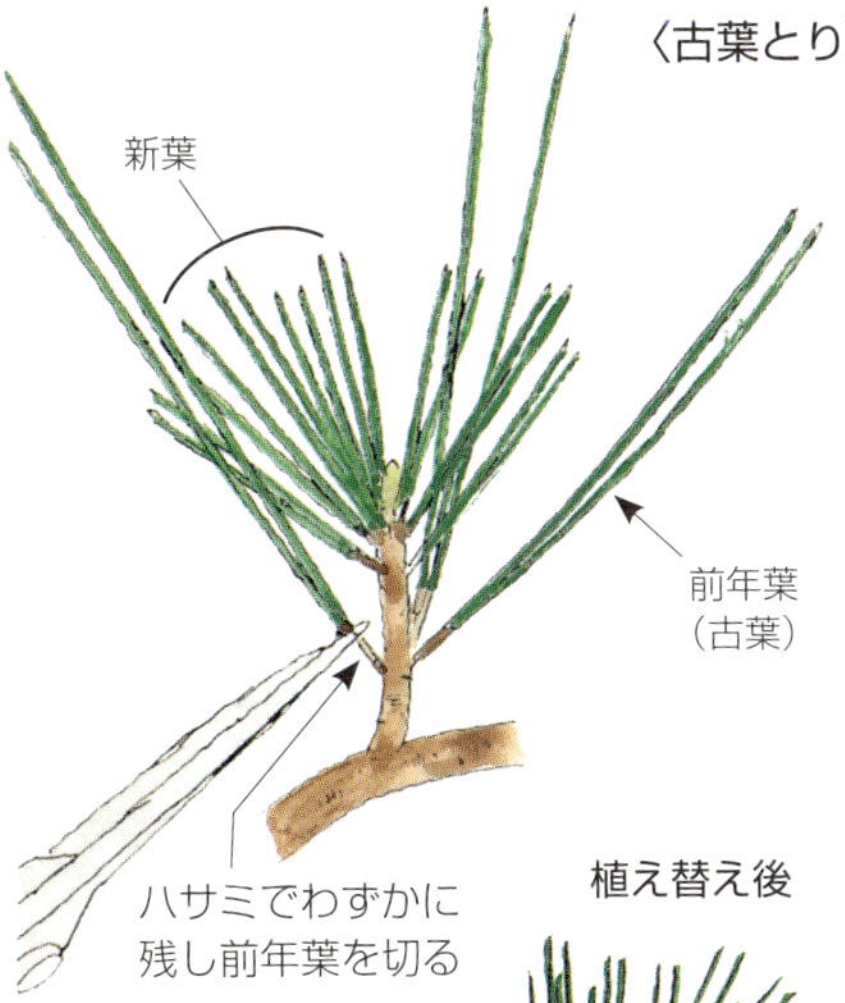

植え替え後

針金をはずすと木が細く見える

将来の予想図

整姿直後はクネクネした細い幹ばかり目立つが太るにつれ、この曲がよい味に変わってくる

◆針金はずし

1年かけておくとまちがいなく効くが、強い曲の部分は食い込む。雑木とちがって少々の食い込み傷は幹の太りでわからなくなるが、できればその部分だけ針金を切っておくほうがよい。

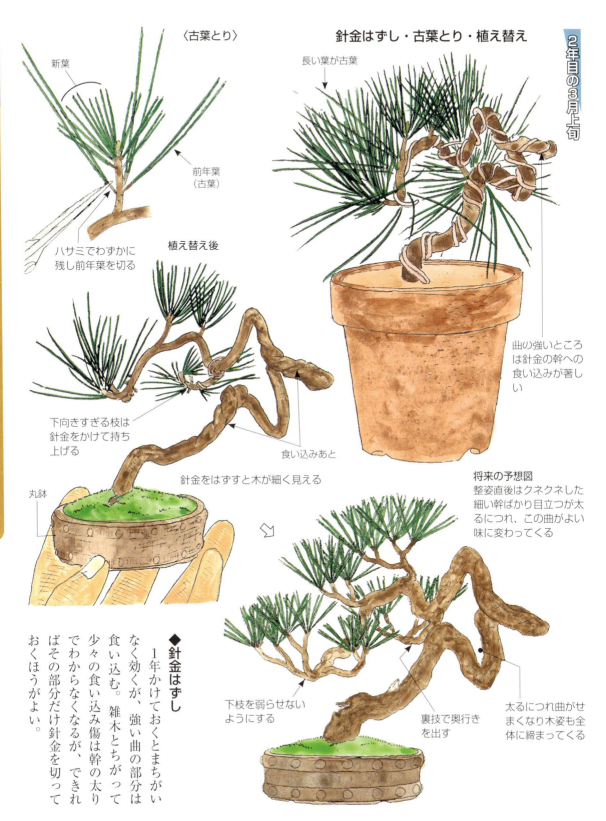

樹形を変えて文人調をめざす

針金かけ
幹の流れから、もっと上に伸ばして文人調がよいと思い、枝を右に伸ばしはじめた
枝がしっかりしたところで針金をかけ、下からの幹模様に合わせて曲づけした
1年目の3月上旬
最下枝だけでつくろうとした
今までの状態
最初はここに本体のあった模様木だった
以前の植え付け角度
ここから持ち上げて曲をつける
針金かけ後
途中の枝にも針金をかけて伏せておく
やや根細だが、このような変形の木では、気にならない
焼締めの丸鉢
この幹肌の割れも見どころの1つ

◆樹形変更の決意

これでよいと思っていた樹形も、突然、いや待てよ、と考えるときがある。その木のよいところを最大限に引き出すのがいいに決まってはいるが、変更してつくるとなるとまた時間がかかる。このままでも十分見られるのだから、これでいいとも思ってしまう。

しかし、盆栽の最大のおもしろさは樹格向上にあるとすれば、かかる時間も苦痛であるはずがない。樹形の変更は、盆栽が生き物である限り必ず直面する。樹芯が折れた、一の枝が枯れたなど、今までの樹形を変えざるを得ない状況に立たされる。そして、その都度、樹格が下がってしまったと嘆く。しかし、そんなときこそ今まで気がつかなかったよい面を発見したりすることも多い。あれ、こんないい木、どこにあったと盆友にいわせることができるかも。

葉すかし

前年葉は元から切り強い芽の新葉も３～４枚残して葉すかしする

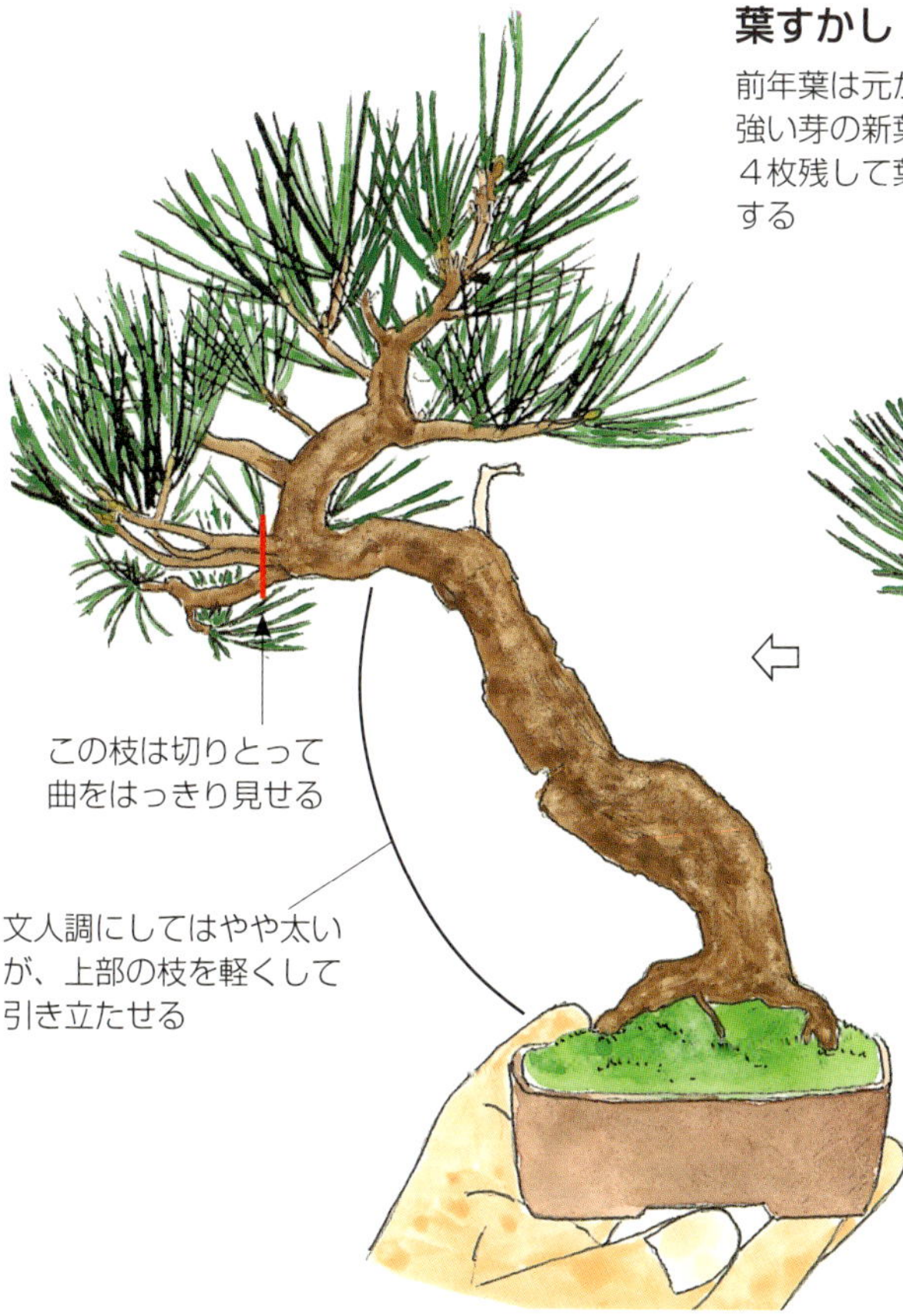
この枝は切りとって曲をはっきり見せる
文人調にしてはやや太いが、上部の枝を軽くして引き立たせる

葉が密生し、内部の通風と日当たりが悪くなる
やや薄い正方鉢に植え替えた

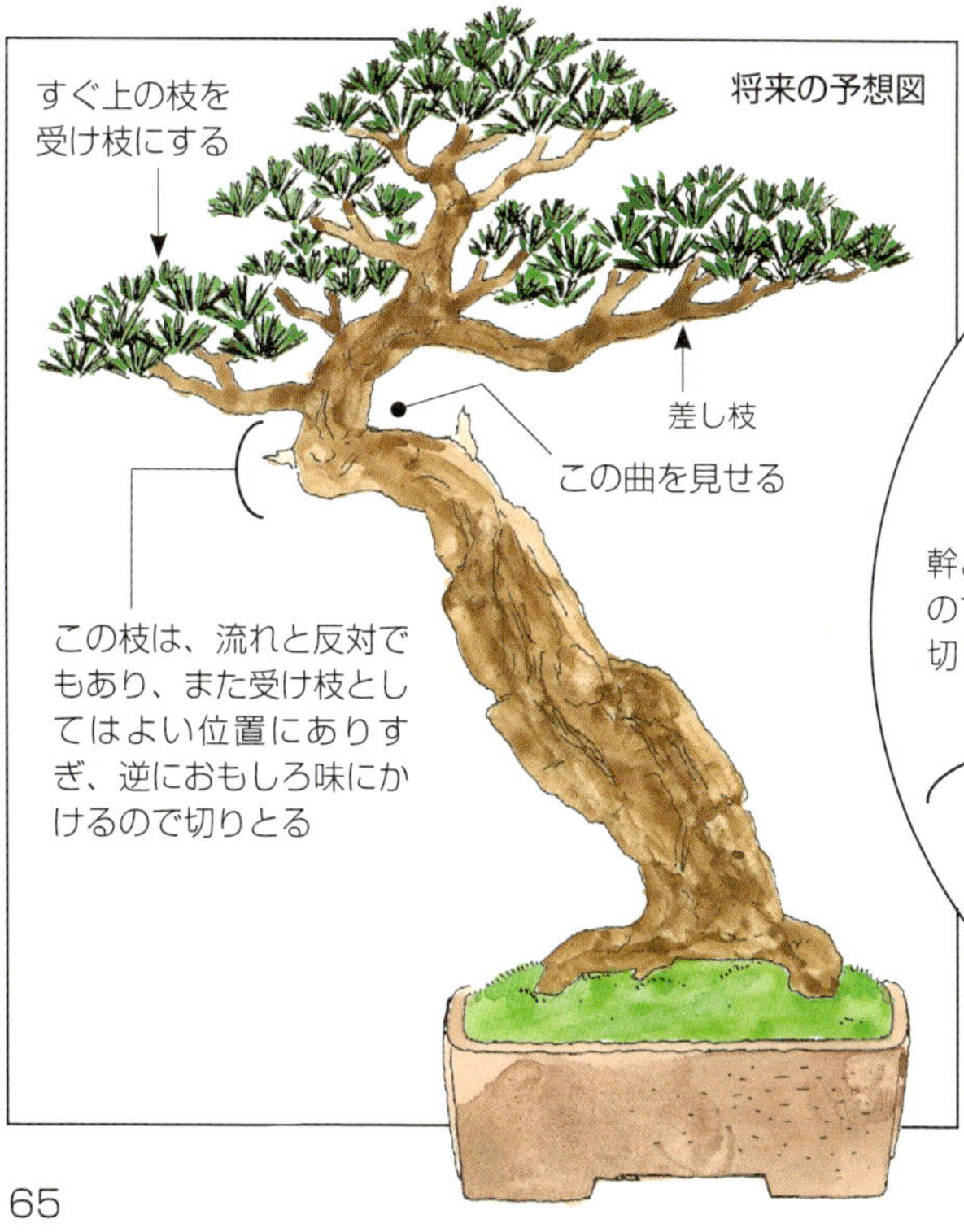
将来の予想図
すぐ上の枝を受け枝にする
差し枝
この曲を見せる
この枝は、流れと反対でもあり、また受け枝としてはよい位置にありすぎ、逆におもしろ味にかけるので切りとる

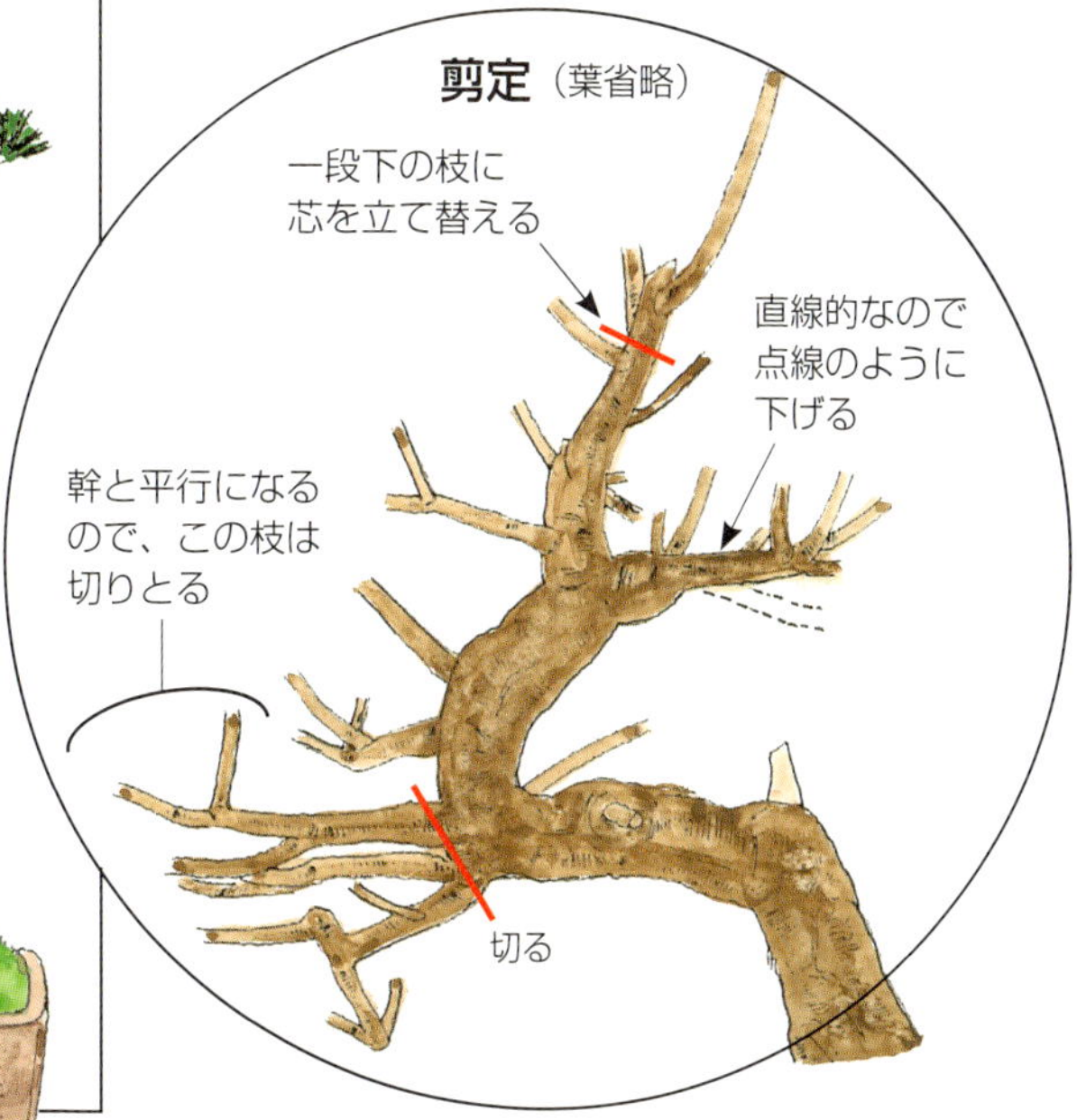
剪定（葉省略）
一段下の枝に芯を立て替える
直線的なので点線のように下げる
幹と平行になるので、この枝は切りとる
切る

曲づけは大きめにつける

◆写真に記録する

ここに紹介したその1、その2、その3の3例は、それぞれ5年前、6年前、7年前にスケッチしておいたので現在と比較できたが、いつも現在と接していると過去がわからなくなってしまう。

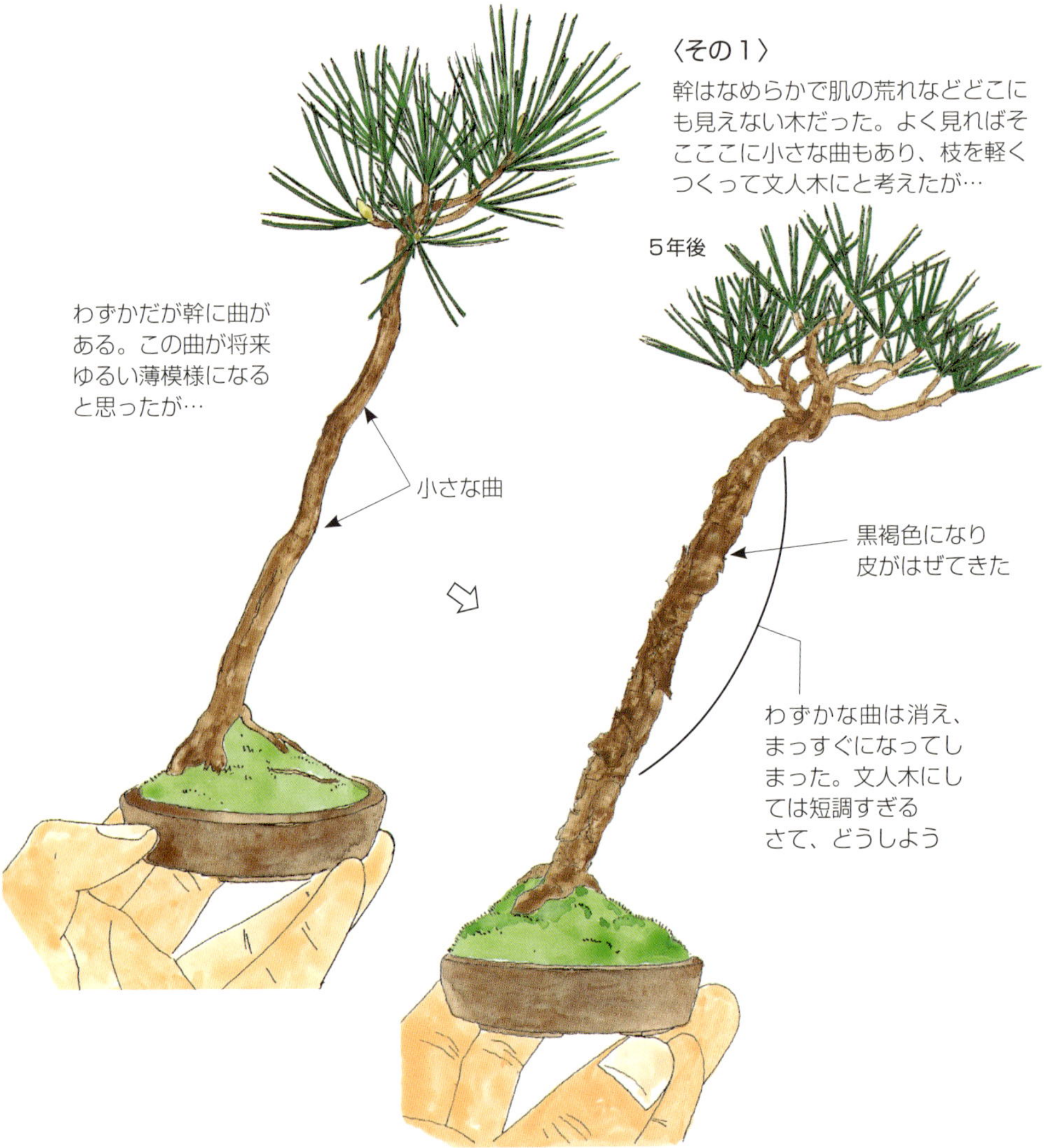
〈その1〉
幹はなめらかで肌の荒れなどどこにも見えない木だった。よく見ればそこここに小さな曲もあり、枝を軽くつくって文人木にと考えたが…
わずかだが幹に曲がある。この曲が将来ゆるい薄模様になると思ったが…
小さな曲
5年後
黒褐色になり皮がはぜてきた
わずかな曲は消え、まっすぐになってしまった。文人木にしては短調すぎるさて、どうしよう

できれば写真にとっておいて（必ず日付を入れておく）、比べてみるとよい。ただし、1年や2年ではあまり変化がないので5年くらいを目安に撮影すると、その差がイラストのように歴然とわかる。

◆時代がのる

よく、時代がのるというが、クロマツでは、幹肌の荒れ（皮性の変化）にそれがうかがえる。イラストの皮性を比較していただきたい。

◆小鉢で持ち込む

時代を早くのせるためには、小鉢で持ち込む。植えたときは何の変哲もないなめらかな肌が、気がつくとボロボロになっていたりする。しかし、意外に気がつかないのが幹の太りだ。

◆幹が太る

この木は、こんなにまっすぐだったかな、などと過去をふりかえることがある。針金をかけて、ゆるい曲をつけ、そのときはああいい模様だ、と思っていても、幹の肥大とともにわずかな曲は消えてしまうので注意。

◆大きな曲がほどよい曲に

前年ごろより急に幹の肥大が目につくようになった。とくに立ち上がりの太り

が目ざましい。途中の大きな曲は購入時からのもので、それより上を針金整形した。当時、くの字の大きな曲が大変気になった。しかし、針金で矯正できる太さではなかったので、そのままにした。

現在、その大きな曲は、ほどよい曲になり、この木の中心になっているが、5年先、10年先はどうなるかは、木に聞いてみなければわからないことではある。

〈その2〉

細かく肌が荒れて幹模様もゆるく立ち上がった曲が上部の大きな曲につながっていた。小鉢で持ち込めばこのままの状態で仕上がるかと思っていたが…

大きな曲がある
ゆるい幹模様がある

6年後
大きな曲が小さくなってしまった
ゆるい曲はほとんど消えてしまった
曲の強いところほど幹肌の荒れも激しい

7年後
大きな曲であったが幹の太りで小さくなった
曲が小さくなった
背中が丸くなってしまった
大きな曲
強い曲
浮き根だが切らずに利用した

〈その3〉

立ち上がりから左に倒れ、そして直角に立って右に大きく流れた模様木だが、途中の大きな曲が気になった

だが7年の歳月で左下図のように気になっていた大きな曲がほどよい曲になった

若木のうちの曲づけは、将来の太りを見越してやや大きめの曲づけが必要だ

長尺素材を取り木で小さくつくりなおす

1年目の4月上旬

植え替え

植え替えをして将来どうつくるのか考える

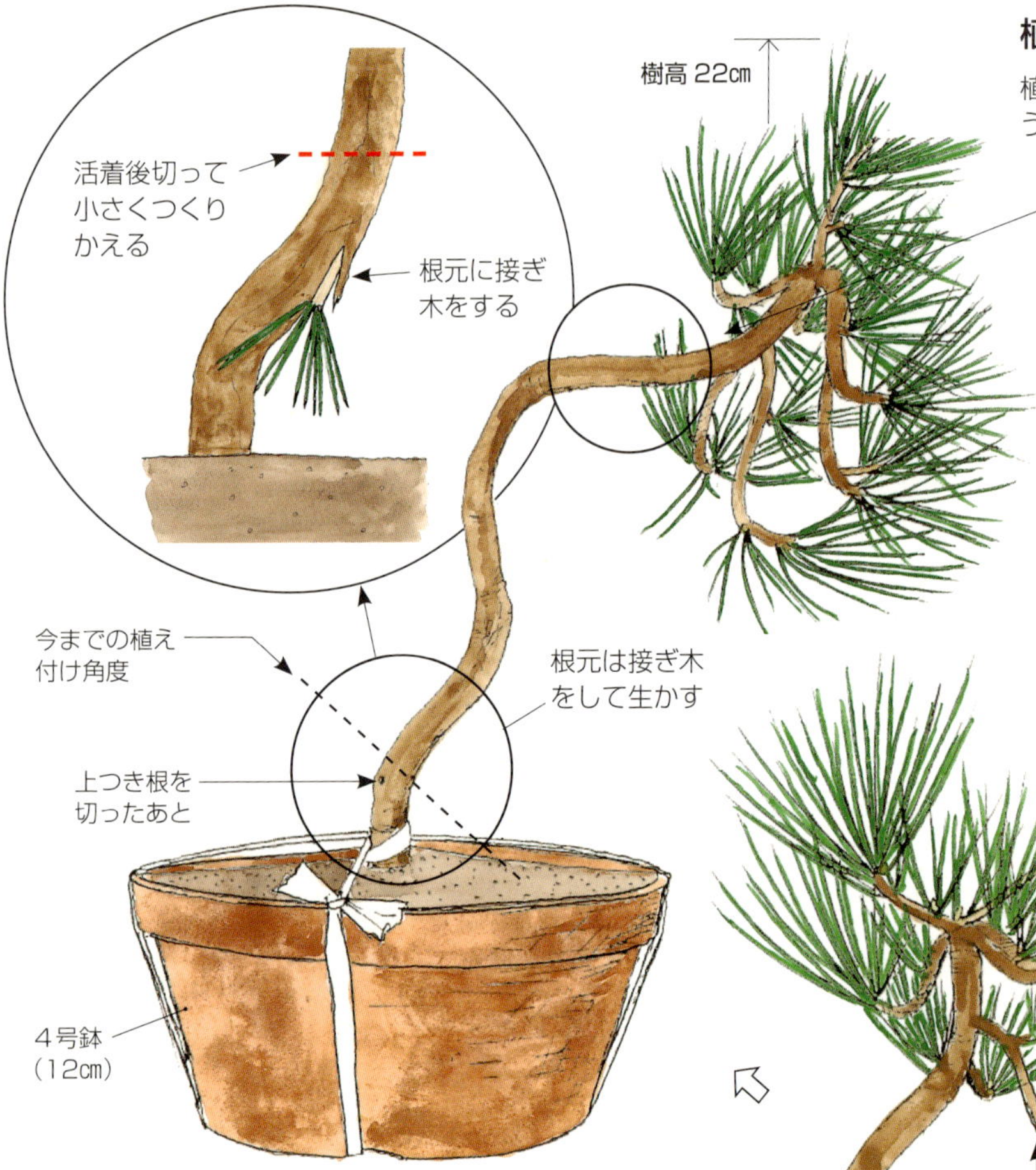

樹高 22㎝
上部はここで取り木をし、小さくつくりなおす
活着後切って小さくつくりかえる
根元に接ぎ木をする
今までの植え付け角度
根元は接ぎ木をして生かす
上つき根を切ったあと
4号鉢（12㎝）
根づくまでひもでしばる

枝は上部にしかついていない
垂直に立ちすぎている
腰高が残念
3号鉢（9㎝）

◆小さくつくりなおす構想

上のほうにしか枝のない腰高の木。このままつくるとミニ盆栽としては大きすぎる。針金矯正するには、木が太くなりすぎている。したがって枝の近くに取り木で発根させ、上部だけで小さくつくりなおす。また、下のほうに接ぎ木をしておけば下部も生かせ、1本の木から2本の素材が得られる。

しかしまだ、木も細く枝も少ないので、あと2～3年仕立て鉢で勢いをつけたい。その時期がきたら、二月に根元近くに接ぎ木し、五月ごろ上部に取り木をかける。このころになれば二月の接ぎ木が成功か失敗かわかる。

成功していれば、八月下旬ころに切り離したとき、下方の接ぎ木がそのまま生きる。

葉すかし

葉が多くなると内部の小枝に日が当たらなくなり弱るので、葉すかしをする
ただし、弱い枝の葉は多く残し強い枝の葉を少なくする

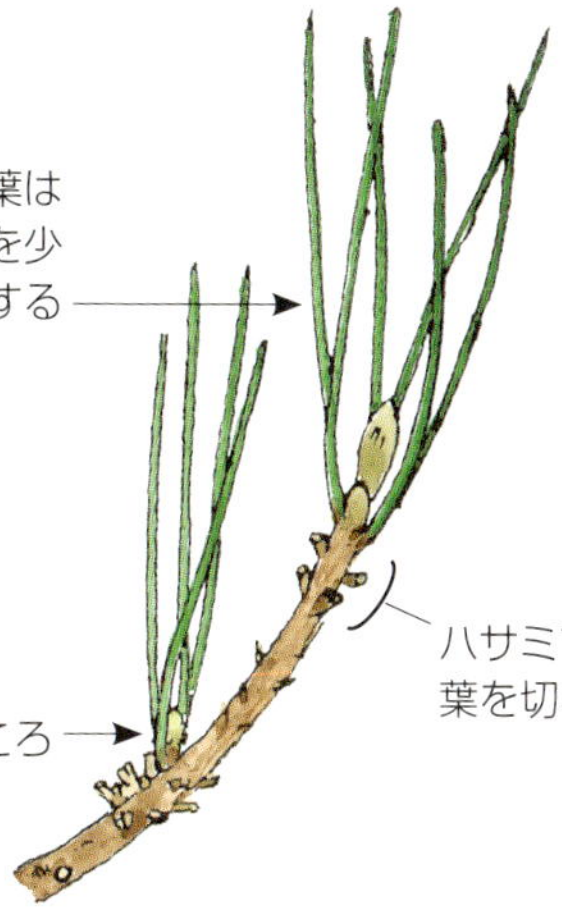

◆葉すかし

葉が混んできたら、葉すかしをして、内側の通風、日当たりをよくする。強い芽は芽の周囲に3本の葉が残れば十分。前年葉も今年葉も、わずかに残して葉をすかす。ごく弱い芽は、前年葉、新葉とも多く残してやるか、切らない。

◆葉すかしの効果

内部の通風、日当たりがよくなると、まのびした枝の途中にあとで追い込める胴吹き芽が出る。

取り木の仕方とはずし方

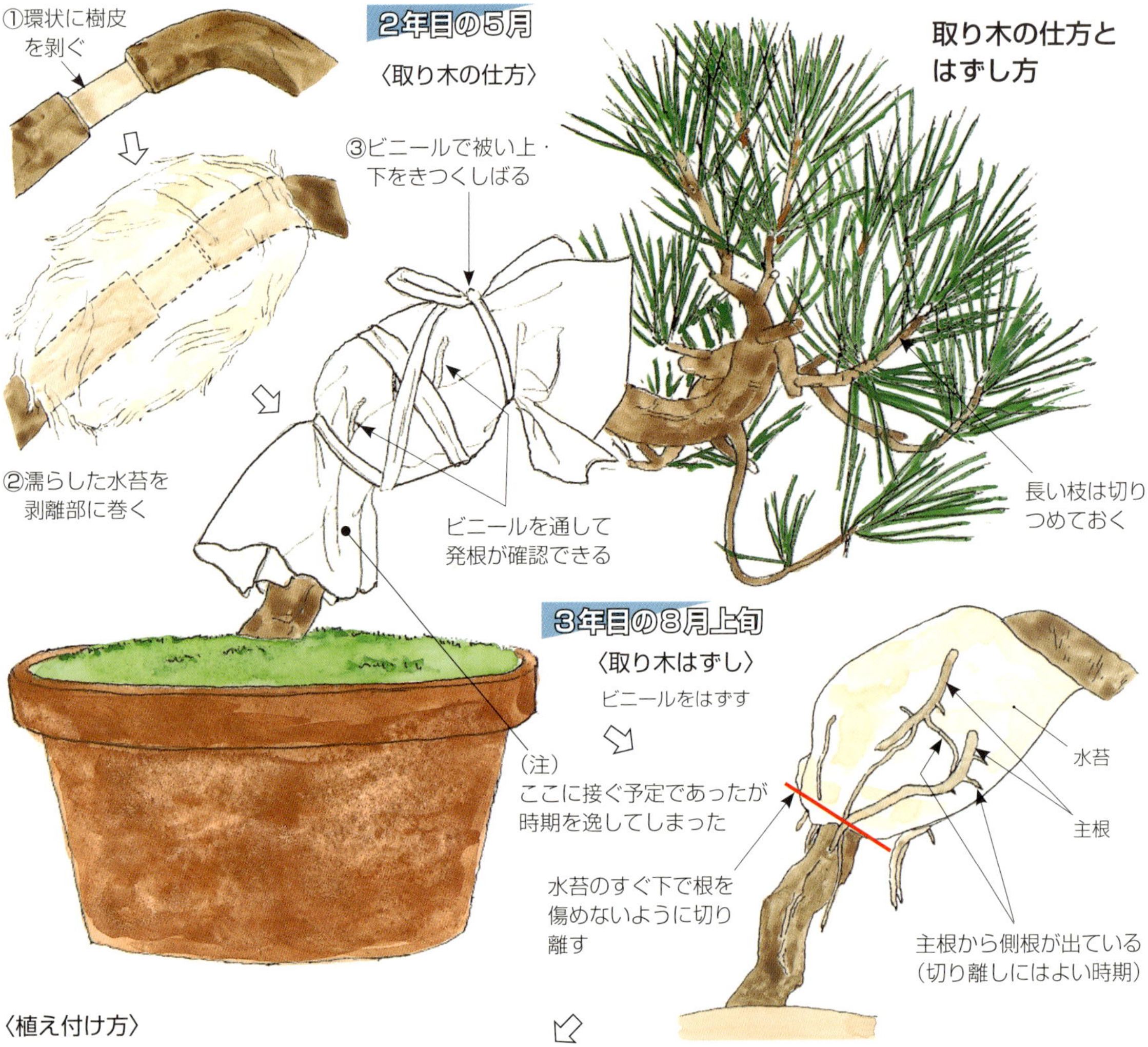

2年目の5月
〈取り木の仕方〉
①環状に樹皮を剥ぐ
②濡らした水苔を剥離部に巻く
③ビニールで被い上・下をきつくしばる
ビニールを通して発根が確認できる
長い枝は切りつめておく
(注)
ここに接ぐ予定であったが時期を逸してしまった
3年目の8月上旬
〈取り木はずし〉
ビニールをはずす
水苔
主根
水苔のすぐ下で根を傷めないように切り離す
主根から側根が出ている(切り離しにはよい時期)

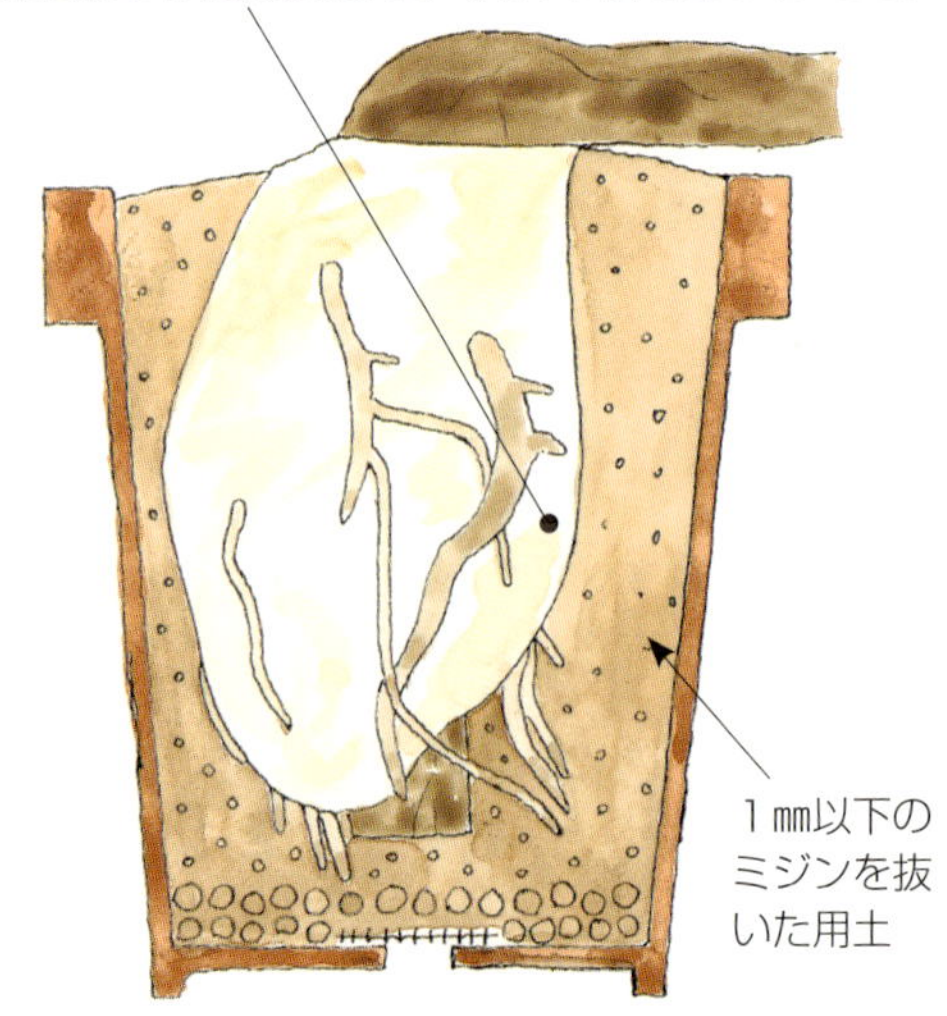

〈植え付け方〉
水苔はつけたまま植える(来年の植え替え時にとる)
1㎜以下のミジンを抜いた用土

◆取り木のかけ方

発根させたい部分の樹皮を幹の直径の1.5倍ほどの幅で環状に剥ぐ。樹皮を剥ぐと薄い膜が付着しているので、白くなるまでナイフの背でこすり落とす。

そして、濡らした水苔を剥皮部にあて、ビニールですっぽりくるみ、落ちないようにひもで上下をしばる。あとは発根を待つだけ。

◆取り木の切り離し

発根を見つけたら、ビニールをはずして確認する。主根だけでも大丈夫だが、側根が出ていればなおよい。まだ根がもろいので、水苔はつけたまま仕立て鉢に植える。

枝の剪定

〈切り方〉

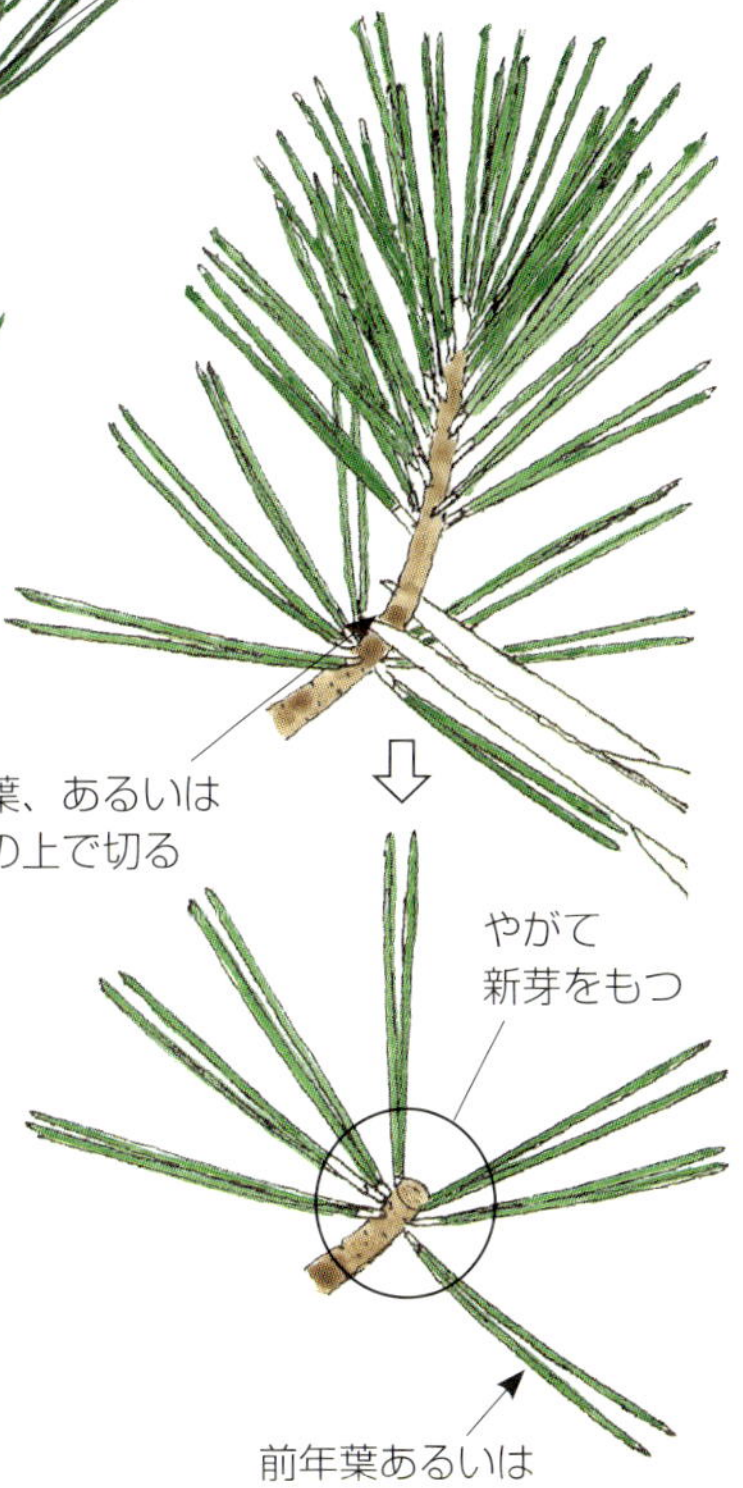

植え替え

〈鉢から抜く〉

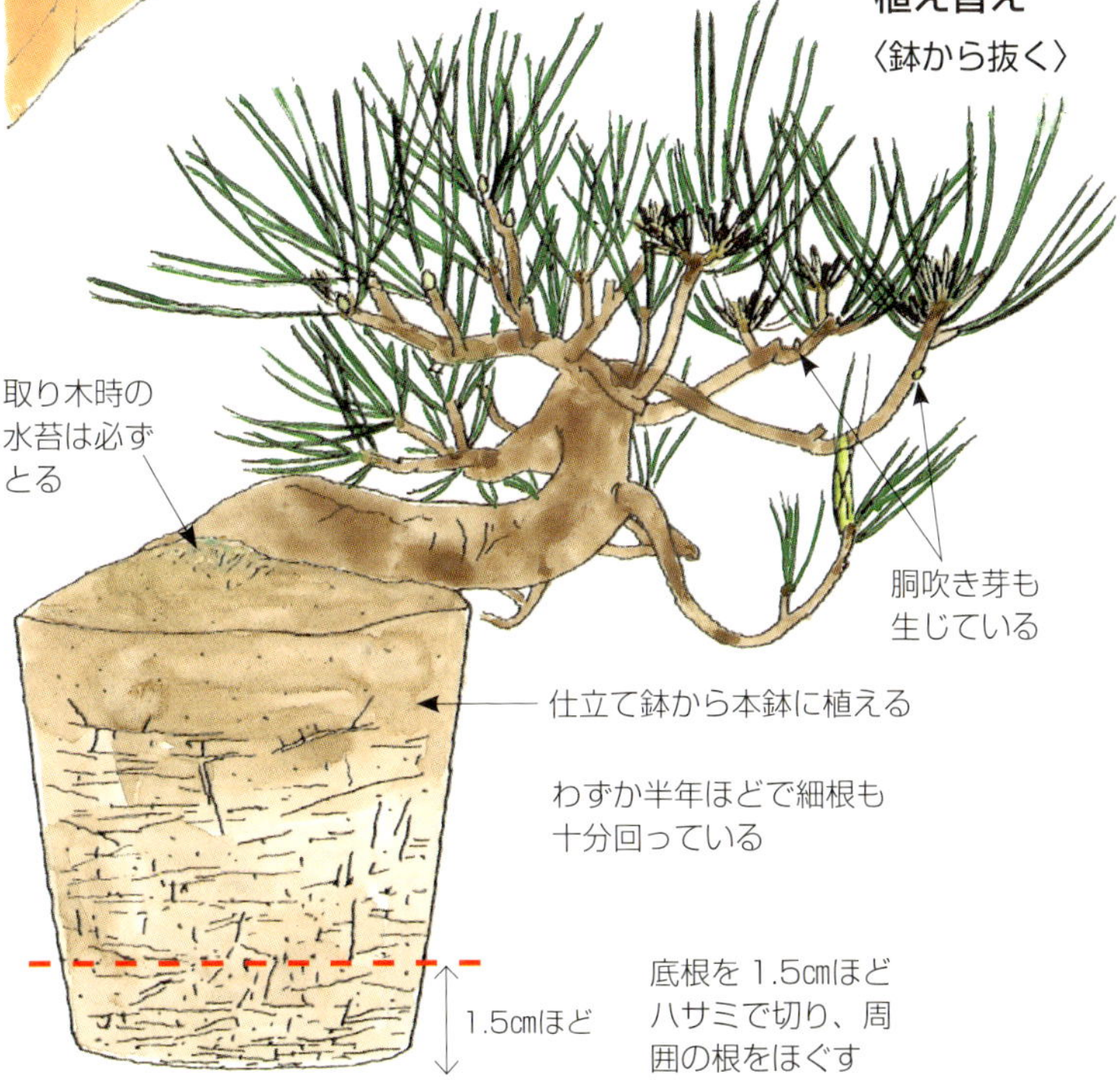

◆枝の剪定

長く伸びた枝は、前年葉あるいは古葉を残して切りつめておくと、秋には古葉の元に胴吹き芽をもつ（わずかに伸びて止まるものもある）。

◆植え替え

取り木をして水苔をつけたまま植えたものは、翌年の春に植え替える。このころには、根もしっかり回っている。

〈鉢の用意〉

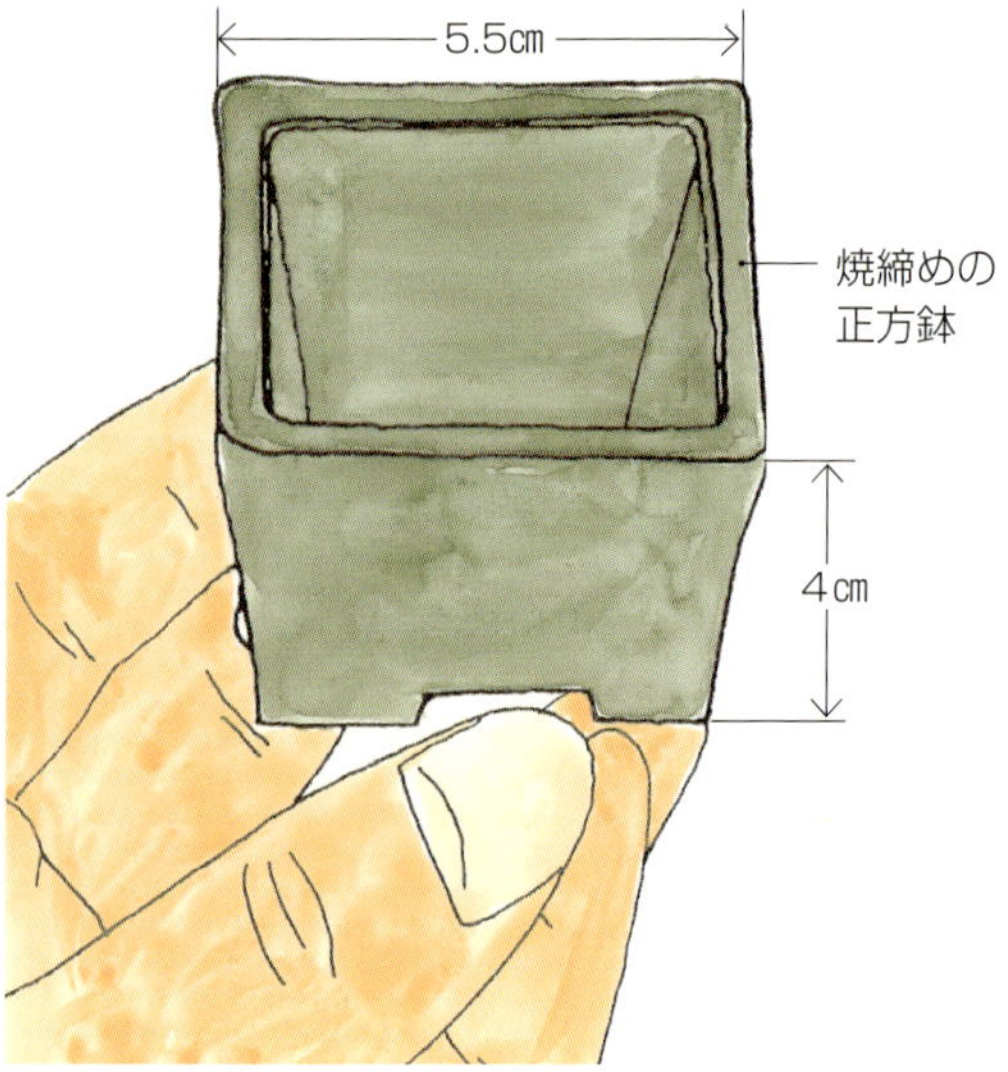

〈水苔をとる〉

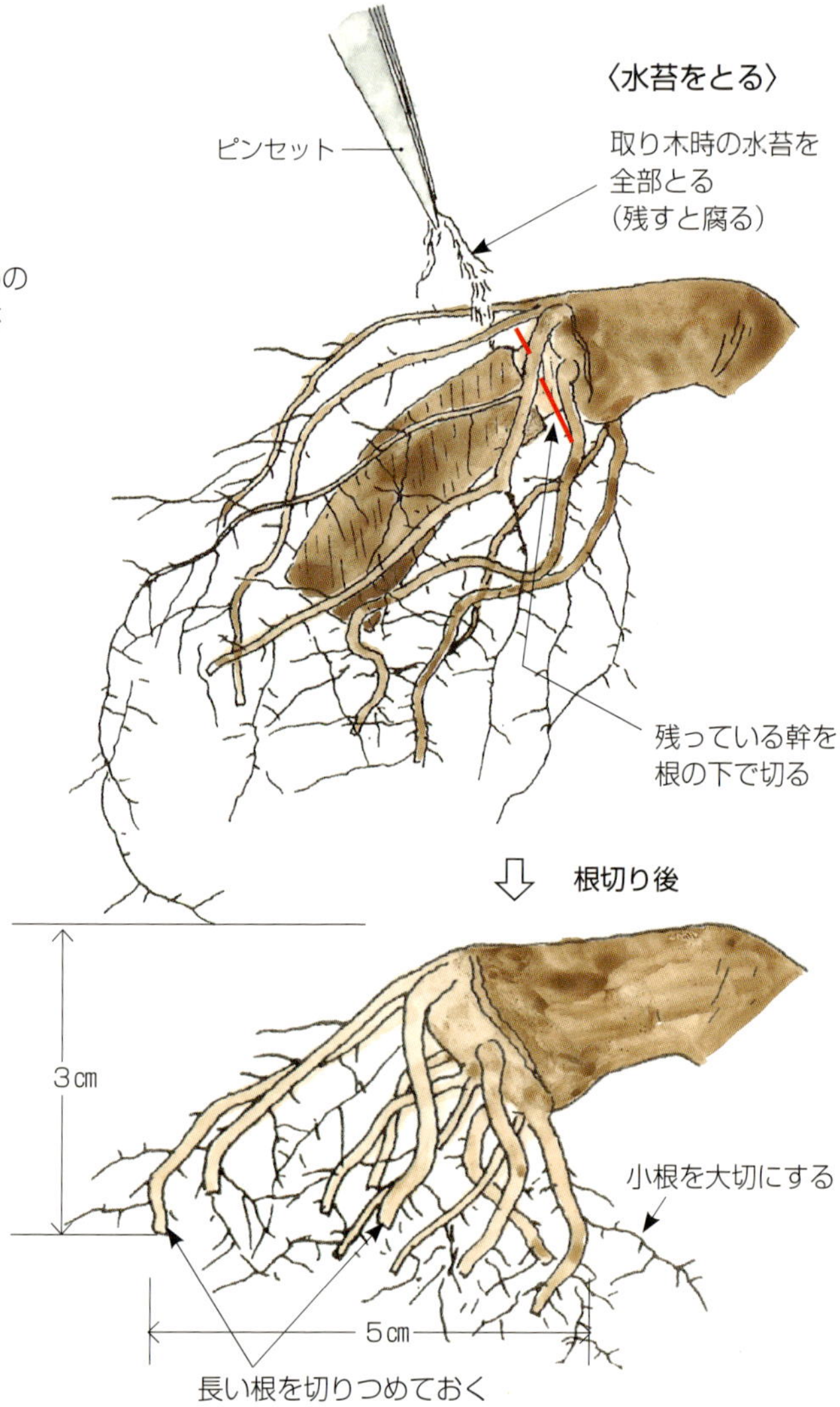

〈植え方〉

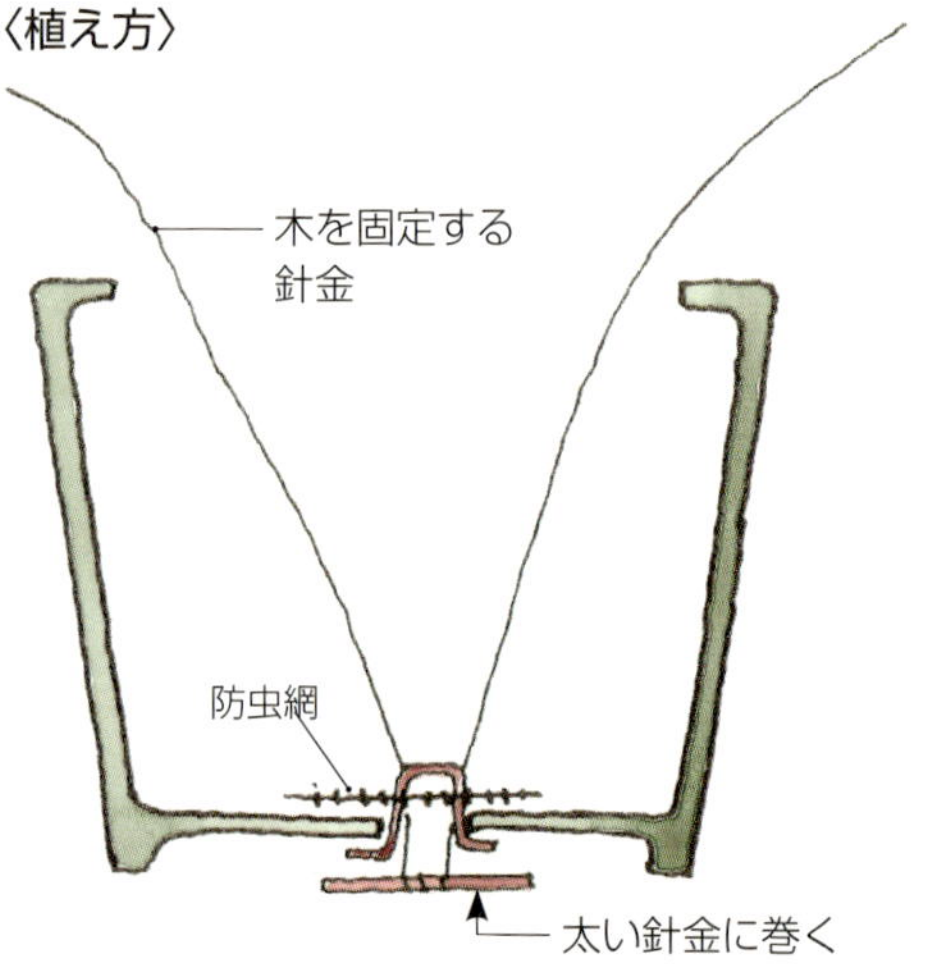

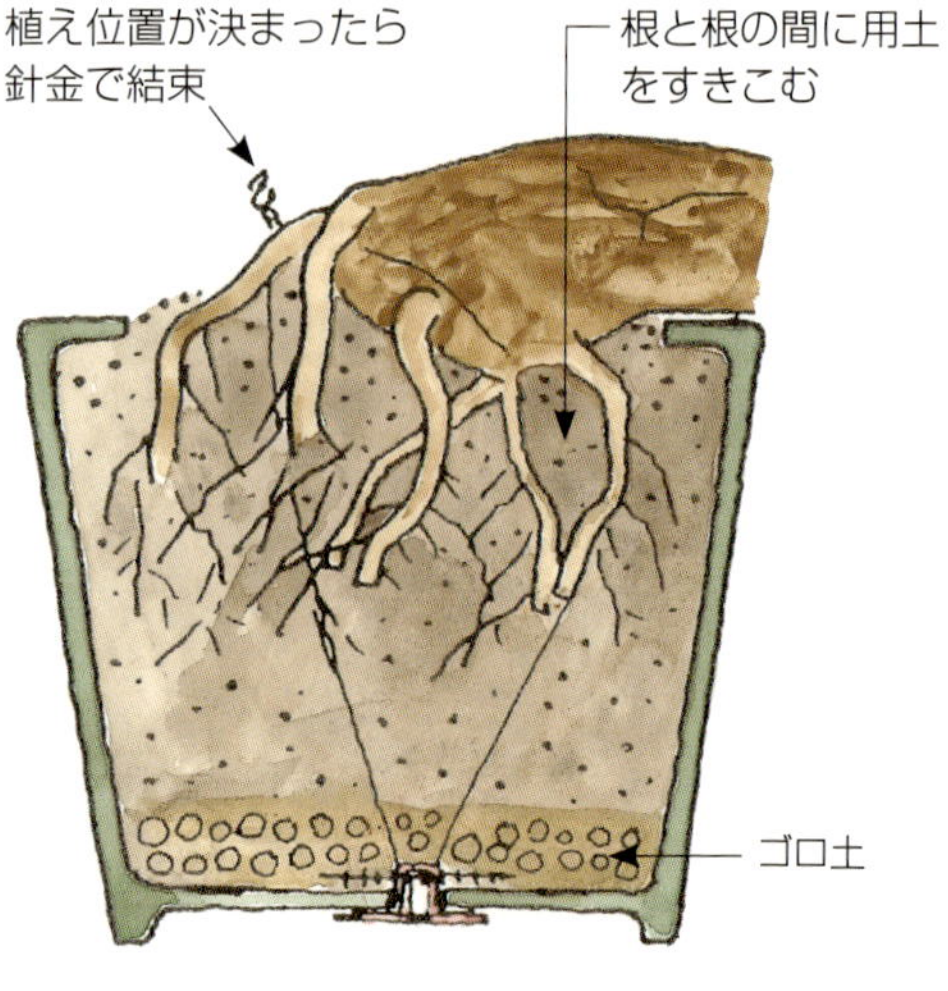

新しい鉢に入れる前に、植え替え時の水苔を完全に取り去る。切り残した幹は根のすぐ下で切りとる。根は3㎝ほど残して切りつめ、充実させたい小根を大切にする。

◆鉢の用意と植え方

鉢は焼締めの正方鉢を用意。クロマツには派手な釉薬鉢は合わない。落ち着いた泥物がよい。鉢穴から木を固定する針金を出しておき、下にゴロ土を入れ、その上に用土を3分の1くらい入れて木をのせる。植え位置が決まったら、針金で根元を固定し、根にすき間のないよう周囲に用土をすきこむ。露出した根と根の間には苔をはさむ。

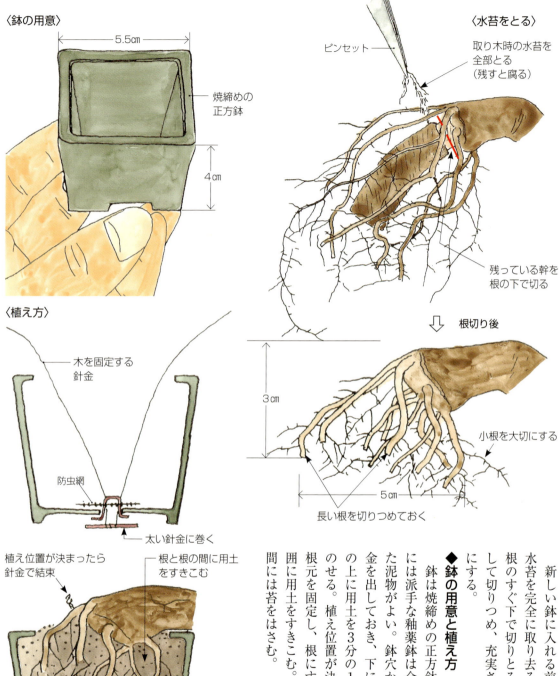

〈植え付け後〉

全体の流れの方向
流れと反対側にはあまり枝を長くしないようにする
今までの植え付け角度
苔
取り木時よりさらに倒して植え付けた状態

5年目の10月上旬

葉すかしと軽い針金かけ

新芽がほぼ同じ長さにそろっている
前年葉を切りすかす
下がりすぎた枝は弱るので、やや上向きにしておく

◆植え付け後の管理

植え付け後は、すぐ日当たりのよい棚上に出し根を暖める。このような下枝が鉢底より下がる木は、仕立て鉢を逆にして、その上に乗せるとよい。肥料は半月から1カ月後から与える。まだ小根が少ないので、この年は芽切りするほどにはならない。

◆葉すかしと軽い針金かけ

秋になっても芽切り時ほどしか新芽は伸びなかった。前年葉を元から切ると、新芽がほぼ同じ長さにそろっている（来年はもっと伸びて芽切りできる状態になるはず）。

ここで、方向の悪い枝や下に向きすぎた枝は、針金をかけて方向を矯正しておく。この木は、ひとかたまりになって右流れになればよい。

1本の素材から4本を得る取り木と接ぎ木

1年目

取り木

3カ所同時にかける

②取り木
③取り木
①取り木
2年前に接ぎ木したもの
(取り木後、下部も生かせる)
3号鉢

〈取り木の仕方〉

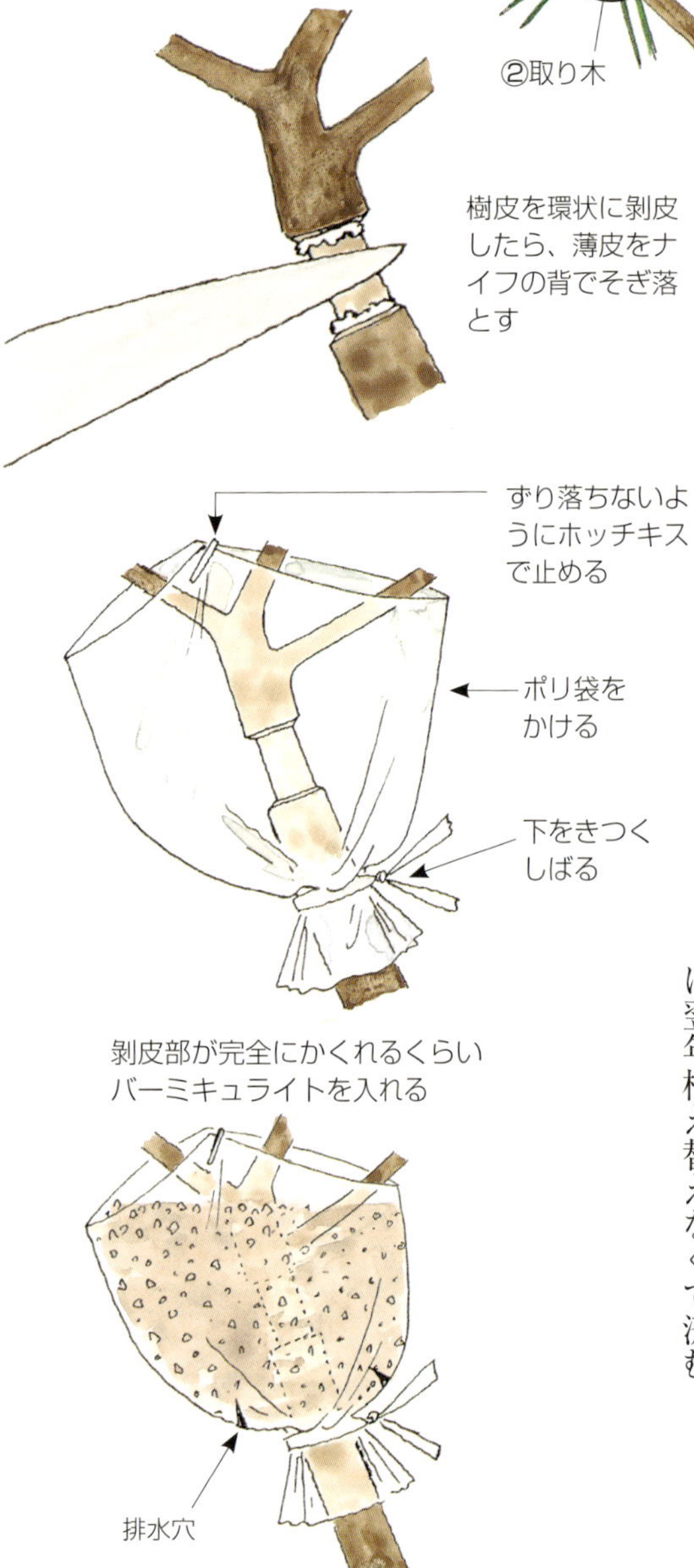

樹皮を環状に剥皮したら、薄皮をナイフの背でそぎ落とす
ずり落ちないようにホッチキスで止める
ポリ袋をかける
下をきつくしばる
剥皮部が完全にかくれるくらいバーミキュライトを入れる
排水穴

◆取り木までの経緯

入手時は、幹肌がなめらかで3本に枝分れした素材だったが、どうつくるというあてもないまま日を重ねていた。立ち上がり部の幹肌が荒れはじめてきたとき、接ぎ木を思い立った。そうするうち、3本の枝先が混んできたのを見て取り木を考えた。そして2年前の接ぎ穂も順調に伸びていた。

取り木は環状に剥皮をして、ポリ袋の中にバーミキュライトを入れた。バーミキュライトは、発根後にパラパラと簡単に落とせるので、水苔を使う場合のように翌年植え替えなくて済む。

取り木の切り離し

発根の順序は、最初に太根（主根）が出て、次に細根（側根）が密生する様子が①～③でよくわかる
3本とも順調に発根したので同時に切り離す
太根と細根が入り混じっている ②
③
ほとんど細根
根は③～①の枝の順に発根する
ーは切り離す位置
① まだ太根だけで細根が少ない
根のすぐ下で切る
又枝切り
上部の取り木を切り離し後、接ぎ木カ所もーで切る
樹高 27㎝

取り木苗の植え付け

根を乾かさないようすぐ仕立て鉢に植える
根づくまでひもでしばる

◆取り木の切り離し

五月に取り木をかけると、ふつうは八月下旬には切り離せる。しかし、この木は③は発根していたが、①②はまだであったので翌年まで待ち越した。三月にポリをはずしてみると、早く発根していた③には、細かな根がたくさん出ていたが、①②は太根が目についた。時間がたつにつれ、太根が細根に変わる様子がよくわかる。

バーミキュライトを落とし1本ずつ仕立て鉢に植える。残った元の木と3本の取り木素材ができた。

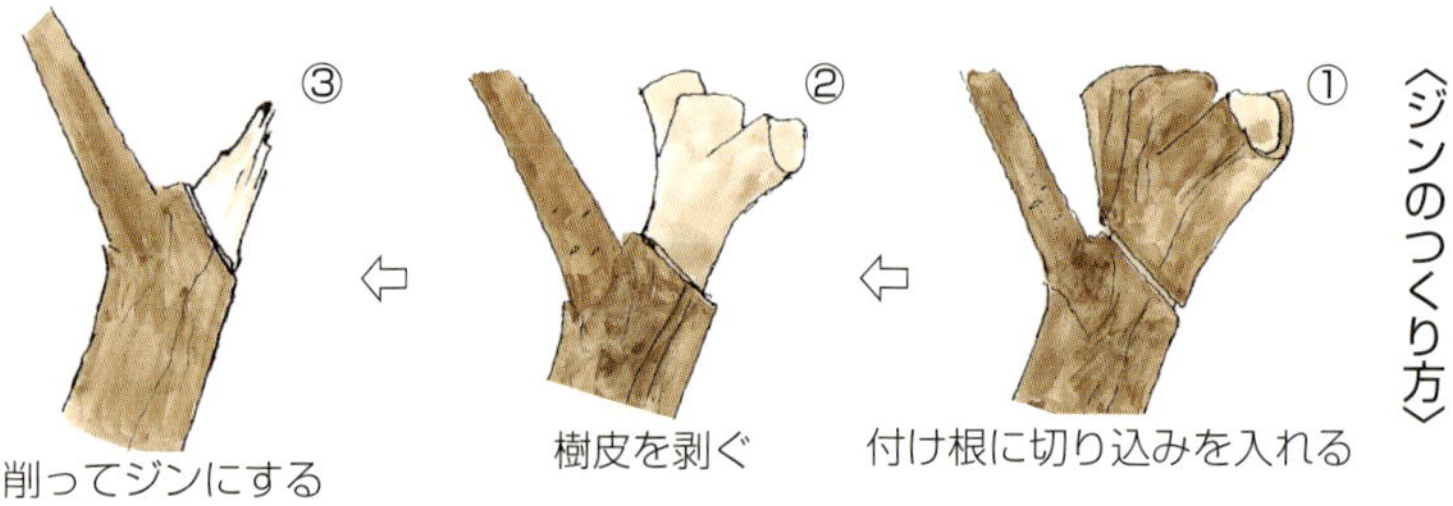

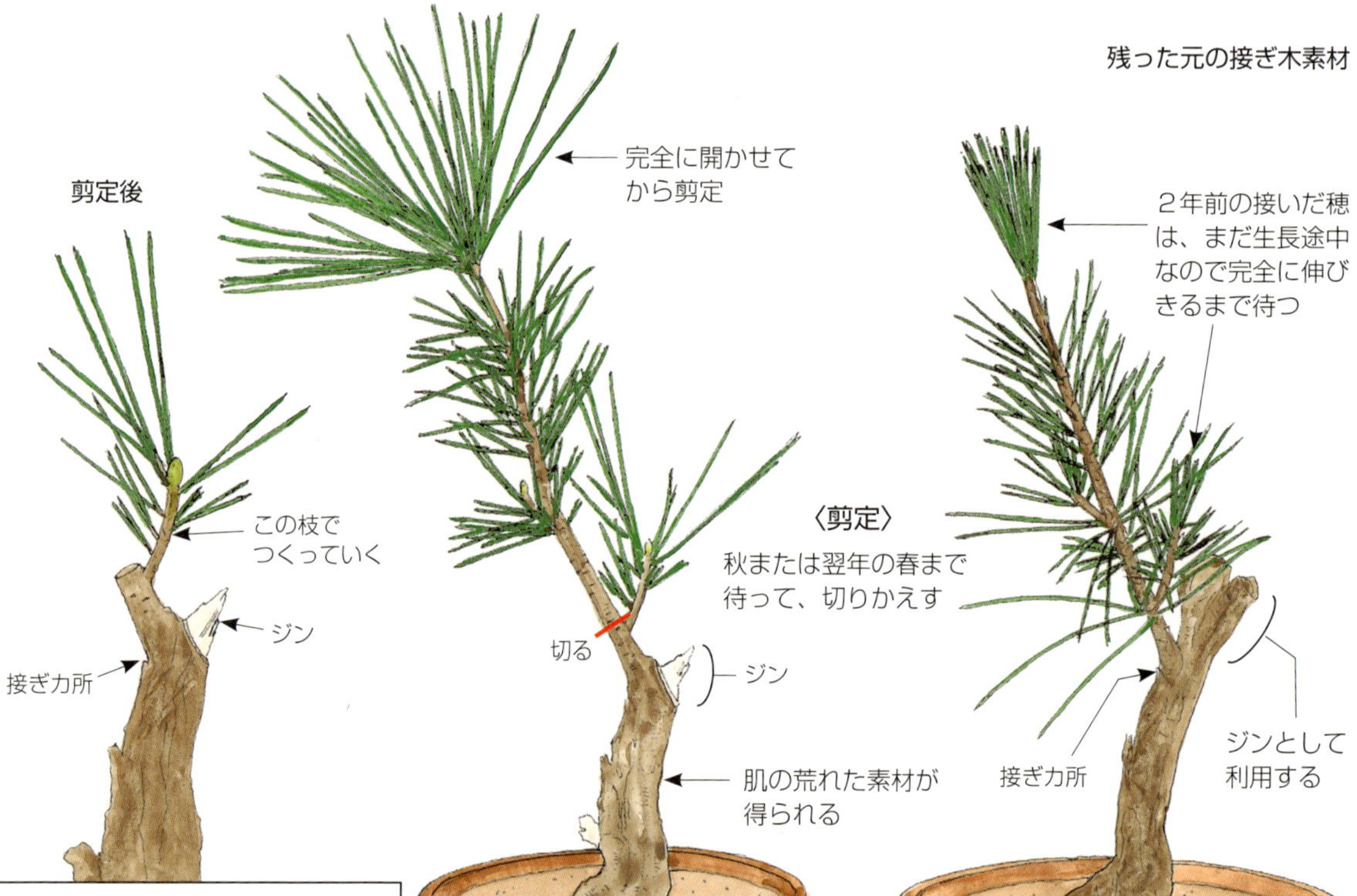

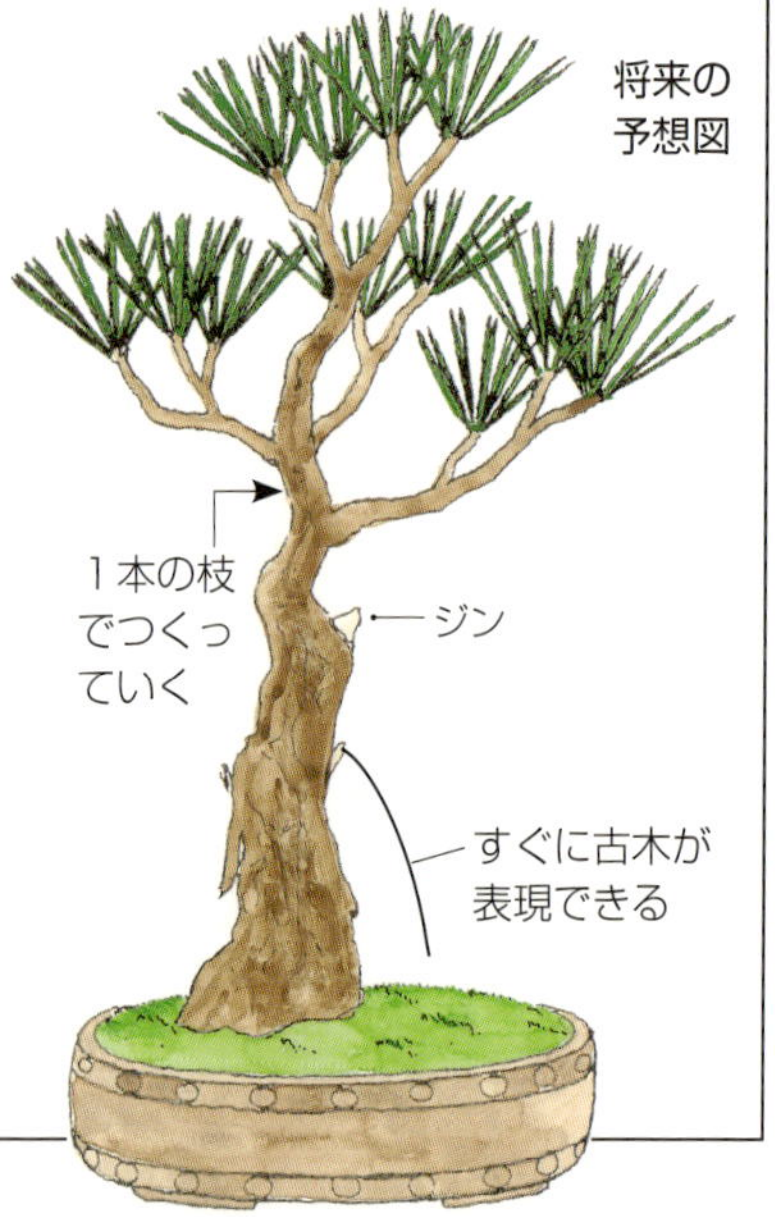

◆接ぎ木部のつくり方

取り木部を切りとったあとは、枝を短く切りつめ、接ぎ木部から上を樹皮を剥いでジンにしておく。

2年前の接ぎ穂は、まだ枝元が細いので、もう1年伸ばしてから、短く切りつめる。切りつめるとき、必ず植え替えをして根も切っておく。極端に枝葉が少なくなったため、地下部（根）を切らないと地上部とのバランスがとれない。

2、3年もすれば、接ぎあとはまったくわからなくなり、すでに荒れた肌をもつ古木の素材ができる。しかし、取り木も接ぎ木も、その成功は「元気のよい木に限る」ことをお忘れなく。

取り木素材①の整姿

切り離し後1年経過した前頁①の素材

根、枝葉とも勢いがついてきたころ整枝する

〈整姿の手順〉

①古葉をハサミで切りとる
②どの枝を芯にするか決める（図ではⒶを芯とした）
③芯とする枝の長さに合わせて長すぎる枝を切りつめる（Ⓑ）
④針金をかけて樹芯までの流れを出す
⑤各枝に針金をかけて伏せこむ（左右の長さにも注意）

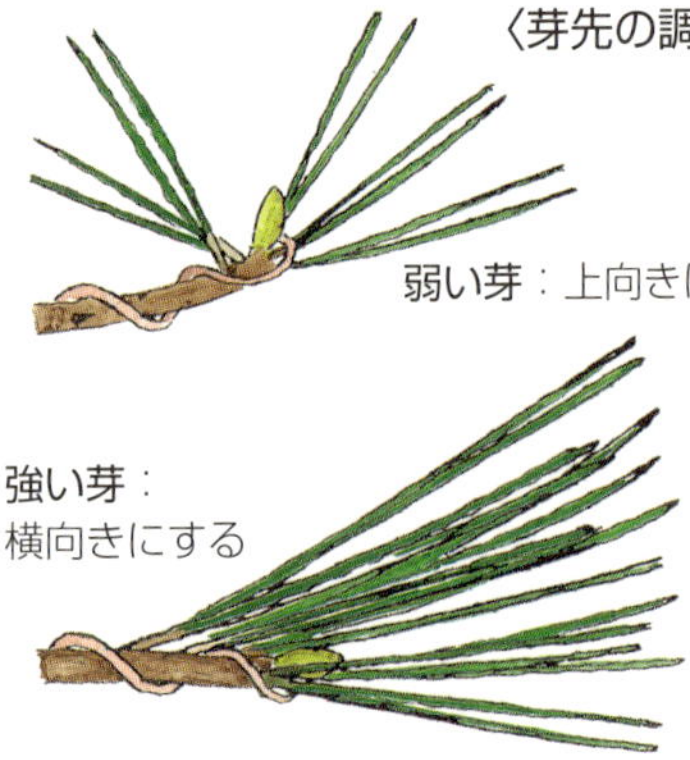

クロマツの枝先は横向きにしておくと春に勢いで自然と上に持ち上がるが、ごく弱い芽はその勢いがないので上向きにする

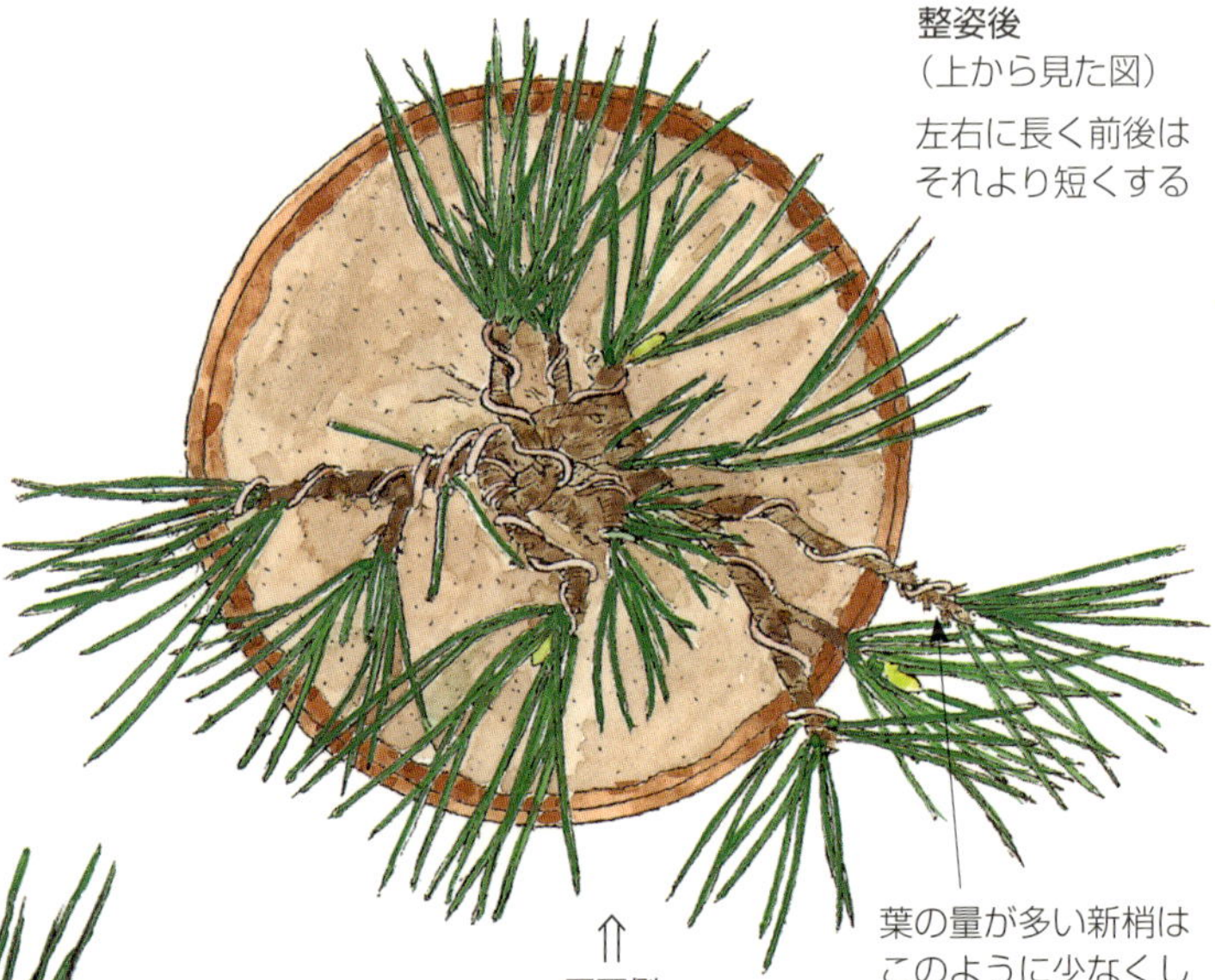

4年目の4月上旬

剪定・植え替え

長い枝を切りつめ、姿を乱している枝に針金をかけて植え替える

◆取り木素材①の整姿

取り木後、仕立て鉢で1年育てると、枝葉・根ともしっかりして整姿できるようになる。根張り、立ち上がり、枝順などを考慮して正面を決め、長い枝を剪定し針金で樹芯までの幹筋を通す。

また、立ちぎみの枝には針金をかけて伏せこむ。真上から見て、左右に長く前後に短くなるように整姿する。

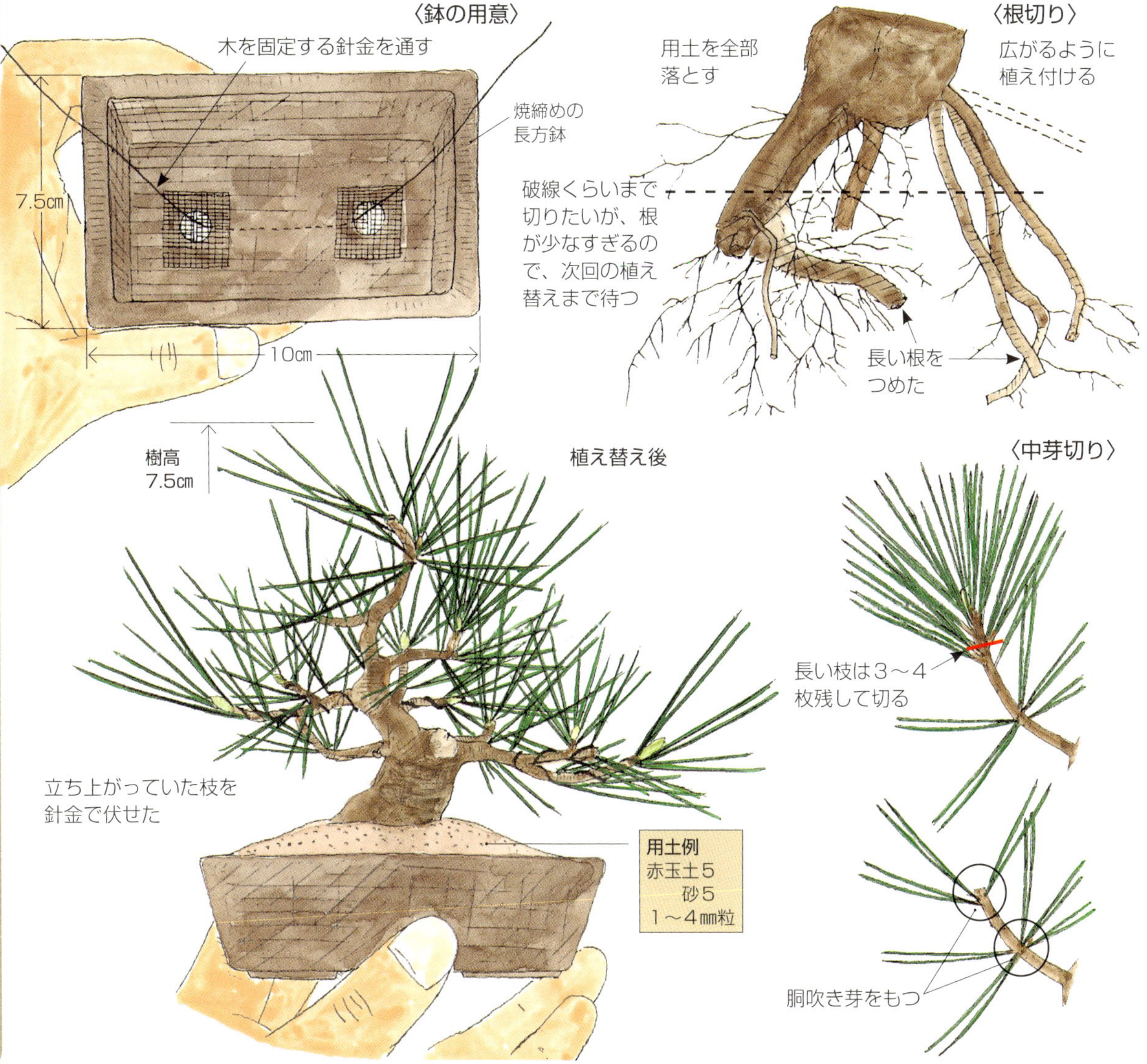

◆剪定・植え替え

整姿して1年後に植え替えをする。まず、前年にかけた針金を全部はずす。長い枝は、3〜4葉残して中芽切り。もっと短くつめたい枝は、前年葉を残して切る。

植え替えは、用土を全部落として、根を確かめる。根元に小根が少ないようなら長めに切っておき、次回の植え替えまで待って、さらに追い込む。

左右広がりの木なので、鉢は長方鉢にした。用土は小根が少ないので、砂を多めにして、小根が多くなってきたら赤玉土の量をふやす。表土上に刻んだ水苔を敷くと小根の生育にもよく、灌水時の表土の流出を防ぐことができる。

◆植え替え後の管理

植え替え後は、表土が凍らない程度の場所に置く。凍る心配がなくなったら、よく日の当たる通風のよい棚上に出す。1週間に一度くらい鉢の向きを変え、まんべんなく日が当たるようにしたい。

肥料は植え替え後、半月から1カ月後から与える。

追い込み剪定

5年目の3月上旬

枝元に近い小枝を残しながら長い枝を切りつめ、締まった姿につくっていく

〈下向き枝の処理〉

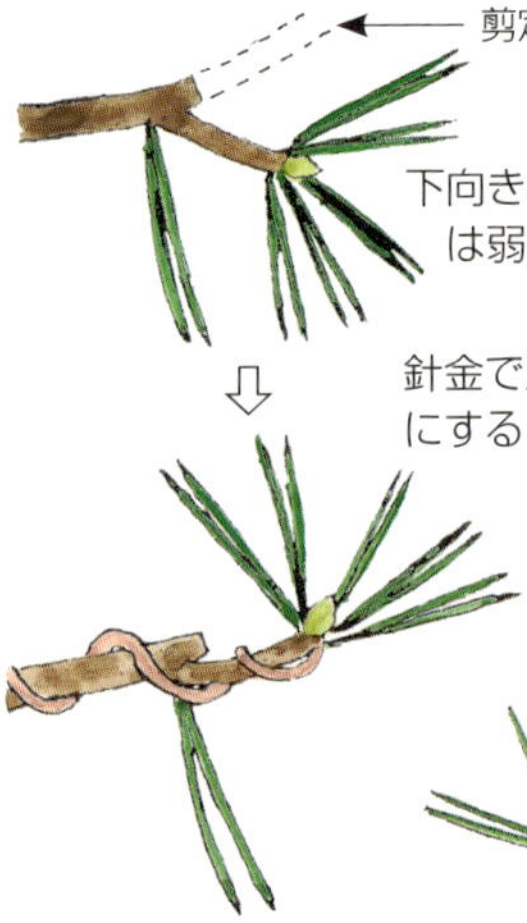

剪定
下向きの小枝は弱い
針金で上向きにする

樹高 11㎝
追い込みを続けるとさらに枝元の古枝にも新芽が胴吹きする

〈枝の追い込み〉

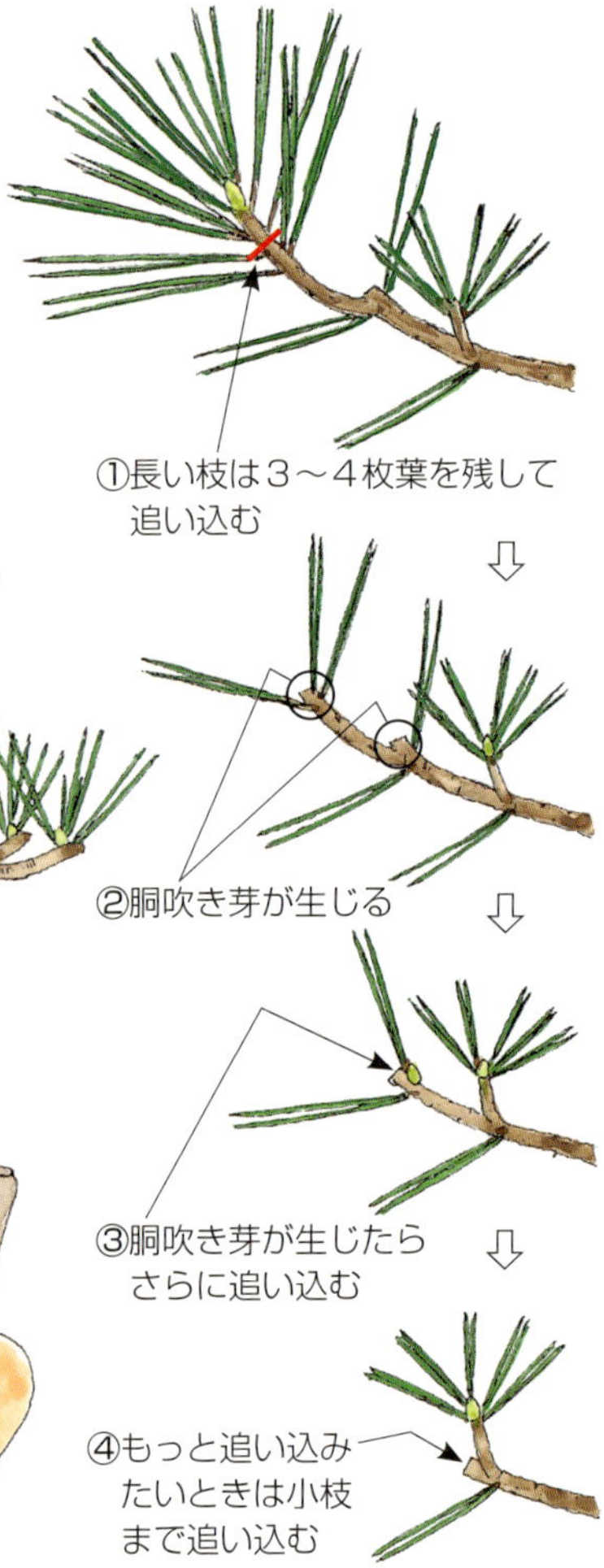

①長い枝は3～4枚葉を残して追い込む
②胴吹き芽が生じる
③胴吹き芽が生じたらさらに追い込む
④もっと追い込みたいときは小枝まで追い込む

目標樹高
13㎝
将来の予想図
立ち上がりが太く樹高の低い模様木ができる

◆追い込み剪定

1本の木全体の強弱を見ると、樹芯部、枝先などが強く、下枝や枝元の小枝が弱い。

そのまま放置すると、樹芯部、あるいは枝先が大きくなり、下枝、枝元が小さくなって逆三角形になってしまう。

そのため、たえず強い部分をおさえ、弱い下枝、枝元を伸ばして、三角形の樹形を目標に追い込み剪定する必要がある。

取り木素材②の整姿
（74頁参照）

この素材は取り木して4年間植えっ放しで一度も手を入れていない

このまま腰高の株立ちで持ち込むか、不要な枝を切除してつくりなおすか迷う。結局、後者にすることに決定

樹高 12㎝
剪定前
枝が太くゴツくなってしまって、針金矯正ができない

剪定後
細い枝で、胴吹き芽を多くつけた枝を残した
長い枝は中芽切りする
針金矯正は無理

〈太枝の切り方〉

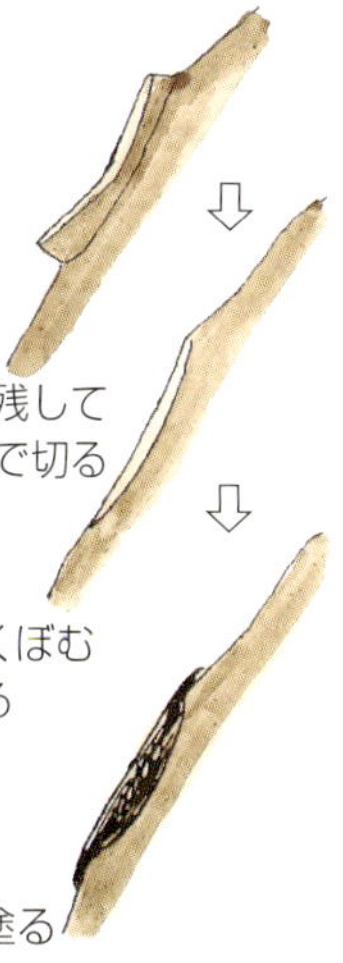
①わずかに残して又枝切りで切る
②ナイフでくぼむくらい削る
③癒合剤を塗る

◆取り木素材②の整姿

手を入れた木と放置した木の相違が、ここによく出ている。取り木後、すぐ木づくりに着手したものは、ミニ盆栽の形を成しつつある。しかし何もしなかったものは当然、意志をもたない。

この素材は遠まわりをしたが、幹の太りをよしとして、ミニ盆栽に向け今出発しようとしている。

芯の曲づけ

根切り

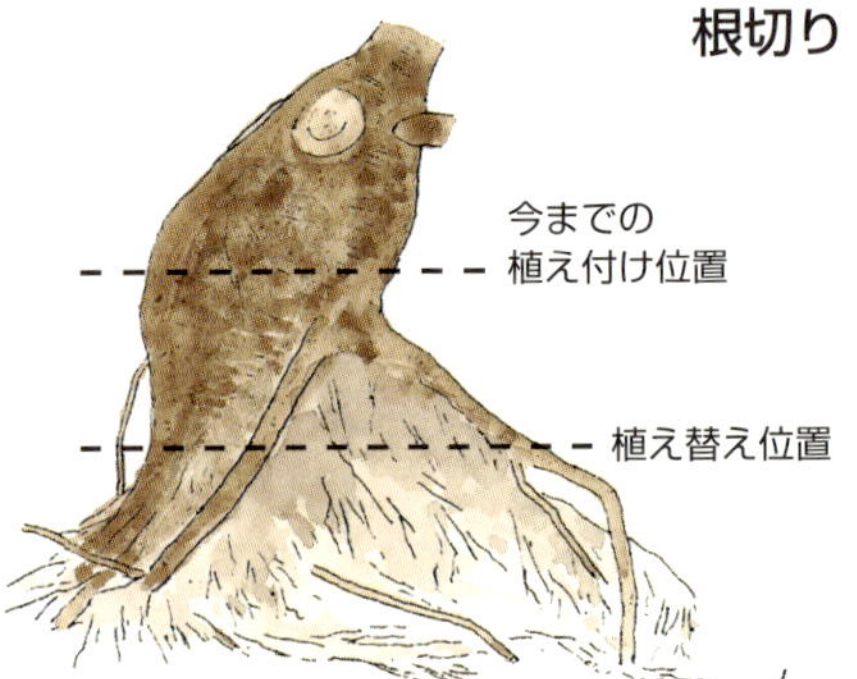

植え替え

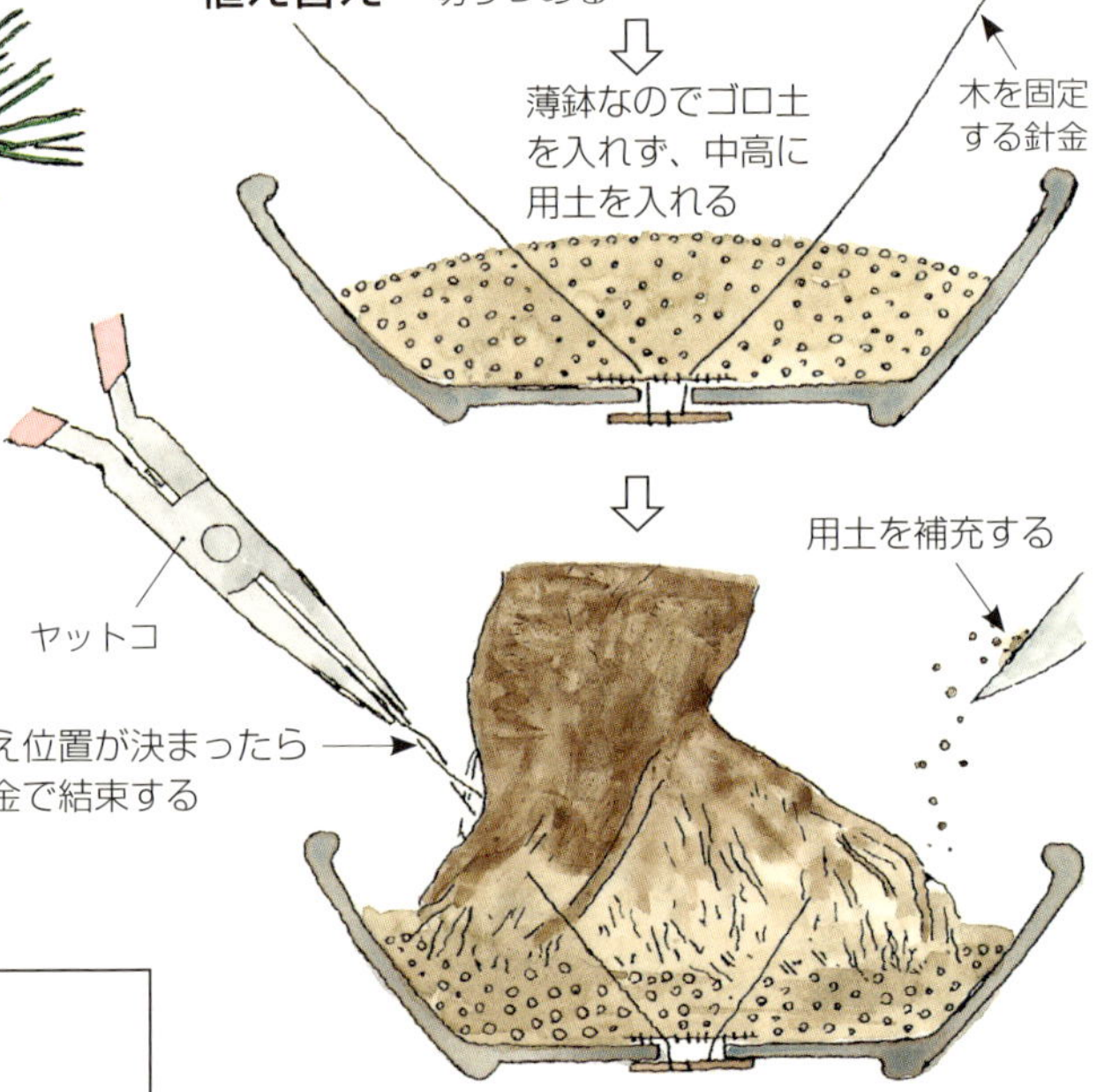

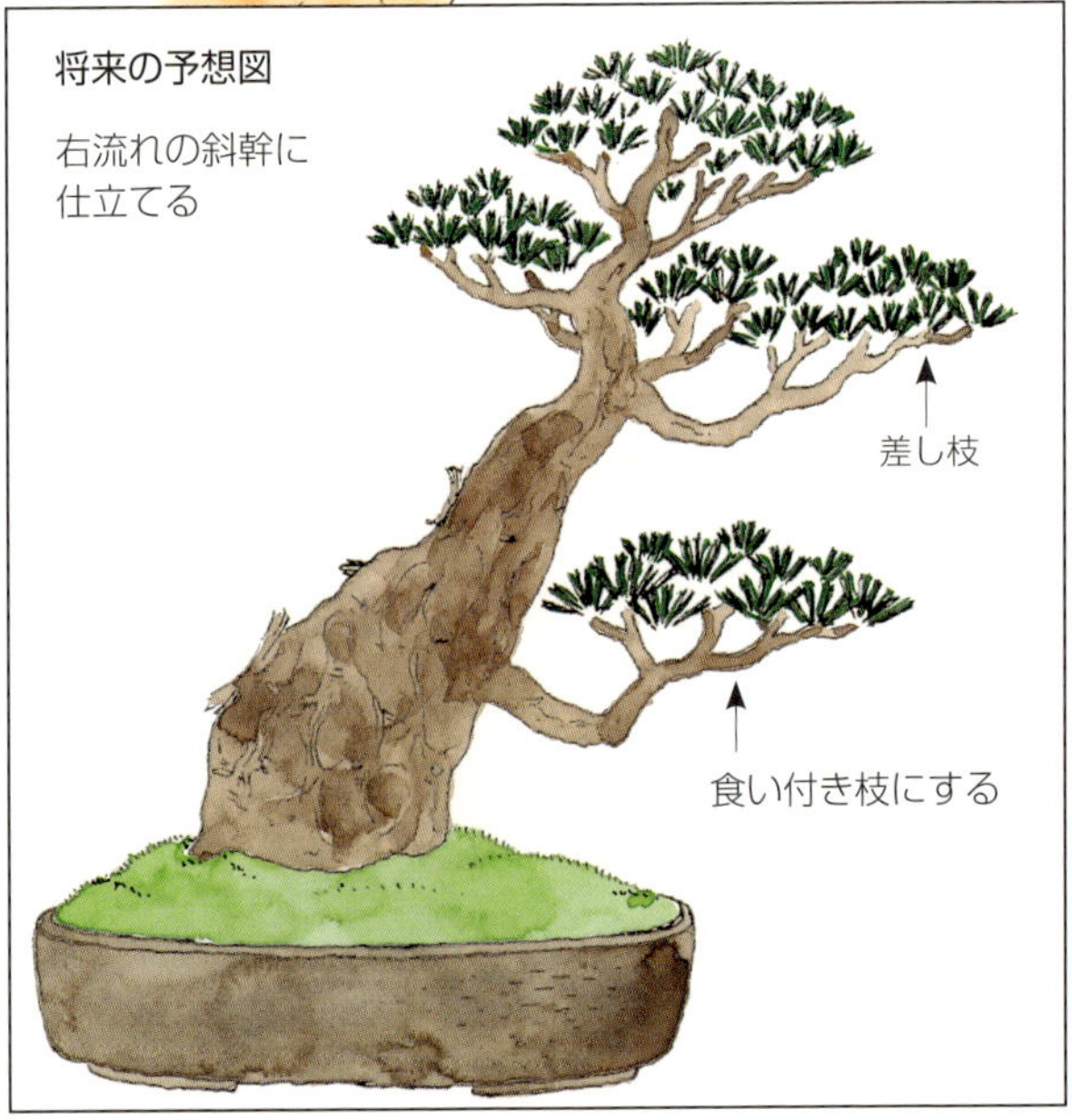

まず、一カ所から出た太枝を整理し、樹芯（将来の幹）となる枝を決める。その枝に針金をかけ、根元からの幹模様に合わせて曲づけする。

木姿は一気に寂しくなるが、将来に向けて一度は通過する基本づくりなのでやむを得ない。枝葉を5分の1以上切ったので、根とのバランスをはかるために植え替えて根切りをする。

この程度の針金かけでは植え替えと同時作業でもよい。

根元に接ぎ枝をしてつくりなおす

2月下旬

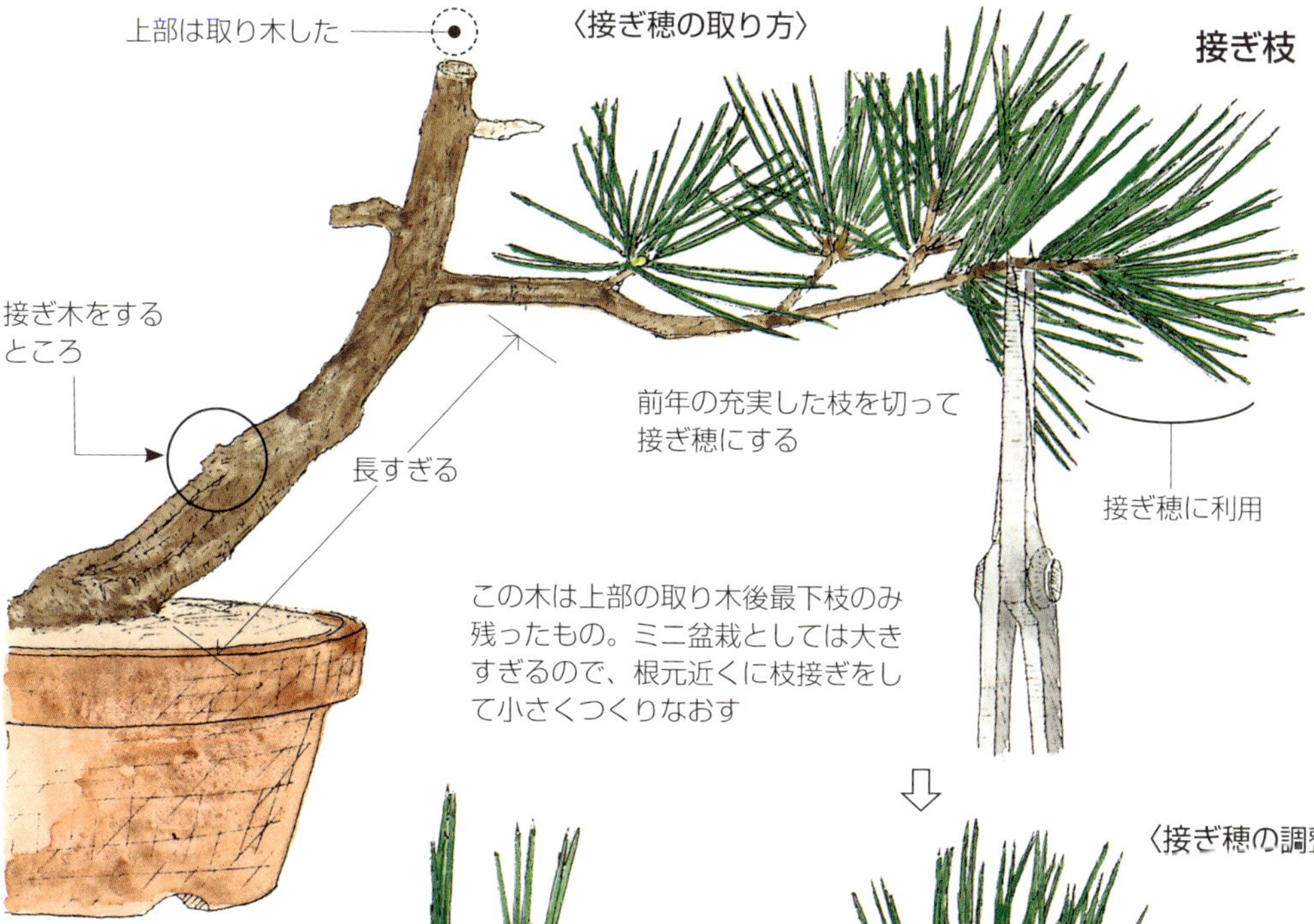
〈接ぎ穂の取り方〉
上部は取り木した
接ぎ枝
接ぎ木をする
ところ
長すぎる
前年の充実した枝を切って
接ぎ穂にする
接ぎ穂に利用
この木は上部の取り木後最下枝のみ
残ったもの。ミニ盆栽としては大き
すぎるので、根元近くに枝接ぎをし
て小さくつくりなおす

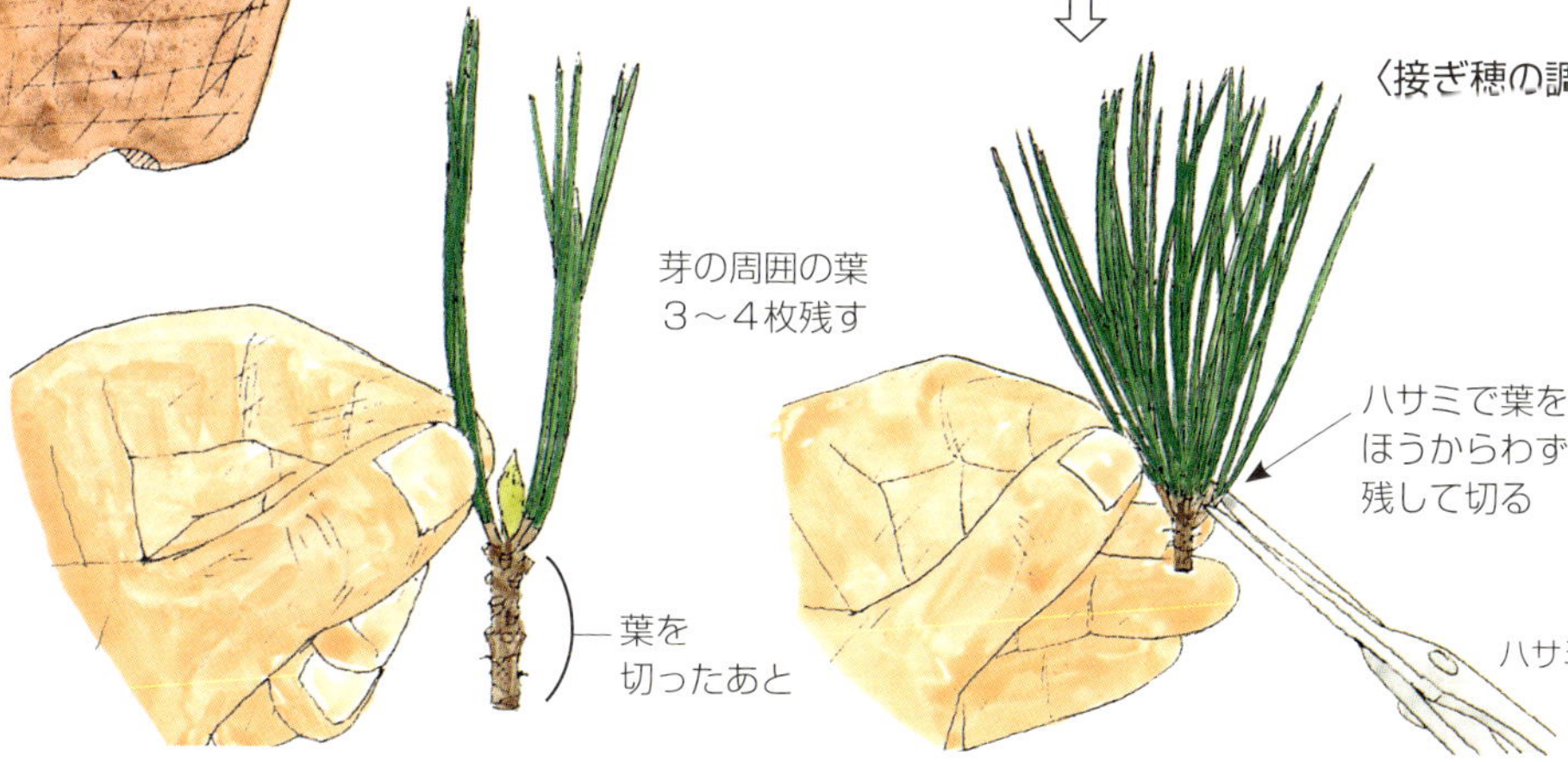
〈接ぎ穂の調整〉
芽の周囲の葉
3〜4枚残す
葉を
切ったあと
ハサミで葉を下の
ほうからわずかに
残して切る
ハサミ

よくない接ぎ穂
細すぎる

◆接ぎ木による樹形の改作

①接ぎ穂のつくり方

接ぎ穂は台木の枝でよいが、葉性が悪かったら他の木の枝を利用する。

充実した枝先の1枝を3、4葉残して葉を減らしてから、葉元をわずかに残して切る。接ぐ部分を板の上にのせ、鋭利なナイフで1㎝ほどスパッと切る（第一刀）。裏にかえして5㎜ほどを切りかえす（第二刀）。切り口を乾燥させないように、すぐに口にくわえ（ただし、濡らさないように）、台木に切り込みを入れる。

ここまでの作業を手ばやくすることが活着の決め手となる。

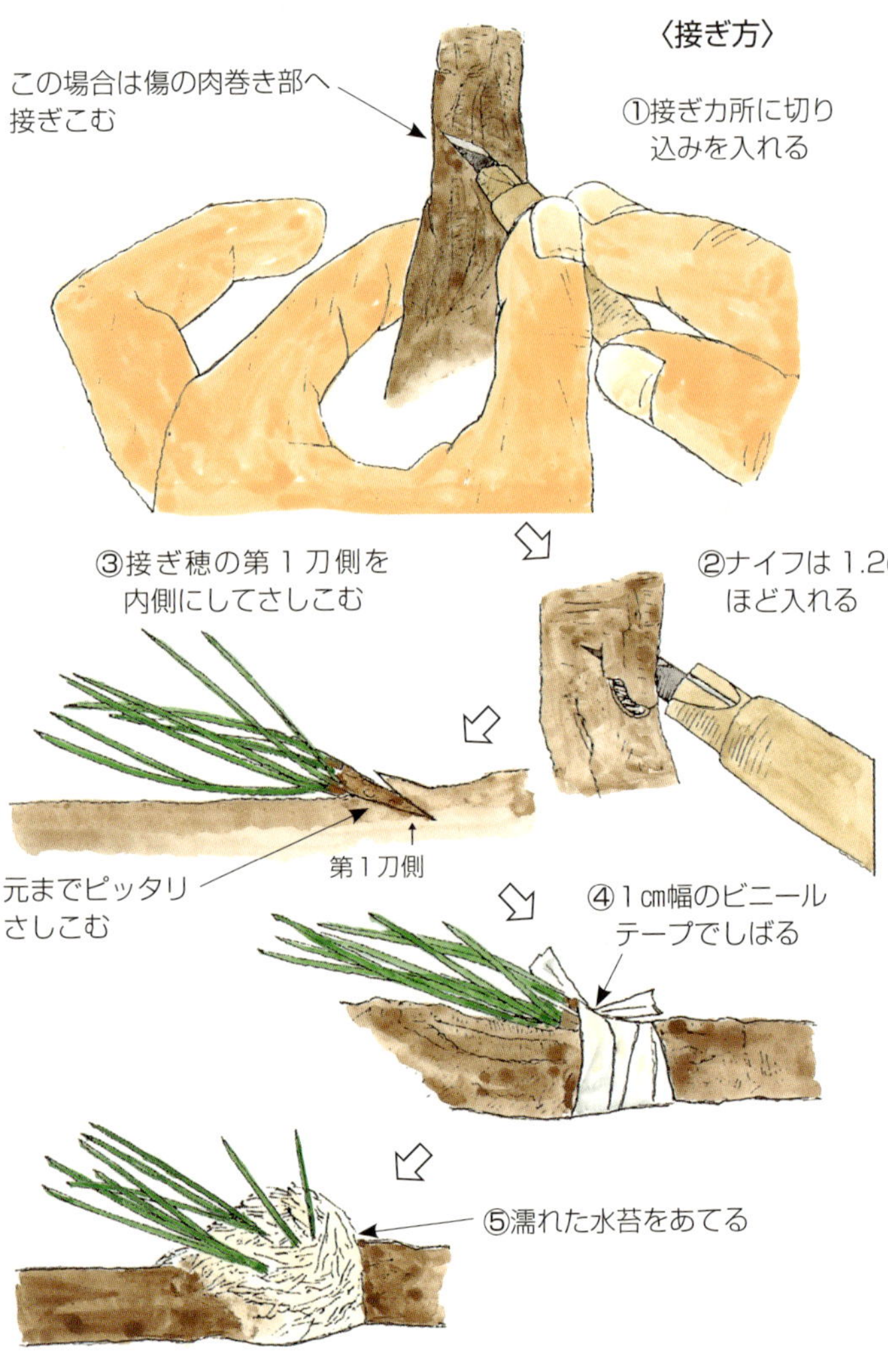

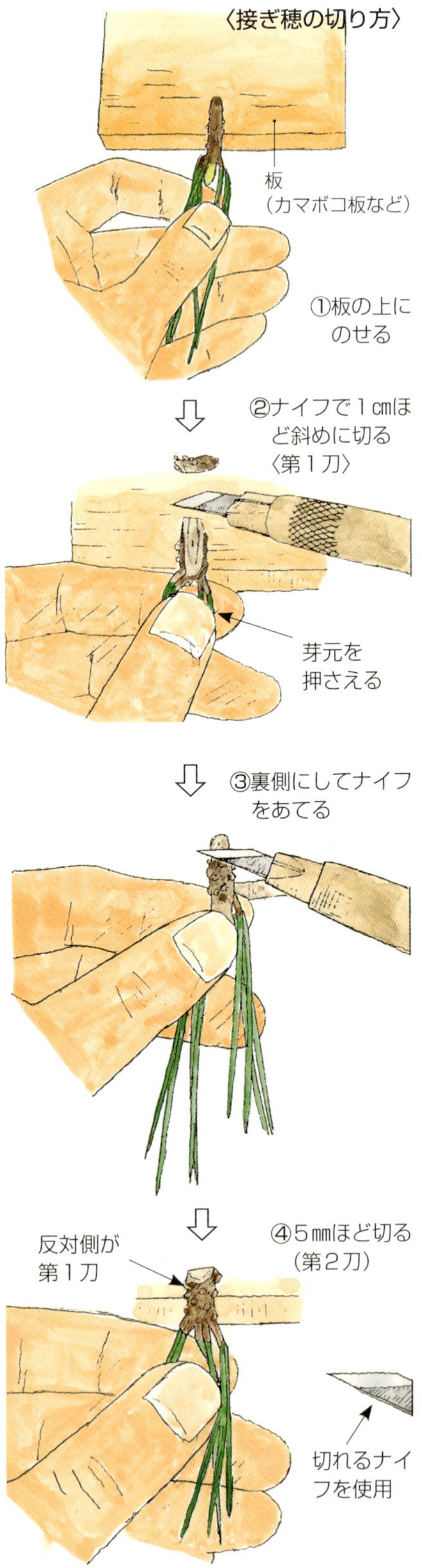

②接ぎ方

ナイフで台木に切り込みを入れる。接ぎ穂の第一刀よりやや長めで、斜めに木質部に達するくらいの深さがよい。

ナイフを引き抜くと同時に、口にくわえた接ぎ穂をすばやく奥までさしこむ。接ぎ穂と台木の形成層を合わせることが大切。

幅1cmほどのビニールテープで2巻きほどしてしっかりしばる。

水に浸した水苔を軽くしぼり、接ぎ木部に上図のように少量あて、細長いポリ袋で接ぎ穂をすっぽり被う（次頁図参照）。水苔の湿気がポリ袋に充満し活着を助ける。接ぎ穂は揺るがさぬように。

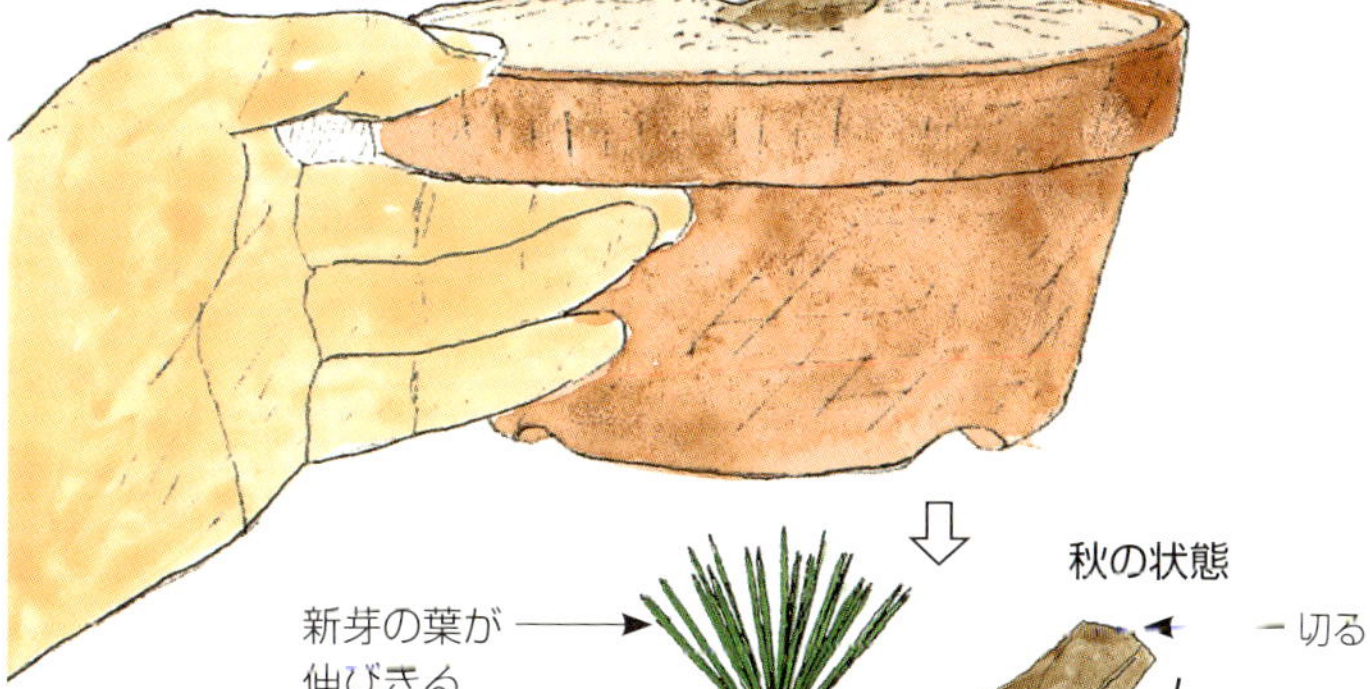

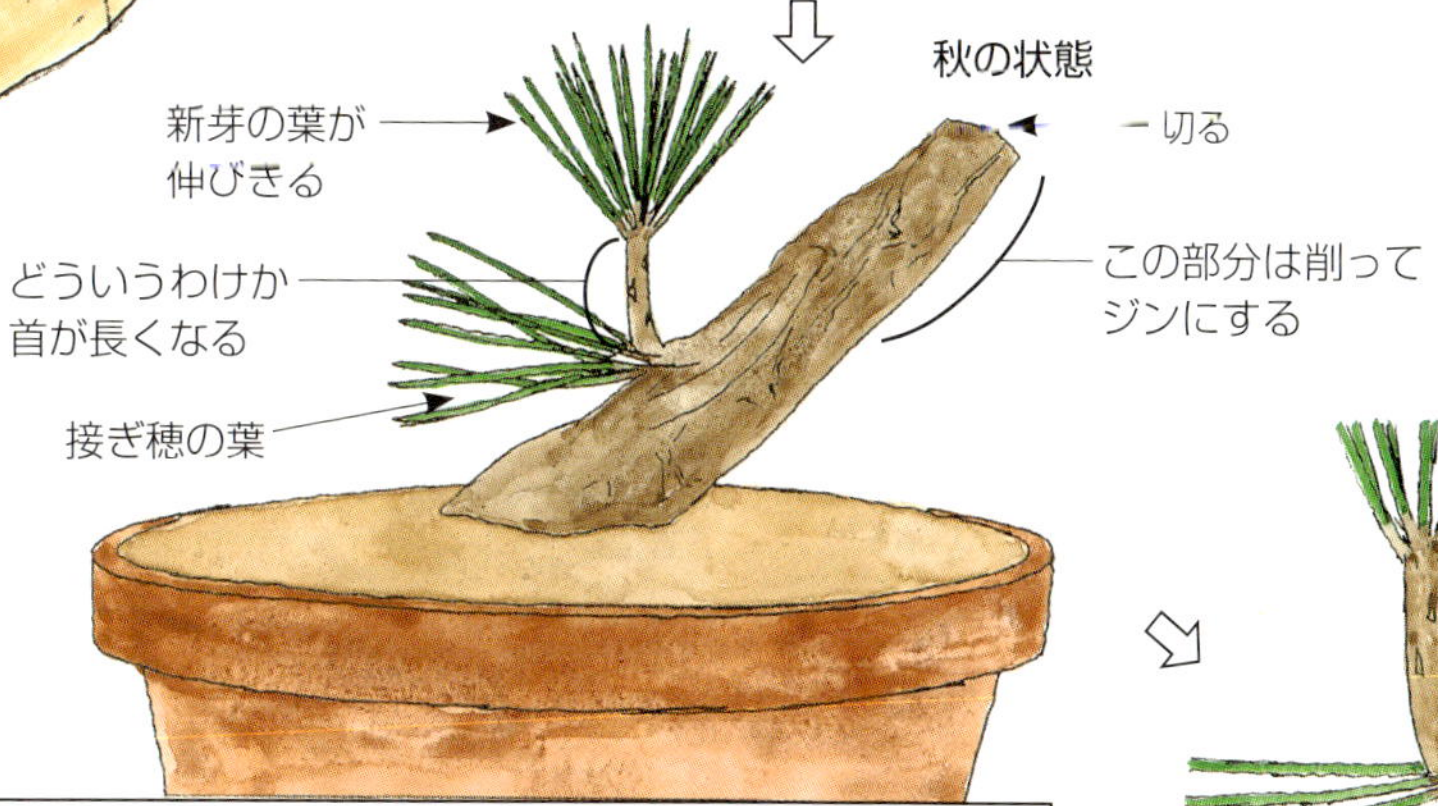

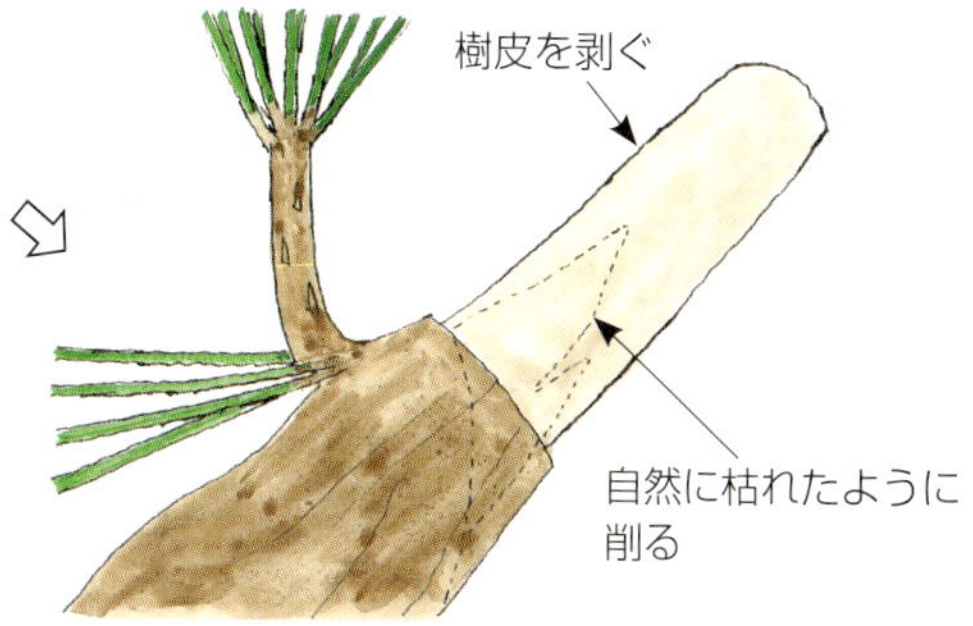

◆接ぎ木後の作業

半月ほどで冬芽が上に持ち上がりはじめるので、先端部に葉が見えはじめたらポリ袋の端を切って外気を入れる。葉の伸びに合わせて袋を切り開き、徐々に外気に慣らしていく。また、台木の枝も接ぎ穂の伸びに合わせて勢いをおさえるために切り捨てていく。

秋、接ぎ穂の葉が伸び切ったころ、幹を途中から切断し、ミニ盆栽として第一歩を踏み出す。

23㎝の立ち木を13㎝の石抱きに

1年目の3月下旬

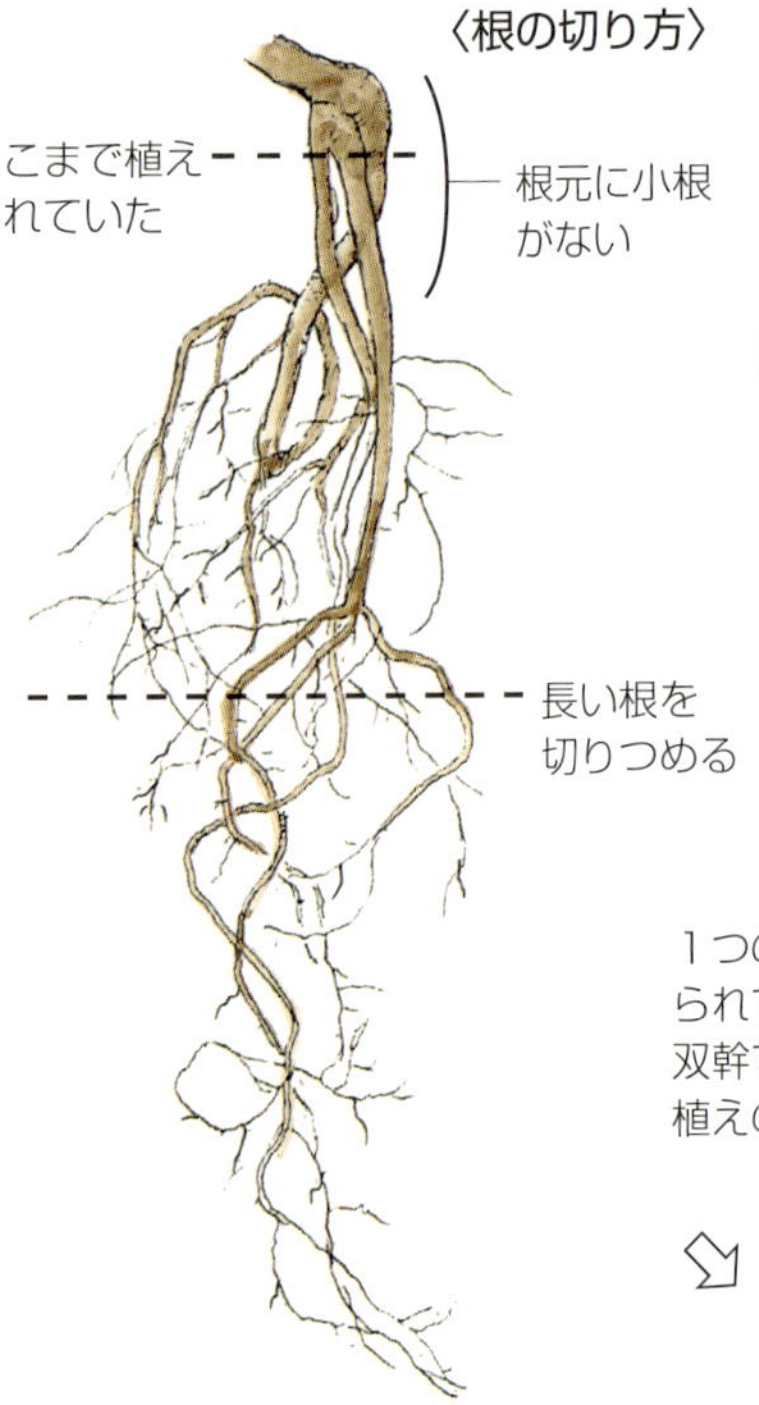

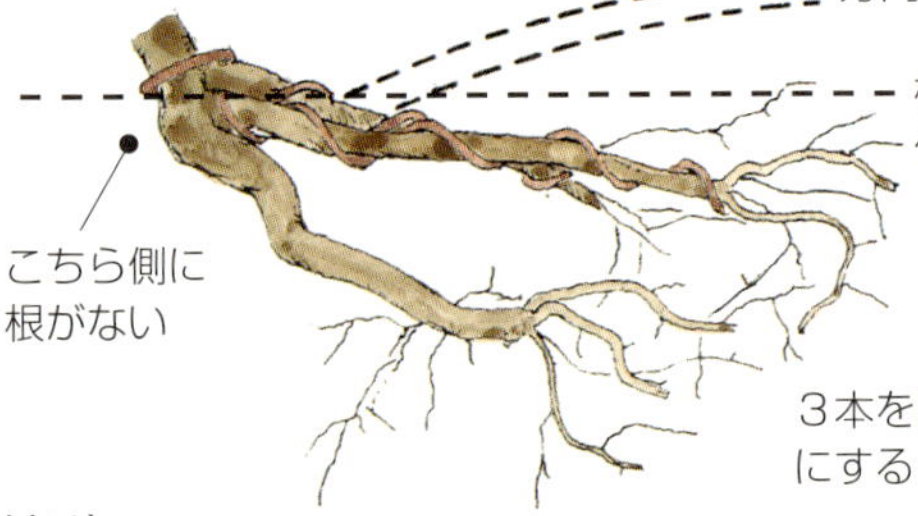

◆植え替え

2本植えの意味がない木を、1本ずつに植えなおす。

用土を落としてみると、3本に分かれた根先には小根が多く、根元にはまったくない。長い根は、できるだけ根元近くで切りつめ、クセのある根は針金で矯正し、植えなおす。

このまま1～2年肥培して根づくりをする。植え替え後、半月から1カ月したら固形肥料を4～5個置き肥し、梅雨期を除いて月1回の割に十月まで与える。枝葉も伸ばしたまま暴れさせておく。

幹の針金かけ

横に伸びているだけの木を、ミニ盆栽に改作する第一歩。通常なら途中から左に倒すのだがこれは右に傾ける

針金かけ後

曲げてこのまま１年放っておく（枝には針金をかけない）

◆針金かけ

十分樹勢がついたところで、幹の矯正にかかる。とくに途中の直線的な部分を左に倒すか、右に曲げるかして欠点をカバーしたい。

左に倒すと、懸崖か半懸崖になり、引き根も生きる。しかし、もっと小さくまとめたいので、右に曲げてみることにした。

3年目の10月下旬

枝の針金かけ

幹にかけた針金をはずし
こんどは枝にかける

〈中芽切り〉

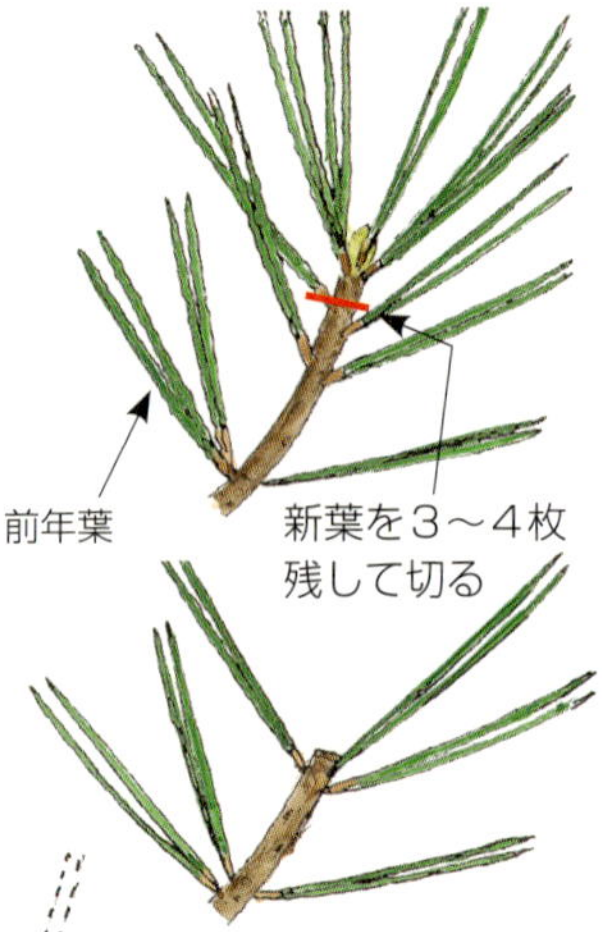

3年目の3月下旬

植え替え

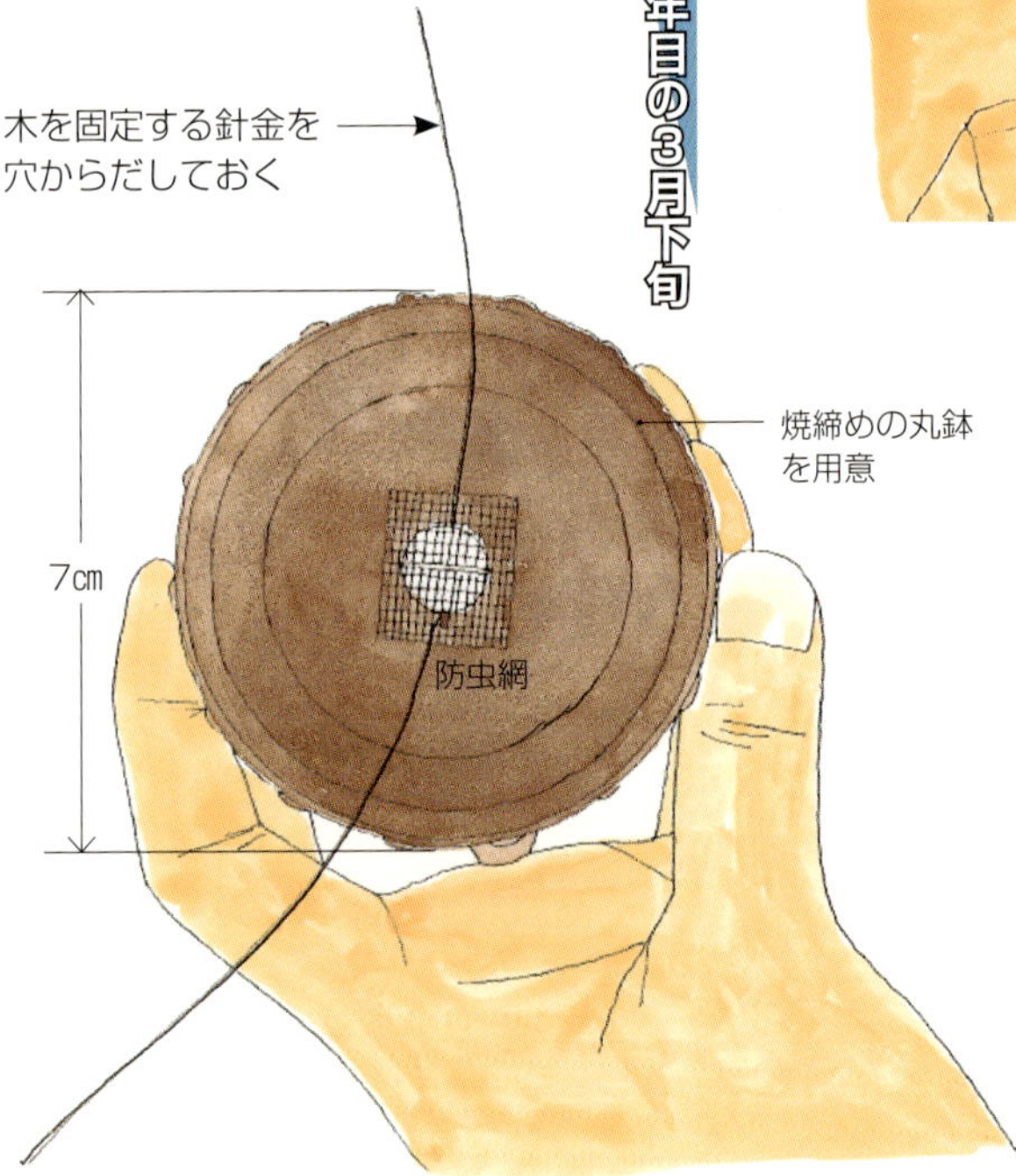

◆枝の針金かけ

幹に針金をかけたとき、同時に枝に針金をかけてもよかったが、だいぶ強く曲げたので枝の整姿は秋まで待つことにした。

春にかけた針金をはずしたが、幹の曲はしっかりついている。途中の単調な部分も今は一つの曲になり、この木の長所となった。整姿のポイントは、落ち枝をうまく生かしながら樹芯部を低く伏せることだろう。右流れなので、左側の枝もおさえたい。

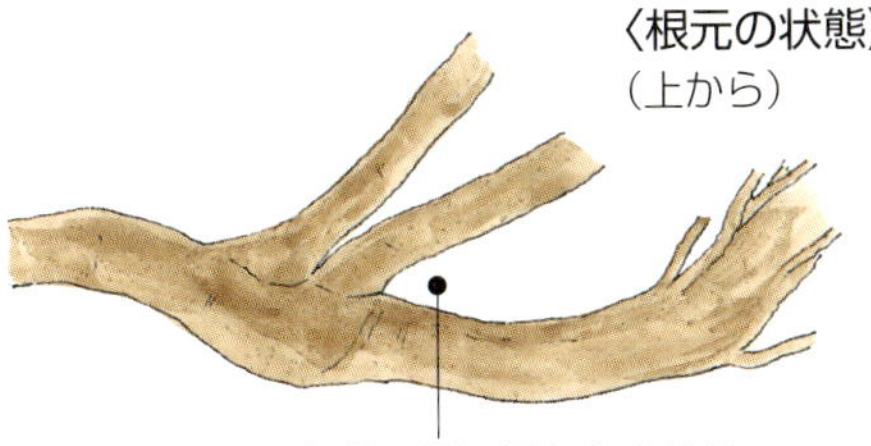

◆石を抱かせる

用土を落とし根の状態を見ると、根元にだいぶ小根ができてきた。

ただ根を上から見るとVの字にすき間がある。そこで、そのすき間に石をかませることにした。石を横からまたぐような形で、その上に落ち枝をつくる。また、根元は表土上に出し、根先を土中に植える。植え付け直後は、木と石の一体感にかけるが、年を重ねるごとになじむ。

幹と根の欠点を補ってできた木だけに、より愛着も深い。

細根を生かして石抱きに

3月下旬

剪定

剪定前（上から見た図）
まのびした太枝を
少し残して切る
古葉を切りとる

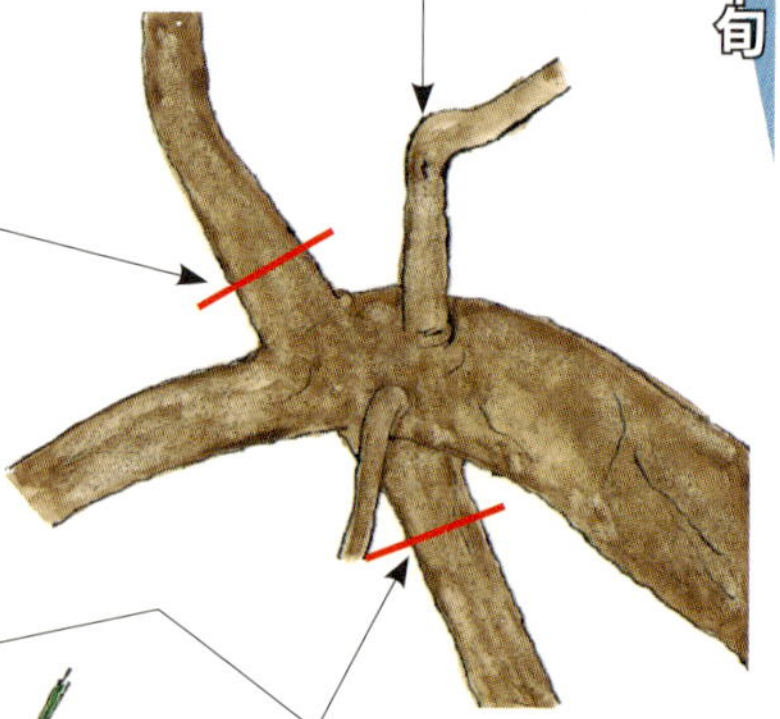

剪　定
すぐそばに細い枝がある
幹の内側から出た枝
（腹枝）を切る

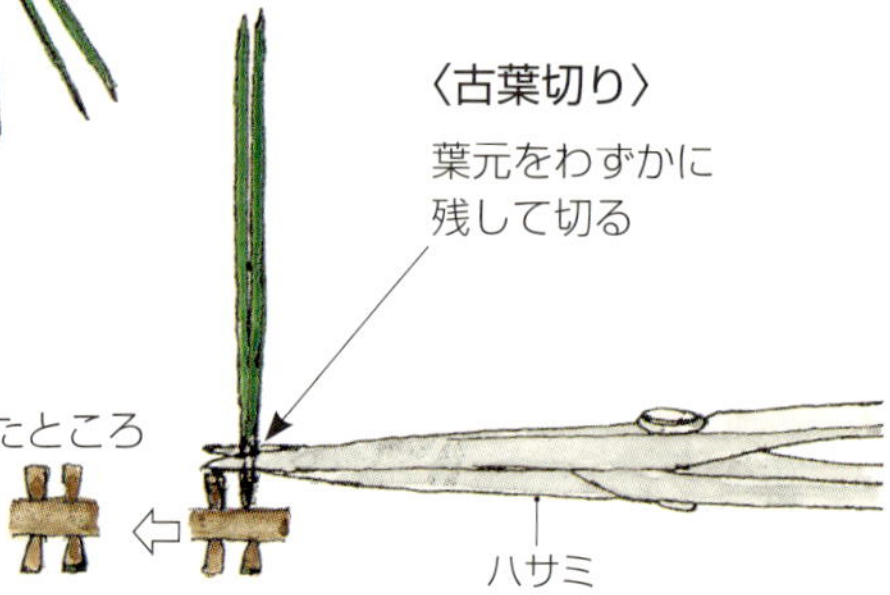

〈古葉切り〉
葉元をわずかに
残して切る
切ったところ
ハサミ

剪定後（上から見た図）
古葉を切ったあと
太枝を
切ったあと
太枝を切った
あと

◆剪定

幹の途中に太い枝が2本左右に出ている。それぞれ近くにそれに変わる細い枝があるので、少し残して（あとでジンにする）剪定する。

また、長く伸びた古葉は、ハサミで葉元をわずかに残して切りとる。

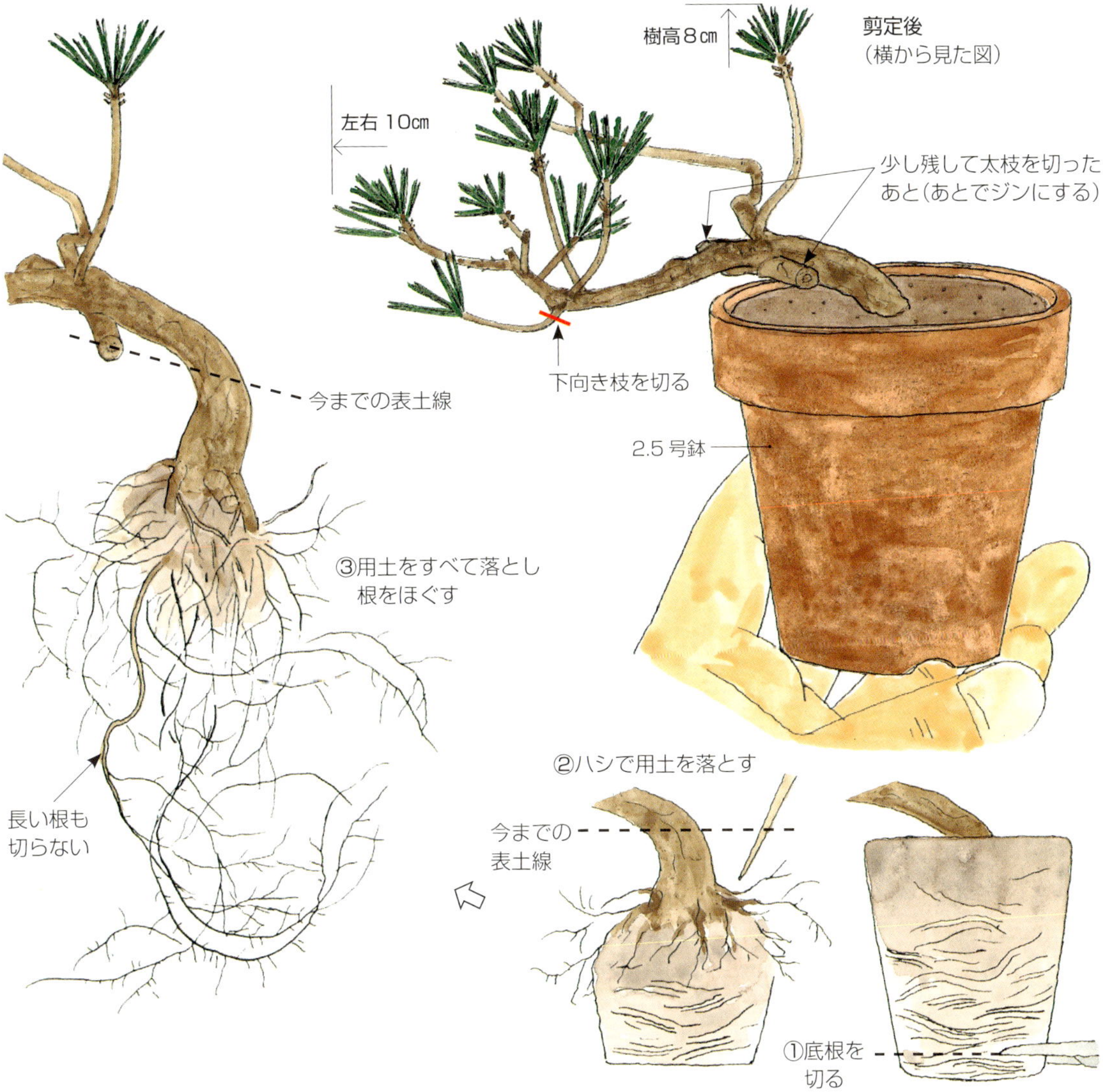
剪定後
（横から見た図）
樹高８㎝
左右 10㎝
少し残して太枝を切ったあと（あとでジンにする）
下向き枝を切る
2.5 号鉢
今までの表土線
③用土をすべて落とし根をほぐす
長い根も切らない
②ハシで用土を落とす
今までの表土線
①底根を切る

◆**根ほぐし**

鉢から抜いたら、底根を1㎝ほど水平にハサミで切り、菜バシで用土を根元までかきだす。そして、周囲の巻き根をていねいにほどきながら用土を落とす。取り木（2年前）で発根した根なので、太根がない。長い根はこのまま石付けに利用したいので切らない。

◆**石の用意とつけ方**（説明図は次頁）

横から下に落ちる半懸崖ぎみの木なので、石の横腹につけることにした。この場合、木よりも上に出る石の頭に芸がないと木も引き立たない。用意した揖斐川《いびがわ》竜眼石の突出したすぐ下に、角度をよく検討して根元を横にし、根を石にからませる。そして、木が落ちないようひもで石にしばっておく。

◆**ケト土を塗る**

赤玉土の粉を1割ほど混ぜたケト土を水で耳たぶくらいのやわらかさに練り上げる。これを表土上に出る根の部分に塗り、根を乾かさないようにする。

このケト土は根が充実するにしたがって徐々に落とし根を露出させ、将来この木の見所にする。

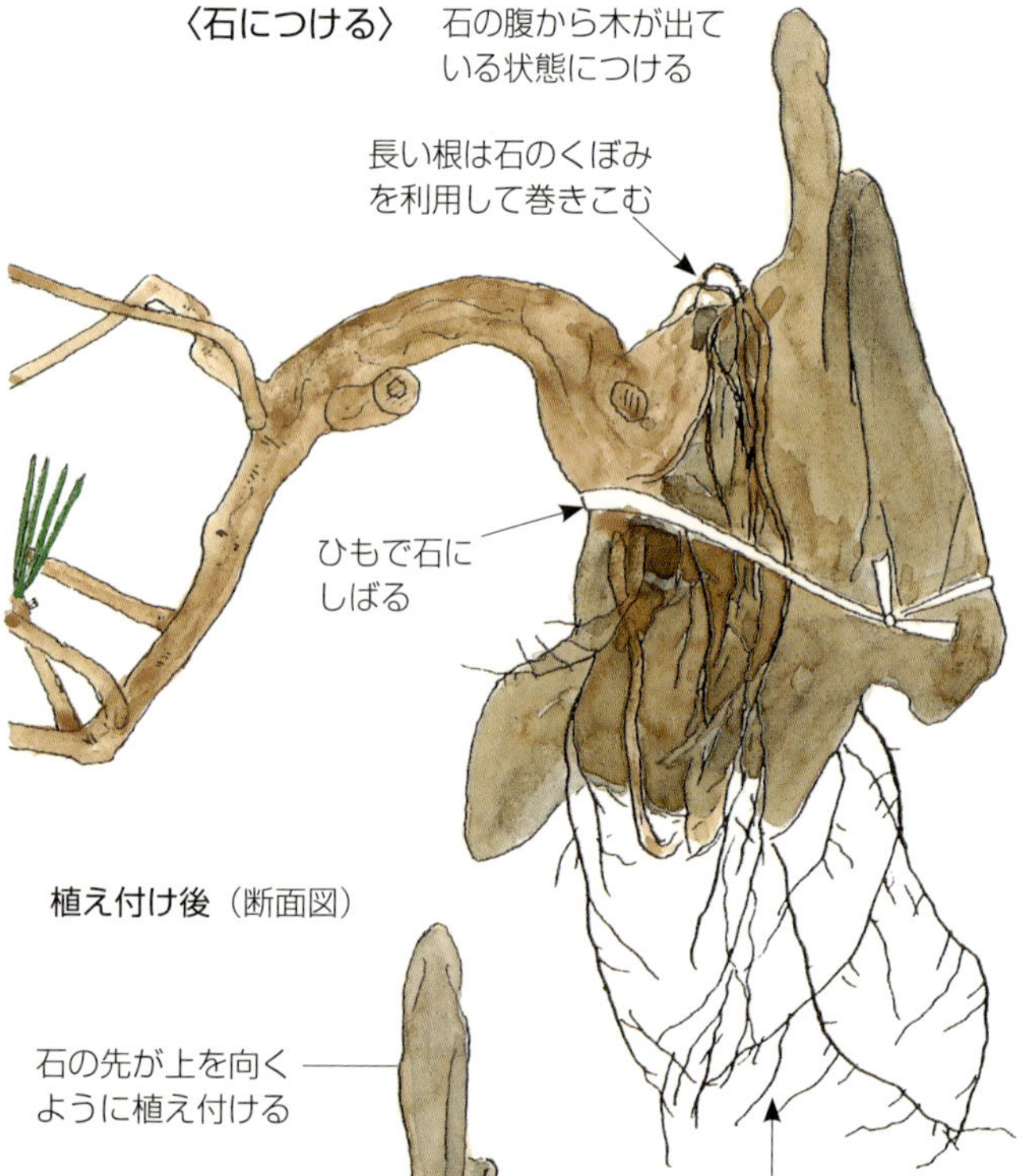
〈石につける〉
石の腹から木が出ている状態につける
長い根は石のくぼみを利用して巻きこむ
ひもで石にしばる
根先は土中に埋める

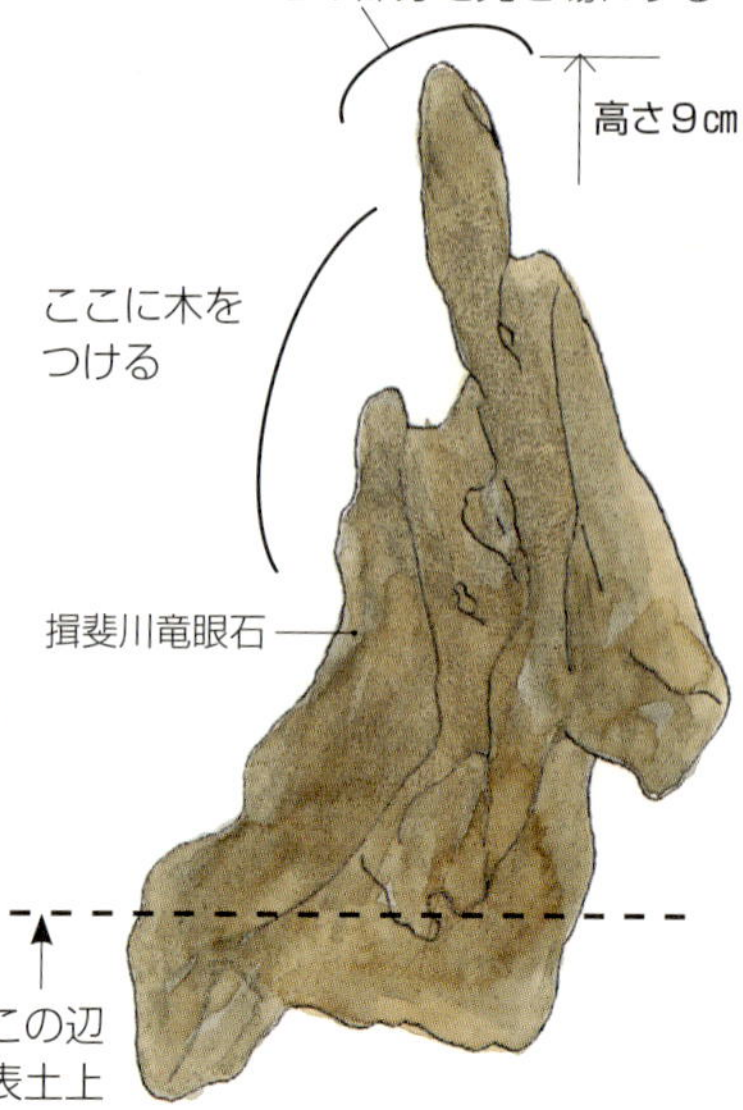
〈石の用意〉
この部分を見せ場にする
高さ9㎝
ここに木をつける
揖斐川竜眼石
将来この辺まで表土上に出す

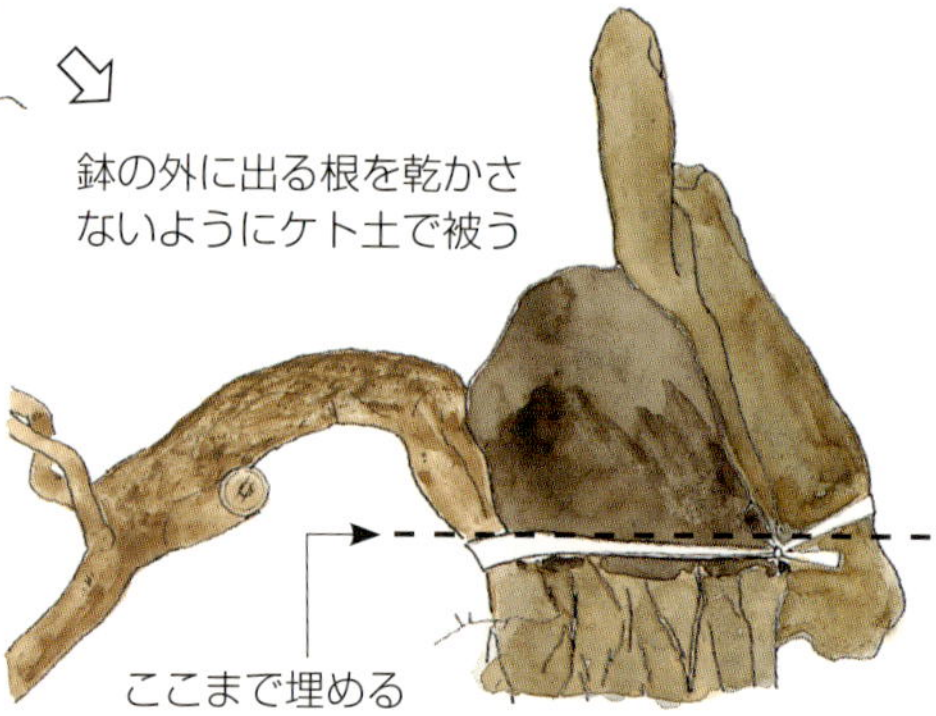
〈ケト土を塗る〉
鉢の外に出る根を乾かさないようにケト土で被う
ここまで埋める

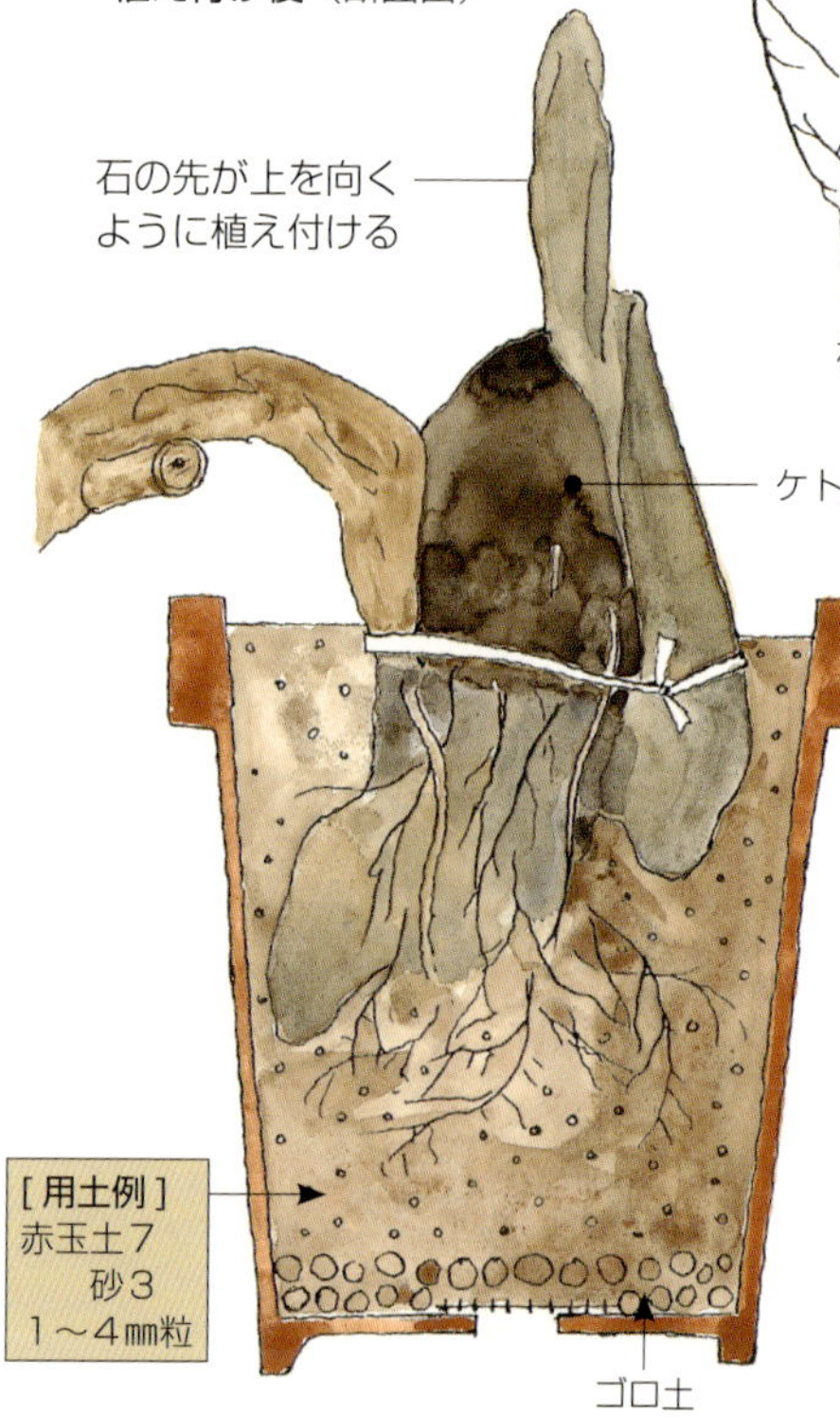
植え付け後（断面図）
石の先が上を向くように植え付ける
ケト土
2.5 号鉢
[用土例]
赤玉土7
砂3
1～4㎜粒
ゴロ土

◆植え付け

石付けが終ったら石の半分くらいまで鉢内に植え込む。ケト土の部分には刻んだ水苔をかけておくと、ケト土の乾燥を防げる（六月ごろまで）。

◆植え付け後の管理

石付け後はすぐ日当たりのよい戸外の棚上に置きたいが、表土が凍るような地方では、風をさけたムロ内で管理する。ケト土は乾かないよう注意し、水やりに努める。

◆ジンつくり

切り残した太枝は半年以上たった秋ごろ、枯れてから削り出す。方法は、樹皮を剥いで切り込みを入れ、ヤットコなどで引き裂き、自然に枯れた感じを出す。

◆針金かけ

針金かけは、秋まで待って作業する。このころには根も鉢内を回り、しっかり根づいている。今の枝からすると、天、裏枝、落ち枝の三つの枝棚で構成できる。

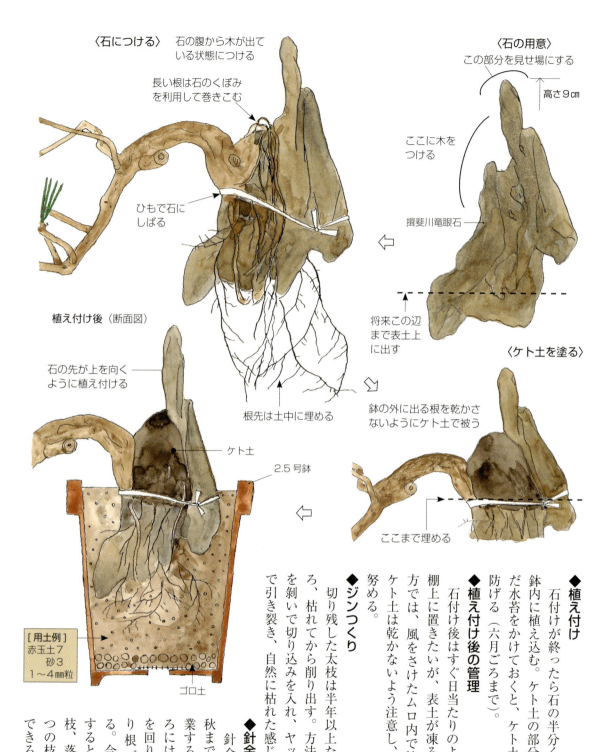

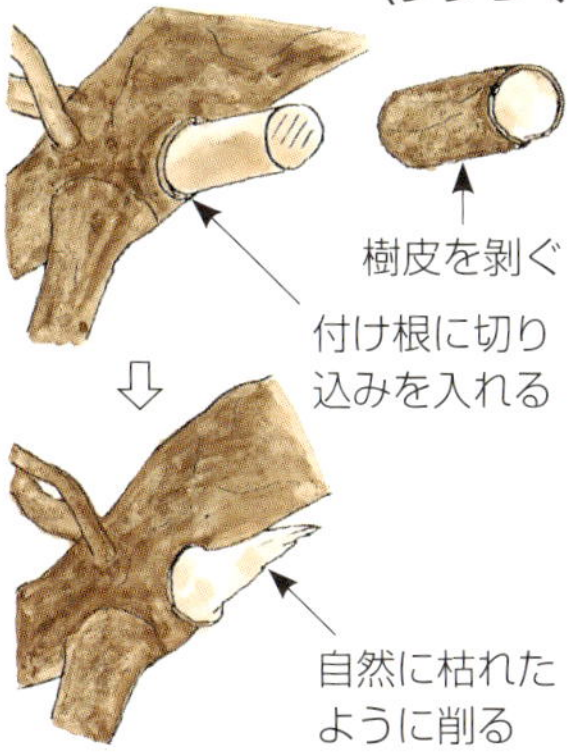

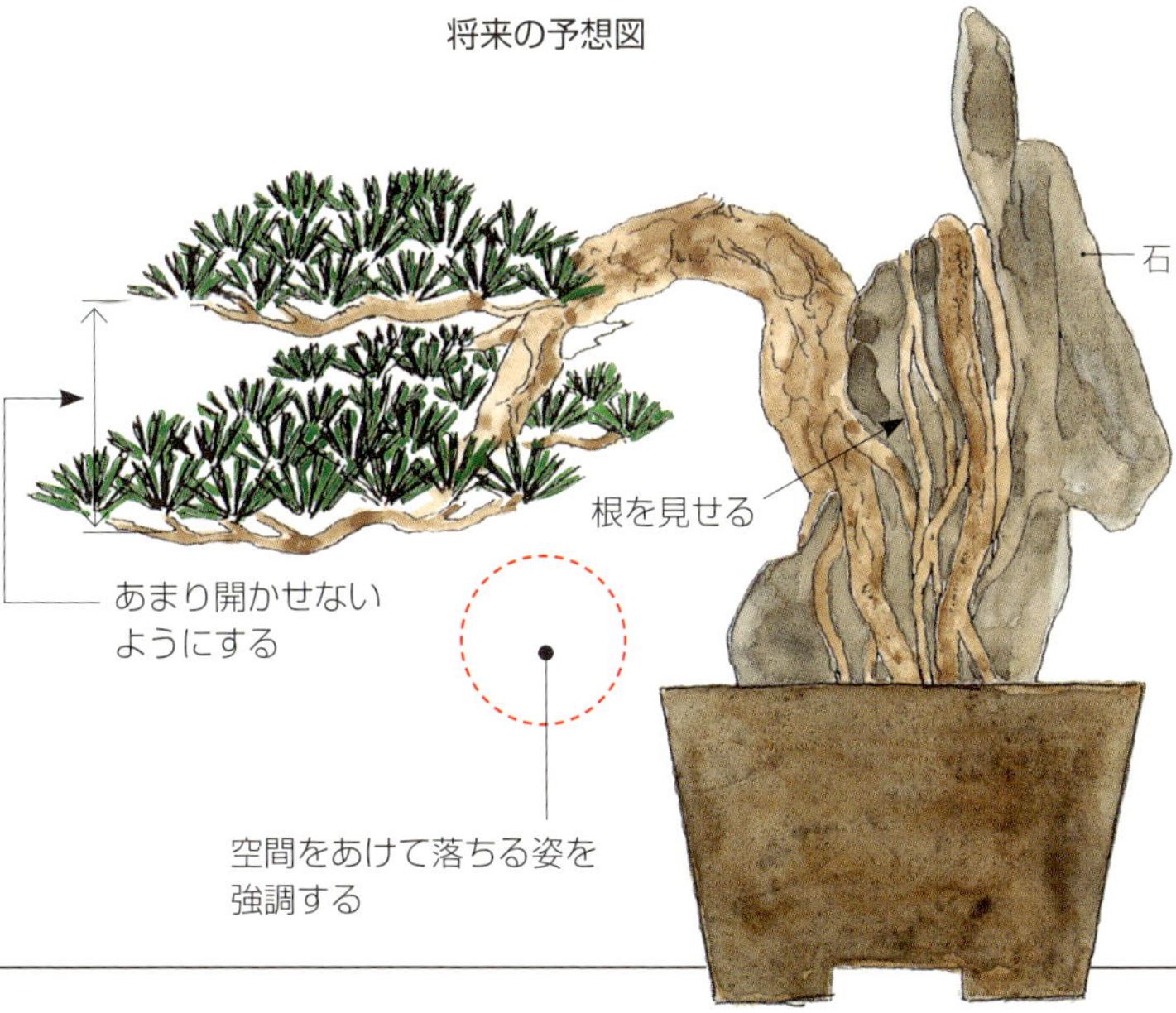

◆根を露出させる

植え付けて1年すると石にからませた根もだいぶしっかりとしてくる。その根の充実を見ながら、徐々にケト土を落とし、根を日に当てるようにする。根は日に当たると太りもよくなり肌も荒らびてくる。将来は図のように何本もの根が石から下がり、石を噛み、木の支点〈視点〉となる。

1本では見られない素材は3本寄せに

1年目の3月下旬

主木にする木は他の2本よりもよい木をえらぶ。ここでは、同程度の素材を組んでみたい（ただし、葉の大きさ、色、形などが同じものをえらぶ）

新しい芯が寝すぎなのでもっと起こす
主木の植え付け角度
剪定後
他の2本よりも大きめな木をえらぶ
樹高 17㎝
寄せ植え
素材・1
主木にする
枝がなくまのびしている
切る
この枝を芯に立て替える
2.5 号鉢

◆寄せ植え作業

寄せ植えは、3本、5本、7本と奇数が好まれる。ここでは3本を寄せてみる。

まず、同方向に傾いた木、樹高がそれほどちがわない木をえらぶようにする。できれば、主木、はねだし、奥行きの順にやや小さければよい。もし、大きすぎたら、上図のように途中切りつめるか、左図のように針金で曲づけし小さくすることもできる。

寄せ方は、3本の根元を密着させて寄せる。このとき、主木は斜め上、はねだしは90度横向き、奥行きは60度斜めうしろになるようにする。全体の流れを同方向にすることが一番のポイント。

この場合は左流れとした。奥行きの木が主木とはねだしのまんなかにくるのはよくない。主木側に近づけ、はねだし戸の間隔を開けたほうが、空間のつり合いがとれる。

寄せ植えで苦労するのは、葉の長さのバランスである。それぞれが異なった木なので、どれか1本元気がないと、葉の長さがつり合わない。全体の芽切りはさけ、強く伸びる芽のみ部分芽切りで対処する。

◆寄せの効用

いずれの木も1本ずつ観賞できるというほどのものではないが、寄せてみるとお互いの欠点をカバーしあって、見られる木となる。

著者紹介

群　境介（ぐん　きょうすけ）

（園芸・盆栽のイラストレーター）

昭和18年生まれ、群馬県出身。

約50年前より盆栽の取材で全国の栽匠、自生地を歴訪、盆栽の素晴らしさ、奥の深さを痛感。以後自身もミニ盆栽を自宅の庭で栽培し、その樹種は450種に及ぶ。

盆栽誌への連載も長く定期読者の支持を得ている。

著書

『盆栽入門』（西東社）

『小さな木の盆栽』（エスプレス・メディア出版）

『ミニ盆栽珍樹種100』（近代出版）

『カラー図解　群境介のミニ盆栽コツのコツ』（農文協）

『MAILLOT BONSAI』（図解ミニ盆栽　フランス語版）など

本書は『図解　群境介のミニ盆栽　クロマツ』（1991年1月発行、A5判、農文協）を改訂・再編し、オールカラー、B5変形判にして発行。

カラー図解　群境介のミニ盆栽　**クロマツ**

2018年3月20日　　第1刷発行

著者　群　境介

発行所　一般社団法人　農山漁村文化協会

〒107－8668　東京都港区赤坂7－6－1

電話　03（3585）1141（営業）　03（3585）1147（編集）

FAX　03（3585）3668

URL.http://www.ruralnet.or.jp/

ISBN 978-4-540-17190-1　　製作／條　克己

〈検印廃止〉　　印刷・製本／凸版印刷